한국 중국사 연구의 성과와 전망

韩国的中国史研究
成果与展望

HANGUO DE ZHONGGUOSHI YANJIU
CHENGGUO YU ZHANWANG

主 编 ｜ ［韩］朴元熇

韩国东洋史学会第十届研讨会暨国际学术研讨会

主 办 ｜ 北京大学历史系
高丽大学东洋史学系

中国社会科学出版社

图书在版编目（CIP）数据

韩国的中国史研究成果与展望／（韩）朴元熇主编．—北京：
中国社会科学出版社，2015.7
ISBN 978 - 7 - 5161 - 6659 - 8

Ⅰ. ①韩… Ⅱ. ①朴… Ⅲ. ①中国历史—文集 Ⅳ. ①K207 - 53

中国版本图书馆 CIP 数据核字（2015）第 166950 号

出 版 人	赵剑英
责任编辑	张　林
责任校对	李　莉
责任印制	戴　宽

出　　版	中国社会科学出版社
社　　址	北京鼓楼西大街甲 158 号
邮　　编	100720
网　　址	http://www.csspw.cn
发 行 部	010 - 84083685
门 市 部	010 - 84029450
经　　销	新华书店及其他书店

印刷装订	三河市君旺印务有限公司
版　　次	2015 年 7 月第 1 版
印　　次	2015 年 7 月第 1 次印刷

开　　本	710×1000　1/16
印　　张	17.25
插　　页	2
字　　数	238 千字
定　　价	60.00 元

凡购买中国社会科学出版社图书，如有质量问题请与本社联系调换
电话：010 - 84083683

部分代表在大会闭幕后合影

中国史学会会长戴逸先生在开幕式上致辞

部分代表游览北京故宫

目　　录

前　　言

　　1991 年 1 月下旬，"东洋史学会第十届研讨会暨国际学术讨论会"在北京召开。这里所汇集的，是中韩两国历史学家在此次会议上发表的成果与评论。

　　这次会议的研讨范围集中于中国历史。三天会议期间，韩国东洋史学界以"中国史研究的成果与展望"为主题，向大会提交了 8 篇论文，以此向与会同行展示近年来研究的最新成果；中国史学界则推举 8 位学者分别就每篇论文进行了评议，此外，有关专家在会上还就所关心的问题作了即席发言。两国史学界同行采取这样的方式展开交流还是第一次，但却取得了很大的成功。

　　为保证此次研讨会的顺利召开，两国学者付出了大量的心血。作为会议的发起者，高丽大学东洋史学系受东洋史学会的委托，自 1990 年夏秋之际起，便着手进行了筹备，开始筛选论文，拟定赴华学者名单。与此同时，北京大学历史系则承担了这次国际学术讨论会的接待、组织工作，邀请国内学有专长的学者专家对入选论文进行了认真的评议准备工作，并为会议日程作了细致周到的安排。此次会议的圆满举行，是对我们双方付出的心血与劳动的最好补偿。在此，我们谨代表会议的组织者，向与会学者的支持与合作精神表示感谢，向所有为此次会议提供帮助的朋友，特别是韩国国际民间交流协会，致以谢忱！

　　在北京举行东洋史学会研讨会，这是韩国东洋史学界多年的心愿。自 1965 年东洋史学会成立之日起，中国史研究便成为该会研究的最主要方面，此后几十年来，中国史研究一直就是东洋史研究的中坚。鉴于此，东洋史学会的同人，特别是其中专注于研究中国史的众多学者，很早便期待着能有机会亲临北京，来切身体验中国文化的博大精深，来当面和中国史学界的专家学者展开讨论、交流观点。此次会议使这种愿望变成了现实。对于同赴北京的近 20 所大学的 50 名东洋史学会同人而言，能有这样的机会与如此众多的中国学术界著名同行学者切磋学术、交流心得，心情无疑是无比兴奋。

对中国的历史学家来说，这同样是一次难得的学术交流的盛会。中国历史文化是人类文化宝库的重要内容，它早已吸引了众多国家的学者进行研究，汉学早已是国际上的一门显学。自第二次世界大战以来，有关中国史的研究尤其日新月异，成果喜人。中国史学界热切期望着能有更多的机会了解吸收这些成果，热切期望着能有更多的机会扩大增进与国外同行的学术交流，以弥补过去一段时间因交流不足而造成的缺陷与损失。中国的历史学家一直关注着韩国中国史研究的进展情况，但是，长期以来，对这方面所知甚少。因此，当有这样一次机会得以和韩国历史学家同聚一堂进行切磋，看到对方贡献于中国史研究的累累果实时，大家的心情也是同样的激动兴奋。

历史上中国与朝鲜之间的文化交往源远流长。作为山川相依、海岸相望的邻邦，彼此之间有着得天独厚的进行文化交流的地理条件。中国古代的许多典籍，譬如《管子》《山海经》《战国策》《史记》等，都已有关于朝鲜的记载。以后历代的史书这方面的记载更是累累不绝，愈来愈多。而朝鲜的一些典籍，如《李朝实录》，也保存了大量的中国史料。近年来的考古发掘，更加证明了早在有文字记载以前，山东半岛、辽东半岛和朝鲜半岛间的文化交流已经开始。两国人民与政府间的使臣互访、友好往来、商业贸易、学术交流，数千年来少有中断，而自西方殖民主义者东来后，两国人民又长期有着共同的遭遇，经受了共同的苦难。这种长期形成的共同的历史文化背景，使得两国的历史学家之间自然产生出许多共同感兴趣的学术课题，自然存在着许多需要合力探讨的研究领域。此次出版的这部论文集，便从一个侧面很好地体现了这一点。而通过对共同的问题交流观点，双方学者都感到有所收获，均认为有助于以后研究的深入。

这也表明，只有通过更为广泛的学术交流，只有通过更多国家学者的参与和对话，关于中国历史的研究才可能更快取得长足的进步。

这次会议的时间虽极为短暂，但研讨所涉及的内容却相当广泛，上起秦汉，下至近现代，时间跨越 2000 年之久。几乎可以说，这次会议是就整个中国史研究进行的一次学术上的切磋与对话，仅仅这一点便足以肯定此次会议的意义与价值。当然，这次会议远远不能满足两国历史学家交流的全部愿望，它仅仅是一个良好的开端。我们期待着，在不远的将来，两国历史学家能有更多的机会切磋学术、启迪思想；期待着这种学术上的交流更为广泛、更为深入。

愿两国历史学家加强联系，取长补短，真诚合作，携手并进。

北京大学历史系　教授　马克垚
高丽大学东洋史学系　教授　朴元熇

1991 年 3 月

再版前言

此书，本来是作为 1991 年 1 月在北京友谊宾馆举行的韩国东洋史学会第 10 届冬季研讨会的结果报告书而汇编成册出版的。韩国东洋史学会主办的冬季研讨会按其惯例史学会方面有决定主题、发表者、讨论者名单的责任；主管召开研讨会的大学具有决定大会日程和场所的权利，由负责筹措会议经费的学会和大学共同协作举办大会已经成为韩国的惯例。东洋史学会第 1 届冬季研讨会是在首尔大学东洋史学科的主办下，在 1981 年韩国忠清北道水安堡温泉以"东洋史研究动向"为主题召开。由此拉开序幕后，历经 10 年风雨，韩国东洋史学会决定将第 10 届冬季研讨会的主办权按序授予高丽大学，同时作为大会的召开和运营总负责人，点名指定了当时担任学会总务干事的敝人（高丽大学史学科教授），并予以通报。

对此决定，本人果断地决定在北京举行冬季研讨会，这一举动打破了仅在国内举行研讨会的旧例，这次大会的召开被本人视为中韩两国开始进行正式学术交流的绝好起点。当时两国之间既没建立外交关系，也没开设首尔到北京的直通航线，甚至中国还处在仍然忌讳"大韩民国"这一国名在公共场合只使用"南朝鲜"的时代。这时，作为韩国人到过中国的也就是有数的几个政治界或经济界人士而已，作为一般人能够访问中国的真可谓凤毛麟角。本人却已经在 1989 年 11 月，取道香港，绕到北京和北京大学教授们就未来的学术交流进行了交流后返回韩国。

因此，本人担负起了主办东洋史学会第 10 届冬季研讨会的责任后，决定在海外举行，特别是在北京举行的计划，真是崭新而果断的奇思异想。由于长期浸泡在冷战时代的思维惯性中，虽然大家都承认韩国和中国学术交流必要性，但是谁也没有具备促进韩国和中国实际学术交流的想法和动力。尤其是以研究中国历史为己任的韩国中国史研究者们，长期以来就连访问中国的机会都没有找到，在落花有意，流水无情的哀叹中，只能观望着韩中两国间化干戈为玉帛的解冰过程。另一方面，在中国的历史学者中，也难以找到对"韩国的历史学"或"韩国的中国史学者"关心的人，甚至可以说处于"全无关心"状态。

在此，本人决定把将要成为韩中两国历史研究者们共聚一堂的首次学术交流的讨论会主题定为"韩国中国史研究的成果与展望"。采取了韩国有代表性的 8 位中国史研究者发表研究成果，再由中国有代表性的 8 位历史学者对此进行批评和讨论的方式。这次学术大会取得空前成功。由于发表文章和讨论文章在大会召开前已经事先认真准备，大会一结束，作为大会报告书的这本书就在 4 个月内集结成册，得以出版。

但是在出版过程中，也可以说一波三折。在就要印刷的时候，得到了要在书名《韩国中国史研究的成果与展望》中要删掉"韩国"这两个字的通报。"韩国"是表明研究者国籍的文字，如果删除这两个字，就会出现不知道是哪个国家研究者的问题，因此我主张如果说出版社一定要删掉"韩国"，那么实在不行就希望写上"南朝鲜"这样的称呼也行。但是对于日后韩中关系发展没有确实的把握，同时为避免日后的责任，出版社在慎重考虑后，最终在书名中删掉了"韩国"这两个字。这本书在中国出版了一年多之后，1992 年 8 月才传来韩中两国要签订建交协议的好消息。

无论如何，这本书以"非卖品"形式出版，分别赠送给了中国的各级图书馆和历史研究者们，得到大家"通过这本书可以掌握韩国的中国史研究情况的好评"。但是由于这本书是非卖品，所以在书店无法购买的不便引起了研究者们再版的呼吁。本书在本次再版中，进行最小限的修改和补充，是因为通过这本书如实再现"中韩建交以前两国历史学交流的实像"，不想损伤这本书具备的"史学史的价值"。因此，本人以1991年1月第10届东洋史学会冬季研讨会大会组织委员长和具体编辑工作代表的资格决心再版此书，而选择不仅向中国历史学界，也向世界历史学界广泛地原汁原味地介绍这本书的方法。

　　此次本书的出版，是由于有2014年1月开始在北京大学以访问学者身份进行活动的韩国东北亚历史财团卢基植博士、中国社会科学院历史研究所李花子研究员的努力和中国社会科学出版社张林编辑热心的工作态度，才能尽快地完成出版。借此机会我郑重地向这三位表达特别的谢意。

主　编　朴元熇

2015年3月24日

大 会 致 辞

东洋史学会会长　曹永禄

这一次东洋史学会第十届冬季研究讨论会能够在北京召开，并且两国的这么多学者参加了会议，是一件值得庆贺的事情。

我们东洋史学会，于 1965 年成立，已经经过了 20 多个春秋。20 多年来，我们在极其艰难的条件下，以求实的精神，脚踏实地，积极开展了学术活动。学会主办的学术刊物《东洋史学研究》已经出版了 34 辑；每年春秋两季坚持召开研究发表会；冬季研究讨论会也开了多次。

冬季讨论会，主要是利用寒假，召集分布在全国各地的会员在东洋史学的各种问题中，选定一个共通的主题，按照时代乃至领域开展讨论，发表论文，把其成果以学术刊物的附录出版。每次由各会员学校的史学系负责制订计划并召集会议。会议地点选择比较安静的地方，会期两三天，与会者都吃住在一起。主要目的是会员之间进行学术交流并增进友谊。因为今年是开展冬季学术活动的 10 周年，负责主办这次会议的高丽大学东洋史学系，得到北京大学的协助，改变了规模和方法，办成了这次的北京会议。

我国的东洋史学，与其他国家的情况一样，中国史领域成了整个东洋史的中坚。大学的教学内容、研究人员以及研究论文的数量上，中国史部分占了绝大多数，因而，研究质量和水平也有了相应的提高。我国对中国史的研究，并不是近几年才活跃起来的。这主要是因为历史上曾经有过密切的关系，对于中国历史一直感到亲近的缘故。不管怎样，我们愿意把我们有悠久传统的对中国史的关心，以及长期积累下来的学术成果介绍给中国同行。这不仅对我国的中国史学的发展有益，而且对于中国的中国史研究也有一定的帮助。

然而不幸的是，我们两个邻国之间文化交流的大门被关闭了很长时间。自从第二次世界大战以后，由于意识形态问题，以及由此而来的民族分裂等许多政治上的原因，我们之间形成了一堵又厚又高的隔墙。但是，现在的情况有了很大的变化。开放、和解是目前世界的历史潮流，我们两国都在发展民主的道路上前进了一大步。两国之间业已开展了多方面交流。这在几年以前是难以想象的事。这一次我们东洋史学会，在北京召开学术讨论会，会后还准备把与会的会员按研究专题和各自所关心的问题编成几个小组，分赴各地旅游、学习，都是为了更广泛地了解中国，并利用这个机会开拓更广阔的学术交流途径。

这次讨论会的题目是"韩国的中国史研究成果与展望"，包括了从秦汉、魏晋南北朝、宋、明、清到近代、现代史的整个中国历史。而且，论文的重点也不是穿凿问题、提出新学说，主要是总结和整理各自在多年的学术活动中所取得的研究成果，做一次综合性的介绍。因为正像在前面讲过的，这次会议是两国学者之间的第一次学术交流，目的在于向中国介绍我国中国史研究的大体倾向和展望，再听一听中国同行的反映。

最后，我们两国的 16 位学者，为了筹备这次东洋史学会北京会议付出了辛勤的劳动，我借此机会向他们以及参加这次会议的所有学者致以深深的谢意！并向从物质和精神上给了我们很大支持的高丽大学东洋史学系及北京大学历史学系表示感谢！

大 会 致 辞

中国史学会会长　戴　逸

女士们、先生们：

今天很高兴，有这么多知名的历史学家到中国来，和中国的学者们一起举行"东洋史学会第十届研讨会暨国际学术讨论会"。我在此表示热烈的欢迎和衷心的祝贺。

就像刚才曹永禄会长所说："中国史领域成了整个东洋史领域的中坚"。我十分高兴，在贵国，对中国史的研究投入了这样多的力量，做出了这样大的成绩。就以这次会议上的论文来说，上起秦汉、魏晋南北朝、宋、明、清以至近现代，研究的内容几乎涵盖了整个中国历史。中国的历史学家们自然对这样的会议非常关心，深感兴趣，希望通过讨论，交流心得，互相切磋，向与会各国的同行们学习。

40多年来，中国形成了一支雄厚的史学研究队伍。全国从事中国史研究和教学的约有几万人，分布在各高等院校、中央和各省市的社会科学院以及文化、出版机构中。有关中国史的各种学会、研究会纷纷成立，犹如雨后春笋。各个断代、各种专史、各项专题，都有一定数量的专家学者在那里辛勤耕耘，产生了一大批研究成果。例如，据粗略统计，1988年一年内出版的中国历史（包括考古）著作，教材、资料与译作共七百余种，发表的论文达六千余篇。又如，在1990年一年内，各地召开的较重要的全国性的史学论会即达 65 次。中国历史科学正在大踏步地迅速前进。

当然，我们并不满足于已取得的成绩。由于中国历史的时间跨度很长，资料丰富浩瀚，问题复杂繁多，在我们面前还有很大的未知领域需要去探索、开拓。我们对自己国家、民族的过去要达到比较全面、系统、深入的认识还需要极大的努力。现在全世界的历史学家对具有光辉灿烂文明传统的中国的历史很感兴趣，都希望更多地了解几千年的中国文明史，全世界的中国学正在蓬勃发展。至于贵国，在东洋史研究方面具有悠久传统，成绩卓著。我本人以前曾收到闵斗基教授寄赠的许多著作，从中了解到贵国学者的卓越成就，深表敬佩。我们很愿意和贵国的历史学家相互合作，开展交流，共同来开发东洋史研究的宝藏。我们两国是近邻，在历史上有着长期的友好关系和经济、文化的交流。我相信：我们两国历史界的合作有着美好的、广阔的前景，这种民间的学术合作与交流，将会提高我们双方的水平，推动历史研究的发展，也将促进两国人民之间的相互了解，帮助改善两国之间的关系。

我衷心祝愿这次国际学术讨论会圆满成功，衷心祝愿两国的学术合作和交流进一步发展。

秦统治体制结构的特性

汉城大学教授　李成珪

导　言

中国古代史研究者们，在研究建立秦—汉帝国的背景及其性质的时候，对于春秋战国时期的各种历史性变革倾注了很大的关心。毫不夸张地说，大家认为在很大程度上决定了战国时期中央集权制国家性质的、所谓的各国"变法"运动，成了中国古代史研究的最大中心课题。尤其是秦的商鞅变法，成了众多人关心的对象。这不仅是因为商鞅变法比起其他诸国的变法留下了更多的资料[①]，还可能是因为在战国时期秦是秦帝国的母体。于是，尽管对商鞅变法从其整体结构和具体内容上尚未作出令人满意的解释，对有关资料亦有不同的理解，但是由于资料相对丰富，研究之活跃程度却达到了无以复加的程度。

迄今为止，根据文献材料研究商鞅变法的学者们，在如下几个问题上大体取得了一致的看法：即（1）正式承认了土地私有制；（2）确立了以军功为中心的新的爵制；（3）利用什伍组织和告奸

---

① 关于商鞅变法的第一手资料，实际上只有《史记》商君列传中的有关记载。但是，许多研究者利用《商君书》的一部分，尤其是包括境内篇在内的，比较忠实地反映了商鞅变法精神的部分。

制实施了严刑政策；（4）实施了以夫妇为核心的家庭单位政策；
（5）实施了彻底的重农抑商政策；（6）实现了度量衡的统一和赋
税的公平化；（7）设立了带有人头税性质的赋税；（8）通过大规
模的扩充县制确立了中央集权体系。秦在当时凭上述一系列政策，
以"耕战体制"组织人民，有效地实现了自己所面临的富国强兵任
务。学者们认为，这就是战国时期变法的最典型的（或者是成功
的）例子，因此，商鞅变法，尽管有所增减，演变成了后来秦的统
治体制，并得到进一步发展，同秦—汉帝国的性质联系在一起。对
此似乎无人提出不同的看法。

随着战国时期各种文物出土，又发表了许多发掘报告，
过去只根据文献材料取得的、对有关战国时期的情况的认识，也得
到了订正和补充。特别是 1975 年末湖北省云梦县睡虎地秦墓大量
出土秦律及有关法律文书后[1]，至少，过去对商鞅变法以后的秦的
认识，却不是单纯地、大量地补充问题，在某些问题上（可能是在
最核心的问题上），不可避免地要进行全面的修订。出土的竹简，
无疑是忠实反映商鞅变法精神的材料[2]，它不仅能为大幅度地补充
甚至还能为大幅度地改变过去对商鞅变法的认识提供线索，因为出
土的秦律并非是一时形成的，而是在包括商鞅时期在内的统一前的
长时期内形成的[3]，所以，它可以成为广泛理解战国时期秦的具体
实况的划时代的契机。

因此，随着竹简材料的介绍，大量出现利用这一材料研究秦的
经济政策、刑罚制度、等级制度、官僚制度、地方行政制度等新的

---

① 这篇文书的释文，最初见于《文物》1976 年第 5、6、7 期，后于 1978 年，由睡虎地秦
墓竹简整理小组加上简单的译注，以《睡虎地秦墓竹简》（以下简称《竹简》）为题出版。睡虎
地秦墓编写组编写的《云梦睡虎地秦墓》（1981，北京）介绍了竹简的图片和释文。

② 季勋：《云梦睡虎地秦简概述》，《文物》1976 年第 5 期。

③ 黄盛璋：《云梦秦简辨证》，《考古学报》1979 年第 1 期。黄先生推测其下限是秦始皇二十年。

论文，是理所当然的①。笔者于 1978 年得到这个材料以后，曾进行了探讨商鞅变法以后的土地制度、官营产业问题、货币政策、秦的各种政策及统治体系同墨家思想的关系的工作②，随后一面整理秦的等级制度、县的组织和职能、县的啬夫组织与都官分掌的山林薮泽开发等③秦统治体制的具体内容，一面为进一步明确地确立笔者所提出的"齐民统治体系"概念做了努力。这些研究工作，有的已进行了十余年，因为后来有了许多不同看法的研究成果④，许多问题需要重新加以研讨。本稿是在尚未进行全面重新研究情况下，为了得到同行诸贤的助言和批评整理起草的。为方便起见，将准备以授田制和县制的建立为中心展开我的论点。在展开论点之前，让我们先来看一看，导致了这样一个体制的社会、经济、政治的背景，即变法前夕的大体情况。

1. 战国时期变法的任务

以西周的没落及周王的东迁开始的春秋时代政治的特征是：从王朝的角度来看，由于周王失去了控制力，随之而来的是各列国之间经久不息的纷争与武力冲突、小国被大国吞并；从各诸侯国的情况来看，由于内部出现了世卿家，形成了实际上由少数贵族世家垄

---

① 1976 年竹简问世后，中国确实发表了不少有关论文，但当时受到"四人帮"体制的所谓的"儒法斗争"史观的制约，可供参考的文章不多，大部分是介绍性的短文。可称为真正综合性研究的最早的论文是高敏的《云梦秦简初探》，河南人民出版社 1979 年版。

② 拙稿《秦的土地制度和齐民统治》（1979），《战国时期抑制私富的理想与实际》（1980），《战国时期官营产业的结构和性质》（1982），《战国时期货币政策的理论和实际》（1983），《秦国的政治与墨家》（1984）。这些论文综合整理成拙著《中国古代帝国成立史研究——秦国齐民统治体制的形成》（1984，一潮阁）。

③ 拙稿《秦的等级秩序结构》（《东洋史学研究》1986 年第 23 辑），《秦的地方行政组织及其性质——以县组织及其职能为中心》（《东洋史学研究》1989 年第 31 辑），《秦的山林薮泽开发结构——以分析县廷、啬夫组织和都官为中心》（《东洋史学研究》1989 年第 29 辑）。

④ 尤其对于笔者强调的授田体制，近来意见分歧相当大，最近整理旧稿出版的杜正胜的《编户齐民——传统政治社会结构之形成》（1990，台北），除了土地制度以外，还有不少方面持有与笔者不同的见解。

断公室权力的贵族政治。然而，这个时期更重要的变化是：由于氏族公社的秩序趋于弛缓以至解体，随之而来的是在邑内部秩序上，阶级分化开始表面化，以国与鄙邑的双重结构为基础的国人（主要是起着战士作用的统治集团）与"野人"或者"鄙邑之民"（主要是从事农耕的被统治集团）的等级差异逐渐被消灭。与以往的这些变化联系起来，大家注意到春秋时期各国为了改革田制、兵制和税制所采取的一系列措施，如晋的"作爰田"与"作州兵"；鲁的"初税亩"（公元前594）、"作丘甲"（公元前590）、"用田赋"（公元前483）；由郑的子产所推行的"田有封洫，庐井有伍"（公元前543）与"作丘赋"① 等，尤其加强了对于"鄙邑之民"兵役的扩大，私人不均等地占领土地，以及承认这样的现实，由劳役租税（即助法）转为实物租税。

大体上是妥当的看法。不过，迄今为止的研究，因为忽视了推进上述一系列措施的主体和对象问题，给人造成了这些措施似乎是以公室为中心用富国强兵之策来推行的印象。实际上，大部分研究者认为，上述一系列措施是战国时期变法的先驱，但是，从正在实施这些改革时的各国的情况来看，公室的权力极为脆弱，实际上不可能采取任何危害贵族利益的措施。因此，必须有这样一个理解，即这些改革，从其性质来说，首先是为了扩大和维护贵族的利益。再分别分析一下当时"国人"及"鄙邑之民"对于这些改革的反映，其对象似乎不是"国人"，也不是以前的"鄙邑之民"。因而，笔者曾试图假设过一个第三者，并与此相联系，分析了频见于《左传》的"盗"这个实体，得到了如下的结论：

当时所谓的"盗"，实际上是在随着邑内部的分化而来的占有土地的竞争中被淘汰的一群。他们失掉了生存条件，被迫背井离乡，聚集在贵族们统治下的邑与邑之间的空地上，形成新的聚落，经营新的生活。因为这些地区是一个"隙地"，不属于哪个既有的

---

① 以上参见《左传》有关年代条。

邑，所以成了不受任何权力支配的"自由世界"。随着邑内部矛盾的激化，贵族的掠夺有增无减，从邑脱离出来的"盗"与日俱增，形成了大量的新聚落。于是，贵族们开始关心起如何把他们纳入自己的统治范围问题，并围绕着这个问题，在贵族内部发生了纠纷。但是，从形式上来说，这些"隙地"仍然属于公室所有，因此，只有得到公室的承认，才能合法经营这些"隙地"。即使得到了公室的承认，取得了经营权，因为这些新聚落都远离已有的各邑，其内部秩序非常缺乏氏族公社的性质，所以，贵族们要以公社秩序为前提，用传统的方法，把这些新聚落编入自己的经济的、军事的势力范围，已成为不可能。前面提到的春秋时期的改革，就是在这样的背景下实施起来的①。

不言而喻，这样的收取方法后来逐渐扩大到收取以前的邑上，因为那里的内部传统秩序正在趋于动摇。然而，这些改革归根结底还是与贵族个人势力范围的扩大有着密不可分的联系，不能理解为跟战国时期的变法同属一个范畴。尤其是鲁的实物租税"初税亩"，是为放置土地占有的不均等。因此，由于阶层分化日益加深，致使产生了大量的"盗"；与此同时，统治本身发生动摇，造成了动荡不安的局面，这些却成了这个时期改革的温床。对战国时期的君主们来说，当他们追求强有力的中央集权之时，对这些问题不会不采取措施。战国时期的变法，就是这种措施的具体反映。由此多少能看得出他们所推行的变法的中心任务是什么。但是为了使我们的理解更加具体，让我们看一看《诗经·豳风·七月诗》所反映的邑的生活状况。

这是一首月令式的农事诗，歌颂了农民一年的生活，极其鲜明地反映了族长或者当地首长（诗中的"我"）领导氏族、公社成员（诗中的农民），强迫他们向领主（诗中的"公"或者"公子"）

---

① 对于这一点的详细论证，参见前示拙著第 1 篇第 1 章《社会背景》。

纳贡和赋役的社会生活状况①。诗的舞台豳是今泾水上游陕西省邠县栒邑一带，据说周夷、厉王时期属克氏领邑②。这一带在两周交替时期有可能一时沦为戎族统治。不管怎样，从春秋初开始属于秦的领域是无可怀疑的。如果这首诗的写作年代是春秋中期以后的话③，这首诗所反映的生活无疑是春秋时期秦邑的具体写照。这也是笔者当初注意这首诗的原因所在。然而，关于这首诗的写作年代，尽管有最晚也不能是西周以后的较有力的说法④，但是，从最近发现的金文来看，可以在一定程度上肯定：至少在畿内地区，从西周后期开始已经出现了氏族秩序的瓦解、多数领主分割经营一邑等现象以及地主经营形态的萌芽⑤。所以，诗所反映的社会关系属于春秋以前阶段的看法更为妥当。既然如此，《七月诗》所反映的社会关系，经过了西周末到春秋初的动乱期，其统治者亦经过了克氏—（戎族）—秦的交替过程以后，仍然保持不变的可能性是很小的。

　　那么，《七月诗》所反映的豳的社会关系，到了春秋时期究竟起了什么样的变化呢？首先可以设想：公社解体，以家为单位的小农经济取而代之；随后是以公社为基础的首长的领导力量消失，邑的自治能力以及秩序的向心力不复存在。然而，实际上以家为单位的小农经济的发展不可能是平衡的；尽管假设说氏族秩序解体，而强韧的血缘意识不可能同时与之一刀两断；小农经济不可缺少的形式是组织协作劳动。所以，在前面设想的那种变化的可能性则非常微薄。在那种变化下要想统治一个邑，至少要对邑内部行政进行彻底

---

① 谷口义介：《豳风七月之社会》（《中国古代社会史研究》，1988，东京）。
② 白川静：《诗经研究》通论篇，东京，1971年，第163页。
③ 郭沫若：《由周代农事诗论周代社会》，《先秦学说述林》，重庆，1945年。
④ 孙作云：《读七月》，《诗经与周代社会研究》，北京，1961年；聂鸿音：《〈豳风七月〉历法考辨》，《中华文史论丛》1981年第3期；白川静，前揭书，第164页。
⑤ 伊藤道治：《裘卫诸器考——关于西周土地所有制形式的看法》，《东洋史研究》1978年第37辑第1期；松本丸雄：《西周后期社会的变革萌芽——曶鼎铭文解释问题的初步解决》，西岛定生博士还历纪念《东亚史上的国家与农民》，东京，1984年。

地改组，并由上边指派行政要员。不过这是到了战国时期确立了县的体制以后的统治形式，秦在邑内部用户籍制度着手改组，实际上是在献公十年（公元前375）实施"为户籍相伍"政策①以后的事。在这之前所以没有直接介入邑内部的事务，是因为它们各自都有自治的秩序，而且利用这个秩序可以达到统治的目的。也就是说，通过邑内部执行秩序者进行间接统治。那么，这种秩序的性质究竟是什么呢？

笔者在这里设想了这样一种可能性，即初级的阶级权力的统治取代了邑的公社性的诸关系。换言之，随着公社的解体而建立起来的小农经济，由于其发展的不平衡，拉长了各"家"之间经济上的差距，邑内部形成了成功的富农阶层奴役和统治贫农阶层的社会结构。富农阶层里也许包括了笃农型的农民。不过，在积累个人财富的竞争中，占据有利地位的还是《七月诗》所说的首长阶层。到了西周后期，有明显的迹象说明，领主的土地管理者阶层已经成长为在领主与农民之间的中间剥削者②。因而，组织公社生产代行纳贡的当地首长，利用收取关系积累个人财富的可能性是非常大的。而且，公社关系的削弱，反而为他们提供了扩大个人财富、加强统治势力的机会。结果，他们有可能继续掌握和控制邑内部的秩序，而他们与其他农民之间的关系，正像《七月诗》所反映的那样，已经不是公社性质的关系，而变成了阶级的权力统治的关系。我想这样理解不会有大的错误。这虽然是战国初魏的例子，西门豹上任邺令后，以河伯的祭为媒介，同巫勾结在一起剥削和统治小农的地方统治阶层"豪长者"的性质③，就是属于首长阶层的同一类型。

在这样的情况下，如果把邑封给邑主，封邑主还是要通过邑的首长阶层来解决收取问题是无疑的。把邑编入县的情况也一样，被

---

① 《史记》卷6秦始皇本纪，附秦纪。

② 前揭拙著，第38—39页。

③ 丰岛静英：《古代亚洲的生产方式》，1973年，第8页。

派遣管理县事物的"官司"①，同样不把以邑为单位的纳贡和赋役的组织事宜，委托给当地的首长阶层。这一事实说明：县虽然是秦公为了较直接地行使权力而设的行政单位，但是同样存在着只有通过当地首长阶层才能实现统治的局限性。对县的这种统治方法，至少包含着两个低效率的因素：一是由县管理的各邑分布分散，二是邑内部的阶级关系。

　　尽管县官司的驻地位于中心，管理和领导极为分散的各邑首长层却不是件容易的事。如果县不是单纯的征收军赋和租税的机关，同时还要成为一个军事据点的话，各邑的分散状态就更难以满足这样的要求了。我们在《左传》里可以看到，春秋时期在边境及军政要塞，争先恐后地建设新城或者扩建已有小城的许多例子②，这绝不是建设单纯的防墙或要塞，而是建设适当规模的邑城，以便有效地行使军事的、行政的职能，因此，当时的邑城建设一般都伴随着废止和合并各分散邑城的工作。然而这实际上是为了统一组织和统治分散在各邑城的军事力量，为了集中人民，不得不采取的措施。

　　因为目前还无法找到说明秦筑城事例的文献，还不能提供秦在置县的同时积极推进废止和合并各邑城的证据。但是，在当时各国如此热衷于筑城的情况下，唯独秦例外是不可想象的。既然置县是为了使其发挥军事职能，那么为了有效地组织军事力量，多少还是进行了筑城和废止与合并分散邑城的工作。尤其从先秦时期的文献来看，往往把"县"和"城"并用③，所以这种可能性更大。但是，从与商鞅变法时期大力扩大县制有关的"集小都乡邑聚为县"

---

　　① 过去曾有过对春秋时期秦的置县抱怀疑态度的看法，但没有提出特别的根据。春秋时期的秦虽然采取了继续扩大领土，把附属地或占领地作为附庸国进行干涉和统治，或者封给功臣及公子的方法，但一开始就设置了秦公更能直接掌握的县。巨大规模的陵园，雄辩地证明秦公有强有力的权力，而这个权力同县的存在联系在一起。尤其是关于晋转让的"河西地"，《左传》僖公十五年条有"于是秦始征晋河东，置官司"的记载，很可能就是置县的方法。参见前揭拙稿《秦的地方行政组织及其性质》。

　　② 杜正胜：《周秦城市的发展与特质》（《中研院历史语言研究所集刊》51—4，1980），尤其这篇论文的附表 1，春秋左传诸侯作城表，整理了全部列国的筑城记事。

　　③ 杜正胜上揭论文，第 714—715 页。

或"并诸小乡聚集为大县"① 的记载来看，春秋时期的秦县，好像尚未有效地合并起来，仍然处在小散邑状态。所以，克服分散状态，便理所当然地成为以较彻底地组织和统治人民为宗旨的战国时期变法的重要任务。

另一方面，只要邑本身能够保持稳定，首长阶层对小农的阶级统治，便可起到充分发挥贯彻秦公的权力的媒介作用。但是，首长阶层个人的发展，不可避免地把对小农的掠夺扩大到极限。结果，有很大可能造成小农大量离散、直接威胁邑城存在的事态。在前面提到的邺社会的情况下，随着豪长者阶层掠夺的加强，出现了"城中益空无人，又贫困"② 的情况。在秦的各邑，不可避免地要加强首长阶层的阶级统治，所以在这些邑也要出现同样情况的可能性也是很大的。当时上任邺令的西门豹，禁止了豪长者掠夺的媒介——河伯的祭，建设了渠；并把保护下来的土地分给小农③。这就是为了解体豪长者的阶级统治④，建立以小农经济为基础的魏侯的权力统治而采取的措施。但是，秦公也无法克服由于首长阶层的掠夺日益加强所导致的各邑城的危机。

公元前408年由劳役租税转为实物租税的"初租禾"、在前面提到的公元前375年"为户籍相伍"等政策，可能就是这种对策的一环。而这些归根结底意味着，秦公介入邑的内部秩序，直接掌握土地和人口，可能取得了一定的成效。但是，因为首长阶层的阶级统治的基础是土地的不均等占有，不言而喻，只有全面实施保证均等占有的土地政策才能根本上消除这种阶级统治。那么，我们可以预想到，以组织小农为生产和战斗的骨干力量，实现富国强兵为目标的战国时期的变法，为了安定小农，究竟引进了什么样的土地制度。据此，笔者认为战国时期秦所推行的变法有两大任务：一是克

---

① 《史记》商君列传及秦本纪。

② 《史记》卷126，滑稽列传。

③ 《史记》滑稽列传没有谈及土地分配的内容，但是《汉书》沟洫志"魏氏之行田也以百亩，邺独二百亩"的记载告诉我们，同西门豹建设漳水十二渠一起分配了土地。这样认为恐怕不会有大的错误。

④ 参见丰岛静英，前揭论文。

服各邑的分散状态；二是消除邑内部的阶级统治，以便安定小农。前者具体表现为以编制新的乡里为基础，扩大和改编县制；后者具体表现为确立授田体制。我们先具体探讨后者。

2. 授田体制的确立与编户齐民

战国时期的变法中，因为直接涉及土地政策的只有商鞅变法，所以，过去都把注意力集中在这个问题上。然而，直接有关的资料，充其量也不过是：《史记》商君列传中的"为田开阡陌，封疆，而赋税平"；同书，蔡泽列传的"（商君）决裂阡陌，以静生民之业"；《汉书》食货志的"孝公用商君，制辕田，开阡陌，东雄诸侯"而已。所以，过去的研究者们，把精力消耗在穿凿"开阡陌"或者"决裂阡陌"及"制辕田"的语意与含义上，但由于都是短句，一直是众说纷纭，很难得出统一的结论。尤其对"制辕田"的解释，更是众说纷纭，除了由交换占有（为了克服由于土地质量的好坏所造成的不平等）转到固定占有的政策的解释[①]而外，其他说法均同整个土地政策的性质离题很远[②]。既然如此，实际上

---

① 原是张晏在《汉书》地理志的注提出的主张。最近，王恩田的《临沂竹书〈田法〉受田制》（《中国史研究》1989—2）引用银雀山汉墓出土竹书《田法》关于"三岁而一更赋田，十岁而民毕易田"的记载，批判诸说而支持张说。其特点是，把"辕田"解释为定期交换占有田，把"制"解释为"禁"或者"止"。

② 在诸说中，认为确立了休耕轮作制的主张，一直得到较多的支持，笔者也支持这一主张。笔者一开始就探讨了这样一个问题，即商鞅制定了 240 步为 1 亩的制度，即使承认当时积极推广了铁制农具及耕牛，以夫妇为中心的一户劳动力能不能承担得了新亩制的 100 亩土地呢？结果得到这样的结论：汉代屯田经营规定每人耕作 20 亩（《汉书》赵忠国传），另外《淮南子》主术训中说每人可耕面积是 10 亩，所以，以夫妇为中心的一个标准家庭的劳动力所能承担的平均土地面积只不过是 50—60 亩。因此，在这样的条件下，商鞅分给每户 100 亩，实际上是考虑了休耕农法的。于是，笔者首先认为"制辕田"就是为了照顾到这种农耕法所采取的措施，并推断其休耕轮作的方法是把 100 亩分成一半轮流耕作。但后来从青川秦墓出土的木牍中看到 1 亩分成一半的区划方法；又想起银雀山汉墓出土《孙子兵法》吴问篇，关于春秋末晋世卿家的"制田"记事中也有一亩分半的单位"畹"。于是，笔者认为商鞅的土地政策中休耕农法是把一亩分半，再交替轮作。而林剑鸣的《青川秦墓木牍内容探讨》（《考古与文物》1986 年第 2 期）也表明了同样的主张。所以，商鞅的"制辕田"，是农作法技术问题，与土地的性质无关。

理解商鞅的土地政策的关键只有"开阡陌"一句话。

　　尽管这样，认为商鞅的土地政策是承认私有制的看法大体上是一致的。这是因为大家完全相信了上引《汉书》食货志中"坏井田"（即打破井田制）的说法。把"开"与"决裂"理解为"破坏"，把"阡陌"理解为井田制下的田间道路（即陌是100亩、阡是1000亩之间的道路），把"开阡陌"解释为破坏井田制的土地境界，这些实际上都是根据上述解释得出来的结论。然而，这种解释，只有在证明商鞅以前确实存在井田制及与此有关的"阡陌"、而后来确实阡陌消逝了的前提下才能成立。

　　但是，先不谈井田制问题，在云梦秦简里明确提到区划田间的"阡陌"①，尤其青川出土的、记录秦武王二年（公元前309）田律的秦简里有"……亩二畛，一百（陌）道，百亩为顷，一千（阡）道"②的提法。从此，把"开阡陌"解释为"破坏阡陌即废除井田制"的以往的主张再没有说服力了。与此同时，有人根据上引青川出土木牍的记载提出了"阡"与"陌"是划分亩与顷（100亩）的境界道路的主张③。尽管对"阡陌"的具体含义还有一定的意见分歧④，但是，对于商鞅的"开阡陌"是以一顷为单位重新区划、整顿土地的主张却没人提出异议。不过问题在于为什么要推行这样的耕地区划工作。

　　笔者同这个问题联系起来，查核了先秦文献中有关按面积区划耕地的例子及其目的。杜正胜教授也指出过，先秦文献中频见"分

---

①　《竹简》第178页，"……封即田千伯，顷畔封也"。

②　李昭和：《青川木牍文字简考》，《文物》1982年第1期。

③　李昭和上揭论文；于豪亮：《释青川秦墓木牍》，《文物》1982年第1期；林剑鸣：《青川秦墓木牍内容探讨》，《考古与文物》1982年第6期；杨宽：《释青川秦牍的田亩制度》，《文物》1982年第7期；黄盛璋：《青川新出土秦田律木牍及其相关问题》，《文物》1982年第9期；田宣超、刘钊：《秦田律考释》，《考古》1983年第6期。

④　笔者考虑到，青川秦墓出土木牍不仅用"陌道"、"阡道"表示了境界或道路，在讲到收获后道路和耕地的除草时，分别记上了"阡陌之大草"和"大除道及浍"，推测"阡陌"是指道路以内的耕地，即具体指1顷。这样推断后，就可以很合理地兼容，以开＝开列＝决裂的解释为前提，把"开阡陌"理解为"以1顷为单位分割、区划"的看法。

田"，"分地"或"授田"等记载①。估计是春秋末（公元前453—403）撰写的、银雀山汉墓出土的《孙子兵法》吴问篇②中关于春秋末范、中行、韩、魏、赵氏的"制田"，即先以一定规模确定了亩之后（可能是为了重新调整一项的面积），再把土地分级征收一定租税的记载尤其引人注目。因为这个记载非常典型地告诉我们：当时以一定的面积为标准重新区划、整理土地的主要目的是，划定适合于一户（大体5人）耕作的土地面积（100亩＝1项，不同地区的实际规模可能有所出入），再分给农民。所以，以一项为单位区划耕地的商鞅的"开阡陌"，很可能也是为了分给农民而进行的事前措施。

另一方面，对商鞅变法有很大影响的魏律中的一条户律，与秦律一起出土，证明了魏亦有授田制度③。这一点也更加深了上述可能性。尤其云梦秦简中关于"入项刍藁，以其受田之数"④的田律，更加如实地证明了秦的授田制度。当然也有人认为，这里的"受田"只不过是国家对私有田的一定的权力，而不是真正意义的受田⑤。即使承认它是真正意义上的受田，目前还没有确凿的证据说明这个田律就是商鞅变法时期的田律。在这样的情况下，能不能把"开阡陌"与授田制度直接联系起来，需要慎重考虑。然而，"开阡陌"不仅是与以集中各邑为目的的扩充县制相联系的一系列措施之一，而且说，其结果是"平赋税"或者"静生民之业"。所以，理解为对集居农民的授田，还是比较妥当的。

---

① 参见杜正胜前揭书，第174—186页。

② 吴树平：《从银雀山汉墓竹简〈吴问〉看孙武的法家思想》，《银雀山汉墓竹简孙子兵法》，北京，1976年。

③ 参见《竹简》第292—293页。魏安釐王二十五年（公元前252）。明确注明是二十五年的（参见季勋前揭论文）户律，禁止向假门、逆旅、赘婿、后父授予"田宇"。这一事实从反面证明对一般民"田宇"的授予制度。

④ 《竹简》，第27页。

⑤ 崛敏一：《中国的律令制与对农民的统治》，1978年度历史学研究别册特集《再认识世界史上的民族和国家》；太田幸男：《对商鞅变法的重新探讨和补正》，《历史学研究》1980年第483号。

近来，连否认包括商鞅变法在内的战国时期的土地政策是以国有制为基础的授田制度（以回收为前提的）的人也认为，编户齐民的形成就是把公有土地分给编户齐民作私有田，以图建立小农经济①。这是因为他们也难以否定秦律关于"受田"的条款。但是进一步说，笔者认为，记载商鞅变法的以往的文献材料里，也有关于授田的文字，即《史记》商君列传中的"民有二男以上，不分异者，倍其赋"。大家一致认为，这个条文与二次变法的"令民父子兄弟，同室内息者为禁"一样，是强迫推行核心家族化的分异令②，其意思是"一户人家里，如果有两个以上男子，而又不分异者，加倍征收成年男子的人头税"。然而，至少能证明实施二次变法的孝公十二年确实有"赋（税）"制、商鞅以后确实强迫执行了分异政策，上述解释才能成立。

但是，意味着秦开始征收"赋"的"初为赋"，《史记》秦本纪与六国年表都在孝公十四年条里才有③，而且也没有明显的证据可以证明秦实施了分异政策。过去把"不分异者，倍其赋"理解为分异令的根据是：二次变法禁止"同室内息"，以及汉代贾谊关于商鞅政策的结果是秦蔓延了分异风的指责（《汉书》贾谊传）。但贾谊是汉儒，他一贯的做法就是：把不符合儒仪的贯行或制度一概归罪于秦特别是商鞅变法。考虑到这一点，他的指责也很少说服力。再说禁止"同室内息"，有人主张是商鞅为改变混乱的男女戎翟习惯而提出来的。考虑到秦确存在严重的戎翟现象，似乎没有理

---

① 杜正胜前揭书，第179—186页；林甘泉：《古代中国社会发展的模式》，《中国史研究》1986年第4期。

② 关于这个目的，通过分解大族，以期削弱家长权，同时也指出：是为了鼓舞生产积极性（守屋美都雄：《关于汉代家族形态的考察》，《中国古代家族和国家》，东京，1968年）；为了通过新县的设置，分解出移居者（《中国古代帝国的形成及其结构》，东京，1961年，第551页）；为了直接掌握壮年男子，使他们成为劳动力（兵力）（太田幸男：《对商鞅变法的重新探讨》，《历史上民族的形成与国家》，东京，1975年）等。

③ 有可能是年代的错误，也有可能商鞅变法先有了整体计划，分阶段执行了个别措施。所以，不可能成为否定分异政策的有力根据。

由怀疑商鞅的主张①。

　　这么一来，似乎没有任何确凿的证据，证明"不分异者、倍其赋"就是强迫分异政策。相反，说明没有实施分异政策的资料倒是不少。首先查阅在性质上与商鞅变法有许多联系的云梦出土的秦律及有关法律文献，发现不少大力保护家长制的规定。例如，不问擅杀、私刑亲子的非公室告；父有要求惩罚不孝之子的权利，保护直系亲属尊先地位等规定②。秦律甚至有劝励同居的规定③。《管子》四时篇，在列举编户齐民的有效统治方法时说"禁迁徙，止流民"，接着有禁止分异的明确记载——"圉分异"。由此看来，战国时期一面实行齐民统治，另一面是否执行强迫分异政策，值得怀疑。尤其是与秦律一并出土的魏户律说："自今以来，假门逆旅赘婿后父，勿令为户，勿予田宇。三世之后，欲仕仕之，仍署其籍曰，故某虑赘婿某叟之仍孙。"似乎是用法律禁止了分异。意思是说：对假门等特殊身份，不仅不承认其成户资格，不赐与田宇，连其孙子也不能当官。尤其引人注目的是最后一句，即与赘婿并称的"虑"。《竹简》释文说"虑"即"闾"。但是，妥当的解释应是息子，特别是出分的息子④。那么，从一个侧面证明了上引魏户律是把出分的息子划为赘婿的范畴而加以禁止的。

　　如前所述，没有任何可以证明秦实施了分异政策的资料，相反，有许多资料可以否定秦的分异政策。那么，必须重新考虑过去把"不分异者，倍其赋"理解为分异令的看法。但是，在这里如果把"赋"理解为"赋税"的话，"倍其赋"就是加倍征收应惩定

---

　　①　好垃隆司：《商鞅变法概观》（《秦汉帝国史研究》，东京，1978 年）也承认这一点，认为禁止"同室内息"是为了改变男女无别的风俗。

　　②　《竹简》第 195—196、261 页的迁子，第 263 页的告子，第 184 页关于大父母殴打罪处以黥城旦春（与擅杀子罪同样的处罚）的条款。

　　③　《竹简》第 85 页关于一户有二人以上服劳役刑，无人照管家的情况下，允许由一人代替其他人服刑的规定；第 147 页关于禁止从一户征二人以上服戍役的规定。

　　④　佐竹靖彦：《秦国的家族和商鞅的分异令》（《史林》63—1，1981）。尤其把"虑"与赘婿并列的事实与"故秦人，家富，子壮即出分；家贫，子壮即出赘"（《汉书》贾谊传）比较起来看，把"虑"看成出分的息子较为妥当。

额，即具有一种惩罚的意思，同时，"不分异者"不能不是施以惩罚的对象，即被禁止的乃至不受欢迎的行为者。这样就很自然地得出劝励乃至强行分异的结论。然而，很显然同居不仅成为劝励和保护的对象，反而有许多不许分异的规定。既然如此，"不分异者"就不能理解为犯规者，同样，"倍其赋"也就不是什么惩罚意思。

于是，笔者设想了这样一种可能性，即"倍其赋"指的是一种并非不利于受者的、加"倍"于定额的、而又不是反面的处分。"不分异者"实际上是复数对的夫妇不分家而同居的意思。所以，如果不论其妥当与否的话，只是人口即劳动力比分异的人家多的家户而已。对此是不会有异议的。当时从国家的角度来考虑，为了最大限度地组织和利用民的劳动力，要对"不分异者"负以与其劳动力相对应的义务是理所当然的。笔者也考虑过，按人口比例倍征其"赋"的可能性。不过相当于人头税的"赋"，本来就是按人口比例征收的，没有对"不分异者"特别加以说明的必要。那么，"倍其赋"必须是一种义务，而且是一种本来是以户为单位的，但也可以按劳动力摊派的义务。在当时国家赋予民的义务中，现在还难以找到这种性质的义务。然而，我们知道对于齐民的授田带有赋予耕作任务的性质。所以，解决这个问题的唯一途径就是与授田联系起来探索。

即如果"民有二男以上，不分异者，倍其赋"是关于授田的规定，对此可以有这样的解释："授田的原则是以夫妇为中心平均五口为一户授田一顷，但是，如果数对夫妇不分异成为一户同居，那么按夫妇对数的此例加授一顷"。为此，必须把这里的"男"理解为"带有妻（子）的男子"，而不是单纯的丁男。在先秦文献中，关于授田一顷的对象，往往以"夫"表示，所以前述理解并非牵强附会。而且只有这样理解，才能很自然地与下面的分异与否联系起来。不过，这里有一个问题，即在上面的解释中，实际上把"倍其赋"看作"倍其赋田"的省略。当然，"赋"有"赋予"的意思，而且与公田的赐予联系起来多次这样用过。但笔者也知道，在那种情况下，一般都带有宾语"田"，还没有见到单用"赋"表示授田的土地本身。然而，把上述规定理解为分异政策，实在过于勉强，在秦的授田制度非常明确的情况下，在目前把它看作授田规定，还是比较有说服力的。

如上所述，笔者为了确认商鞅变法中的授田政策，对"不分异者，倍其赋"的解释作了一次新的尝试。现在把这个问题撇开不谈，单就秦律中的"受田"一词来说，如果不弄清它的性质，很明显，已经到了无法接近当时土地制度性质的阶段。围绕着这个问题，现在有两种看法互相交错地并存着。其一是，虽然承认一部分私有田的存在，但强调以土地的国有为基础的授田制度①；其二是，虽然不否认受田，但强调其私有化，认为商鞅以后土地制度的性质是私有制②。双方在展开自己论点的时候，不管是泛论还是涉及细节问题，只要认为与自己的论点有利就全部动员，给人一种引起了许多不必要的争论的印象。笔者不想一一介绍他们的论点，只想归纳一下1979年的论文中主张商鞅变法以后的土地制度是以土地国有为基础的授田制度的论据。

（1）商鞅的土地政策，是在由于土地占有的不均等所带来的阶层分化及社会大动荡的背景下产生的。在这样的背景下，君主认识到大富与极贫都是难以驾驭的存在；富贵阶层意识到如果贫贱者的最低生存条件也得不到保证，他们的统治特权则难以维持；小农则希望再现已经失去了的公社式的平等。商鞅的土地政策综合反映了

---

① 吴树平：《秦代社会的阶级和阶级关系——读云梦秦简札记》，《文物》1977年第7期；高敏：《从云梦秦简看秦的土地制度》，《云梦秦简初探》，河南人民出版社1979年版；宋敏：《试论秦的土地制度》，《求是学刊》1980年第4期；李解民：《开阡陌辨正》，《文史》1981年第11期；张金光：《试论秦自商鞅变法后的土地制度》，《中国史研究》1983年第2期。关于管见，张金光的这篇论文，在主张土地国有制的看法中，提出了最广泛的综合性论证。

② 唐赞功：《云梦秦简所涉及土地所有制形式问题初探》；熊铁基、王瑞明：《秦代的封建土地所有制》，均见中华书局编辑部编《云梦秦简研究》，北京，1981年；林甘泉前揭论文等。特别是最近发表的杨作龙：《秦商鞅变法后田制问题商榷》，《中国史研究》1989年第1期，对前揭张金光的论文进行了全面的批判，重新确认了过去关于破坏井田制，保障了土地私有制的看法。

君主的认识、富贵阶层的危机意识以及小农的要求。

（2）因此，向编户齐民授田后，如果认定是私有，将会重新加深土地的不均等占有；为了国家权力的稳定造就出来的齐民也将趋于瓦解。预知这一点的话，不会将分与的土地承认是私有。而且从秦律来看，对于齐民从播种到收获、加工的整个生产过程进行了严格控制。可见，表现为民"有"的所谓"民田"，实际上很难说是私有。

（3）从秦简可以看到，到了可以免去各种国家义务年龄的"老"者，反而回避申报或者虚报年龄的现象及对此加以处罚的规定①。这意味着土地的回收。对此只能理解为"老"者要失掉过去所取得的某种权利，而除了国家通过授田给予的土地的使用、耕作权而外，再没有什么权利可谈。那么，可以推断一旦到了丧失劳动能力的年龄，国家要收回他的授田②。

（4）从秦简，封诊式中看到，《封守》记录了因为某士伍犯了某种罪，为了扣押，没收其家族和财产所扣下的人与物的内容③，引人注目的是其中没包括土地。当然，也有遗漏的可能性，或者那个士伍本来就没有土地。不过，从士伍的身份，以及他的财产具体内容上来看，不像是从事工商或畜牧的人，而且家里还有两个佣人的情况下，一点土地也没有是不可理解的。再说，连一只狗都记得很清楚，并注上了是牡犬，却漏掉了也许在他的财产中占最大比重

---

① 《竹简》第143页"匿敖童及占癃不审，典老赎耐，百姓不当老，至老时不用请，敢为诈伪者，赀二甲……"

② 前揭宋敏和张金光的论文也进行了类似的论证。对此杨作龙的前揭论文，引用《商君书》徕民篇关于从外国归义的新民连续三代免服要役和兵役的记载，说"老"不报年龄，只不过是为了第四代成童继续享受免除服役的优惠。但是，徕民篇关于新民可以三代免服徭役和兵役的说法是否属实难以肯定，而且，第三代新民"老"了以后，第四代新民才负担国家义务的说法也难以理解。

③ 《竹简》第249页"……封有鞫者某里士伍甲家室，妻子、臣妾，衣器、畜产、甲室人，一宇二内，各有户，内室皆瓦盖，大木具，门桑十木……牡犬一……"

的土地，其可能性是极少的。因此，把受田的土地看成国有是
对的①。

　　笔者认为这些就是关于商鞅变法以后的秦土地制度，是以国有
制为基础的授田制度（包括回收）的看法，我认为到目前为止，还
没有大量修订的必要。当然，不可能一点也没有私有田，尤其私下
开垦的土地很可能被认为是私有田。②但是根据秦简记载，把谷价
（1石30钱）、劳动工价（1日8钱）及奴隶价格或单位劳动力的生
产率（2人平均1年150石）等综合起来进行分析看，利用奴隶或
者雇农经营土地简直一点也不合算，根本没有吸引力③。这种价格
结构，可能是为了控制个人大规模的开垦，国家所采取的政策。再
考虑到当时还有禁止个人之间私自雇用或者抵押人身的法令④，当
时通过个人开垦的私有田可能是极其有限的。过去有人推测，由于
军功受爵，每爵1级益田1顷（大概到5级为限），可能成了私有
田，而且是大土地所有制的起源⑤。不过这种推测也没有确凿的根
据，而且由于限制了爵的继承，到了几代以后（大体是3代），土
地亦被收回的可能性是很大的。

　　如上所述，私有田不可能占很大比重，那么编户齐民占有和耕
作的土地中，大量的仍然是国家通过授田分给的土地，问题在于怎
样理解耕作国有受田的这些齐民的性质。如果是马克思主义学家的
话，会毫不犹豫地以国家佃农和隶农、或者农奴及从整体来讲的奴

---

　　①　宋敏、张金光、李解民的前揭论文的解释也大体上一致。对此，前揭杨作龙的论文说，
"封守"的财产目录只是动产而不是全部财产，因为不动产即使不封守也不会被破坏，所以没有
列为封守对象，没有另加解释的必要。但，连屋室的特征和构造都记得很详细，可见，强调区分
动产与不动产的说法也难以成立。

　　②　强调私有田的人们，往往主张"盗徙封"的处罚规定（《竹简》第178页）是保护私有
田的规定。实际上，这可能是受田农民之间发生的境界纠纷（与耕作和收获联系在一起的）而
已。

　　③　前揭拙著，第121—127页。当时笔者是按大奴1人28800钱估算的。

　　④　《竹简》，第123页"上即发委输，百姓或之县僦及移输者，以律论之"，第214页"百
姓有债，勿敢擅强质，擅强质及受质者，皆赀二甲。"

　　⑤　守屋美都雄：《汉代爵制的源流——商鞅爵制的研究》，《中国古代的家族和国家》，东
京，1968年。

隶等概念来理解的。实际上，他们迁居和旅行都受到严格的限制；在什伍制的彻底监视下编在连坐组织里从事生产劳动①：负担包括国家摊派的各种赋役、兵役（大概 16 岁或者身高 6 尺 5 寸以上，60 岁以下）、田租、人头税在内的各种户赋：甚至要是完不成国家规定的生产量就要沦为官奴②。然而，他们绝不是奴隶，也不能用国家的农奴这样的概念来解释。他们以国家公民的资格享有受田的权利，又向他们开放了成为官吏的机会，还可以通过受爵来提高自己的身份。不过，单用齐民本身的存在形态来说明这个问题是不够充分的。为了解释这个问题，必须探讨整个等级秩序的结构以及齐民在这一秩序中的地位。那么，让我们在下一章探讨这个问题。

3. 等级秩序的改组及其性质

秦简中的"百姓"、"庶人"、"士伍"就是当时忠实执行农耕与战斗两大任务的所谓"耕战之士"，是通过按劳动力授予适当授田所形成的国家权力的基础。所以，原则上他们相互之间在经济、社会或者政治上没有等级差别。这也是笔者执拗地把他们统称为"齐民"或者"编户齐民"的理由所在③。当时的社会虽然是以齐民为中心形成并维持的，但绝不是无阶级或无等级的社会，而是通过改组形成了以君主为最高点的严格的等级秩序，成为主要的统治手段。正如荀子曾经看出的一样，如果国家成员一律齐等，那么不仅无法有效地进行统治，也不能维持其统治④。既然如此，上下等

① 前揭拙稿《秦的等级秩序结构》，第 20—22 页。

② 前揭拙著，第 103—120 页。

③ "编户"就是由政府掌握户口登记在名籍上。秦汉史料所见"编户之民"、"齐民"、"编户齐民"、"编户民"就是经过这样的手续登记的民。另外，关于"齐民"，如淳说"齐，等也，无有贵贱，谓之齐民，若今言平民矣"。这个用语特别适合于称呼通过授田而产生的秦的耕战之士。

④ 《荀子》王制篇"势齐则不壹，众齐则不使……上下有差，明王始立……夫两贵之不能相事，两贱之不能相使"，天论篇"有齐而无畸，则政令不施"。

级差别结构也许是维持统治不可少的条件。《墨子》主张，为了有效地完成任务，必须赋予官吏以高爵厚禄即富贵[①]，也是出自这样的观点。所以，在商鞅变法中，改组等级秩序成为重要任务也是理所当然的。然而，商鞅改组等级秩序的目的，不仅仅是为了保障统治阶层或者管理者的权威，更主要是为了有效地确保控制齐民的制度体系。

商鞅一方面以对国家有功（特别是军功）为标准改订爵制，按等级严格规定可以占有田宅、臣妾（奴隶）的数量及其他物质生活的享受，对于"事末利及怠而贫者"则降为奴隶，这是众所周知的事。这实际上是为了实现国家当前的富国强兵目标，用赏与罚对付人们向往富贵与安乐、厌恶贫贱与痛苦的本性[②]。为了鼓励齐民积极贡献，设了属于赏的范畴的有爵者等级；为了处罚不服从国家要求或不愿协作的齐民，设了属于罚的范畴的奴婢及贱民等级。结果，商鞅变法以后，秦便形成了以有爵者—齐民—谪民—奴婢为顺序的等级结构。为了理解其整体的性质，有必要对其各个等级的存在形式作具体的分析。

目前，《汉书》百官公卿表所传，秦有20等级的爵制，但与《商君书》境内篇有所出入。因此，无法弄清商鞅变法以后战国时期秦的准确的爵制[③]。但是，推测大体上施行了类似的爵制也不会犯大的错误。如果宗室没有军功，商鞅变法不会承认其特权等级[④]。于是认为商鞅实施了与过去那种根据血缘关系的亲疏分配财富和权利的爵制根本不同的新的爵制。而新的爵制是彻底地以军功（秦以

---

① 《墨子》尚贤上"古者圣王之为政……爵位不高则民不敬，蓄禄不厚则民不信，政令不断则民不畏，举三者授之贤者，非为贤赐也，欲其事之成"。

② 《商君书》错法篇"人生而有好恶，故民可治也。人君不可以不审好恶。好恶者，赏罚之本也。夫人情好爵禄而恶刑罚，入君设二者以御民之志，而立所欲焉。夫民尽力而爵随之，功立而赏随之，人君能使其民信于此如日月，则兵无敌矣"正好说明了这一点。

③ 高敏《从云梦秦简看秦的赐爵制度》（前揭《云梦秦简初探》所收）断定：见于《商君书》则是商鞅变法时的爵制，不见则是后来逐步增加的。

④ 《史记》商君列传"宗室非有军功论，不得为属籍"。

重视斩首之功著称）为中心的制度。当时的赐爵条件中还有告奸①、捕盗②等，如果把盗（特别是群盗）或奸③理解为敌人的范畴，那么，这也属于军功之例。

另外，《史记》商君列传有关于纳粟给予"复其身"特典的记载；《商君书》中多处记载关于纳粟授爵一级的例子④。可见，纳粟亦属赐爵条件是无疑的。但是，始皇四年的例子却仅此一例⑤，而且从其负担来看，不可能是为劝励一般齐民"戮力本业"。因此，这个制度可能是以富豪为对象，为了回收他们的财富，一方面充实国家财力，另一方面削弱富豪的财力以消除难以驾驭的"大富"而制定的⑥。特别是在改组等级秩序的过程中建立了"无功者虽富无所芬华"⑦的原则，因而，这些富豪们哪怕支付一定的经济力量，也愿意取得爵级来获得可以享受其富的等级。还有一部分在建立授田制度的过程中丧失了原有权益的富人阶层。这一制度就为这些人，作为一种补偿措施实行起来的。此外，为了经营新占领区，对愿意迁徙的自愿者，在爆发战争的非常时期，为了鼓励督战，都有事前授爵的例子⑧。不过从广义上来讲，这些都可以包括在军功的范畴里。

那么，以对国家的贡献为代价授予的爵，有什么权益可享受

---

① "告奸者与斩敌者同赏"（《史记》商君列传）的规定意味着对斩敌者褒赏、赐爵的话，对告奸者也是要赐爵的。

② 《竹简》第147页"捕盗律曰：捕人相移，以受爵者，耐。"

③ 王晓波：《商君与商君书的思想》（《大陆杂志》1974年第49期，第1页）认为这里的"奸"不是单纯的犯法，而是谋叛或者侵犯君主利益的犯罪。

④ 《史记》秦始皇本纪，四年条。

⑤ 所以高敏《秦的赐爵制度试探》（《秦汉史论集》，中州书画社1982年版）认为：纳粟授爵制是这个时候才开始的。

⑥ 《商君书》垦令篇的"民有余粮，使民以出粟官爵，官爵必以其力，则农不怠"告诉我们，纳粟授爵的目的在于劝民，同书壹言篇的"富者废之以爵不淫"，以及同书去疆篇的"富者使以赏则贫……粟爵粟任，则国富"则从一个侧面告诉我们，纳粟授爵的主要目的是削弱富豪。

⑦ 《史记》商君列传。

⑧ 《史记》秦本纪，昭襄王二十一年条；同书白起列传，长平之战的有关记事。

呢？为此，首先要弄清与爵有关的"赐"①的具体内容是什么？关于这一点，《史记》商君列传只指出了有爵者与无爵者在生活上的差别②，按爵的高低可以享受的田宅、奴隶及服饰的差别等原则。这究竟是国家按等差赐予的差别，还是对于他们的一般限制，不太清楚。《商君书》境内篇则对"赐"的内容有较明确（虽然也有一些不很清楚的地方）的记载，大体归纳起来是：从爵1级到8级（或者5级？），赐相当于齐民一个标准户享受的田宅，并按等级累增的数赐予"庶子"一人的使役权（6个月）；爵9级赐税（300家）及一定数量的奴隶；爵10级以上赐税或者一定的领域③及对其领域内居民的收取权，并按等级允许不同程度的权威④。

如上所述，通过爵制实行的这样的"赐"到头来形成了新的富裕民。有爵者在全部生活领域里，享有比无爵的一般齐民优越的各种特权，如取得官职的特别优惠的机会、减免刑罚的特权等社会上的各种优惠权⑤，名副其实地成了"富"与"贵"都能得到实际保障的富贵阶层。但并不是所有的有爵者都能把特权等级永远继承下来。从鄂县出土的右庶长歇陶券"子子孙孙，以为宗邑"（参见本

---

① 《竹简》第92页的军爵律"从军当以论赐……皆不得受其爵及赐，其已拜，赐未受而死……"说明，"拜爵"和与此有关的"受赐"是有明显区分的步骤。"赐"，可能是与"受爵"有关的物质待遇。

② "有功者显荣，无功者虽高无所芬华"，这里的有功者和无功者，实际上是有爵者和无爵者。

③ 境内篇只谈及了以一定的家数标记的税家和税邑的赐予，看起来好像只赐予了"食租权"。但是，从1948年鄂县出土的陶券，即于泰惠王四年（公元前334），对右庶长歇赐宗邑的内容来看，"赐邑"不是单纯地赐予对一定户口的收税权，是赐予一定的领域。而且，很明显赐邑是保证世袭的（参见陈直《史记新证》，天津，1979年，第14页）。

④ 尤其是列侯，很可能在封邑里享有超出"食租权"的某种权利，并且，哪怕是在形式上也好带有"小君主"的性质。参见拙稿《前汉列侯的性质——在郡县统治下封建制的一个变貌》，《东亚文化》1977年第14期。

⑤ 参见前揭拙稿《秦的等级秩序结构》，第14—17页。

文注①句中可以知道，至少右庶长以上是有永远继续的保障的，这一点是毋庸怀疑的。过去大家认为，下级爵，特别是8级以下的爵是不容许世袭的。但是《商君书》境内篇关于授爵对象死亡时可以向他的继承人授爵的规定②告诉我们，在特殊情况下，下级爵也有世袭的可能。但是，下列秦简的规定，为了解关于一般爵的世袭问题提供了重要线索。

（1）何为后子官其男爵后及臣邦君所置为太子皆为后子。

（2）从军当以劳论及赐（a）未拜而死有罪法耐迁其后及法耐迁者皆不得受爵及赐（b）其已拜赐未受而死及法耐迁者予赐。③

第（1）条从法律角度解释了"后子"的概念，从而证实了一般情况下爵是世袭的。特别是第（2）条，由于论及了下级爵的世袭问题而引人注目。第（2）条的（a）项说：军功赐爵已定，但本人拜爵前死亡，其后子不得受爵及赐；又说：其本人如果于拜爵前犯法受耐迁处罚也不得受爵及赐。（b）项说：军功者已拜爵，但受赐前死亡，可以授赐；而且，已拜爵但未受赐犯罪处以耐迁时，亦可授赐。把（b）的"其已拜，赐未受而死……予赐"与（a）的"未拜而死……其后……不得受爵及赐"联系起来看，不难看出：一旦授爵后，其"爵"与"赐"都可以由后子世袭的原则是明确的。尤其是（b）的"法耐迁者"，根据（a）的规定来看，实际上是处以夺爵处罚者，但仍然可以授"赐"。这一事实说明，有爵者在被夺去了爵以后，其"赐"则根据种类和性质，允许保持不变。

----

① 从1948年鄂县出土的陶券，即于秦惠王四年（公元前234），对右庶长歜赐宗邑的内容来看，"赐邑"不是单纯地赐予对一定户口的收税权，是赐予一定的领域。而且，很明显赐邑是保证世袭的（参见陈直《史记新证》，天津，1979年，第14页）。

② "……则陷队之士，人赐爵一级，死则一人后"。

③ 《竹简》，第92、182页。

　　根据（1）与（2）来看，包括下级爵在内的所有爵，一般都可以世袭是没有问题的。不过，如果所有的爵都不受任何限制地世袭下去，那么，必然要招致有爵者继续增加，齐民不断减少的状况。不言而喻，这与以编户齐民为基础的统治体制本身相矛盾。过去对商鞅爵制的世袭问题，抱怀疑态度也是这个缘故。现在虽然说它的世袭问题已经很清楚了，但是，从当时统治体制的整体性质来考虑，对于断言无限制世袭的看法，则难以赞同。于是笔者联想到楚法关于过了三世回收爵禄的规定①。当然，以楚制理解秦制，需要慎重以待。但是，不能排除这里的三世是考虑了经常被指为战国、秦汉时期家族形态的"三族制"家族（以父母、妻子、兄弟构成的）的可能性，加上考虑到其范围涉及三族的秦的族的族刑②，以及下面将要谈到的谪民等级也适用于第三代的情况，如爵的世袭不是无限制的话，其世袭限度很可能也是三世。

　　如上所述，齐民中的有功者，通过受爵上升为富贵层。与此相反，犯罪者则要被剥夺齐民等级，形成了其下位的等级。商鞅变法条款中，关于"事末利及怠而贫者"要毫不例外处以籍没的规定，是为了对于不能积极完成国家要求的任务或不可能忠于体制的逸脱者，从齐民中清除出去而采取的措施。但是，如果把所有不能忠于体制者全部降为官奴，将会造成奴隶的骤增，而且从有效利用劳动力来考虑，也是不够理想的政策。所以，仿佛找到了一种在不削弱控制齐民的刑罚的前提下，不再把逸脱体制者降为奴隶的办法。那就是在齐民与奴隶之间再设一个贱民等级。过去对于这一等级几乎没人引起过注意，但自从发现了秦简以后，成了大家比较关注的对象。即近来的研究者们，把假门、逆旅、赘婿、后父及闾左的性质

---

　　① 《韩非子》和氏篇"吴起教楚王，以楚国之俗曰……不如使封君之子孙三世而收爵禄"。另外，同书喻老篇也有"楚邦之法，禄臣再世而收也"的记载，一定程度上反映了楚制的《鹖冠子》王钛篇也有"著赏有功，德及三世"的记载。郭沫若的《述吴起》（《青铜时代》，北京，1954 年）认为喻老篇的"再世"是"如父不算，只计子孙则为再世"。

　　② 小仓芳彦：《关于族刑的二三个问题》，《中国古代政治思想研究》，东京，1970 年。

规定为奴婢之上、庶民之下的贱民层①，把秦简的隶臣妾理解为区别于奴婢及刑徒的一种身份刑②。

但是，这些研究不仅在具体的论点上存在许多问题，而且又没有进行全面的考察。所以，有必要进行比较综合性的探讨。笔者觉得属于这一等级的身份类型中相当一部分与汉代的七科谪相重叠，并且，他们就是"由于经历上的某些瑕疵，被排除在齐民之外的存在"。所以笔者先将他们统称为"谪民"。他们是剥夺了齐民等级的存在，不仅不能享受齐民的权益，估计还承受了比他们更为苛刻的负担。出现这个等级的年代尚不清楚，但是，从《管子》轻重己篇的记载多少能看出他们的处境。即：

> 苟不树艺者，谓之贼人。下作之地，上作之天，谓之不服之民，处里为下陈，处师为下通，谓之役夫。

显然，这里所说的"贼人"、"不服之民"，相当于商鞅变法所指的"事末利及怠而贫者"。他们在乡里是"下陈"，在军队是"下通"，成为可能是从事某种贱役的"役夫"。《晏子春秋》里的"下陈"，一般是大官或者富家的奴仆或者婢妾，但是，这里的"下陈"应该是"乡里的贫贱者"③。然而，他们是被指为"贼人"，"不服之民"的，所以，他们不是单纯的贫贱者，而是受某种法律制裁的、被歧视的人。《韩非子》亡惩篇，为这个问题提供了重要线索。即：

> 正户贫而寄寓富，耕战之士困，末作之民利者，可亡。

---

① 田人隆：《"闾左"试探》，《中国史研究》1979 年第 2 期；吴荣曾：《监门考》，《中华文史论丛》1981 年第 3 期；李解民：《民和黔首——兼评秦始皇更名民曰黔首》，《文史》1984 年第 23 期。

② 籾山明：《秦的隶属等级及其起源——论隶臣妾问题》，《史林》1982 年第 65 期，第 6 页；富谷至：《秦汉之劳役刑》，《东方学报》1983 年第 55 期。

③ 吴荣曾前揭《监门考》。

可见，当时在户籍上有"正户"与"寄寓"的区别，而且"耕战之士"的齐民属于前者，被划为"下陈"的非齐民属于后者。这样一来，谪民就是被排除在正户之外的寄寓。从此笔者不得不联想到与秦简一起出土的魏户律关于"自今以来，假门、逆旅、赘婿，后父，勿令为户，勿予田宇……三世之后，欲仕仕之"的记载。"勿令为户"就是虽然登记了户籍，但没有正式成户的资格的意思，所以，不妨把他们看作不能成为"正户"，只能作"寄寓"的谪民。那么，魏户律关于谪民的性质，至少讲清了四个问题。即（1）假门，逆旅、赘婿、后父属于谪民等级；（2）谪民没有赐予"田宇"；（3）谪民没有做仕宦的资格；（4）这一等级连续三代有效。

第（4）条说明谪民等级的世袭是有限（三代）的；第（2）和第（3）条说明他们不能享受齐民应该享受的权益，因而他们是低于齐民的下一个等级。为了弄清他们是不是谪民，让我们分析一下第（1）条列举对象的性质。把"逆旅"理解为寄食于旅舍的"游食、离农之民"①；把"假门"理解为"商贾之家"②恐怕不会有大的问题。他们是"末作之民"的典型代表，把他们认定为"贼人"、"不服之民"，归类于谪民这一事实，正好反映了当时的国家想通过重农抑商政策来维持齐民统治体制的意图。另一方面，关于赘婿与后父"勿令为户"的理由，魏户律指出"民或弃邑居野，入人孤寡，徼人妇女，非邦之故"③。所以，也有人把它理解为单纯的风俗问题或者伦理问题④。但是很明显，赘婿，实际上是

---

① 古贺登：《汉长安城与阡陌·县乡亭里制度》，东京，1980年，第284页。

② 参见《竹简》第293页注释4。

③ 《竹简》，第292页。

④ 古贺登认为，赘婿所以被歧视的理由是，因为寄食安家，不能祭父母（前揭书，第431页）。越智重明《论七科谪》（《东洋史论集》，九州大学，1983年，第9页）也认为这是与家存续的伦理相抵触的缘故。

"变相的债务奴隶之一种"①；后父是"招赘于有子寡妇的男子，实际是赘婿的一种。"② 因此，他们都在个人的隶属之下。在前面已经谈过，当时的国家，为了防止齐民的雇人化，不仅限制了个人的雇佣劳动，而且禁止了人质典当。这样的国家把赘婿与后父看作一种犯罪，是极其合乎情理的事，因而，把他们归为谪民类，也是完全可以理解的。

以上对魏户律指出的谪民的性质进行了分析，可以看出他们一般都被视为阻碍或者脱离了齐民统治体制的存在。因此，其余的谪民也都可以看作属于这种性质的。首先"刑余"和"余子"也可能属于这个范畴。刑余是刑满者或者在服刑中被赦免者，相当于现在的有前科者。《管子》立政篇，服制的"刑余戮民，不敢服丝，不敢畜连乘车"，《商君书》算地篇的"刑人无国位，戮人无官任"都反映了对刑余的歧视及生活上的限制。但是，《逸周书》大明武篇，列举十种不同等级的"十艺"里包括了刑余，告诉我们它有可能以等级的一种存在过。而且，《六韬》练士篇，以给予晋升等级的机会为名，动员参战的对象中，"免罪之人"即刑余，同赘婿，人虏、胥靡列在一起。很明显，刑余同赘婿是同一等级。

另外，余子是除嫡子以外的众庶子。《商君书》垦令篇提到了为他们"不游事人"而采取的特别措施，三晋的古印中，还有"余子啬夫"的印。很明显，当时他们是特殊的管理对象。但是，《吕氏春秋》报更篇把张仪描写成"魏氏余子"；《逸周书》大明武篇的"十艺"中，余子占了一项。这些事实说明，余子不单纯是众庶子，很可能是一种等级，联想到授田制度的土地分配规定，这样的可能性更大。如前所述，当时的土地分配是按以夫妇为中心的劳动力为单位进行的。因此，在这种情况下，未婚成年人实际上是属于游闲劳动力，说他们是寄食于夫妇户的寄寓也并不过分。正因为

---

① 田人隆前揭《"闾左"试探》。
② 《竹简》第 293 页注释 4。

这样，国家为了防止他们成为"游事人"，特意制定了对他们的管理体系，同时意味着，他们在与正规受田齐民不同的统治体系下，担负着强加于他们的另一种任务。既然如此，他们被划为特殊等级也不是什么怪事，而且，他们很可能担负了比一般齐民重得多或者一般齐民所难以负担的任务。如果这样的估计没有大的错误的话，那么，认为他们的等级地位在齐民之下，也不会是无理的推论①。

此外，工也可能属于谪民的范畴，关于这个问题，秦简中的如下规定好像给我们提供了线索。即：

> 工隶臣妾斩首及人为斩首以免者，皆令为工；其不完者，以为隐官工。②

这至少告诉我们两个事实：（1）工隶臣妾，以斩首之功（即爵1级）赎免，但工则不能免；（2）但是，在这种情况下的工却不是单纯的工匠，而是用其技能向国家作特殊贡献的一种等级。照此看来，一般隶臣妾，用上绞爵赎免为庶人的条件，大概是爵2级③。所以，从同样的隶臣妾等级，上绞爵1级所能达的工，与上绞爵2级才能获得的庶人（即齐民）等级之间有爵1级之差。因为隶臣妾确实是官奴婢（将在下面叙述），所以工可能就是属于齐民与奴隶之间即谪民。当然，从其性质来说，工不属于犯法者一类，也不是对于齐民统治体制特别有碍的存在。所以把他们划为谪民，是有点不好理解。但是，联想到当时的官工也好非官工也好，他们的劳动的全部或一部分，在官营作坊强制进行的情况④，国家可能是为了直接掌握那些持有国家所需要的技能的人才这样做的。不管怎样，

---

① 笔者从这样一个观点出发，赞同李解民前揭论文的立论，即把被有爵者使役的"庶子"同秦简中的"弟子"、"余子"一起看作齐民与奴隶之间的等级。

② 《竹简》，第93页。

③ 《竹简》，"欲归爵二级以免亲父母为隶臣妾者一人……许之免为庶人"。

④ 参见前揭拙著，第174页。

由于他们的职能不同，不属于授田对象是理所当然的。而且，至少从被剥夺了当官的机会这一点来看，他们没能享受同齐民一样的权益也是明显的事。

在上面分析了谪民的类别和其大致性质。看来国家利用方法也能说明谪民存在的意义。笔者在前面指出过，谪民主要担负了齐民所难以担负的过重的任务。与秦简一起出土的魏奔命律告诉我们，他们实际上受到极为残酷的待遇，被赶去充当了极其危险的攻城战的牺牲物[1]。另外，《史记》又告诉我们，为了确保对边境地区或者新占领地区的统治，采取了一系列的迁徙政策，而迁徙的对象是"赦罪人"、"免臣"及其他谪民[2]。这个事实意味着，秦在为了扩张领土和统一所进行的战争中，谪民是不可缺少的存在，如果把他们所负担的任务强加给齐民的话，有可能招致齐民的分解和离散。因为谪民是从齐民中分解出来的，所以谪民的增加当然要意味着齐民的减少。但是，谪民的作用归根结底能使齐民按着国家的要求专心致志地去执行自己的基本任务即耕作与战争。所以，为了稳定齐民保持一定数量的谪民也许是必要的。谪民等级要世袭三代的规定，很可能就是为了保证一定数量的谪民。总之，所以要规定谪民等级，是为了处罚有某种瑕疵的齐民，并保护实现统治的基础——齐民，以便能忠实地完成他们的基本任务。

谪民下面就是以刑罚为媒介形成的等级即奴婢。以这样的观点来看，汉许慎关于"奴婢皆古之罪人"（《说文解字》奴部）的理解，可以说是对中国古代奴婢性质的正确结论。官奴的主要来源是罪犯和战俘，他们都属于罪人的范畴是没有问题的。但是，私人奴婢的情况则需要加以说明。秦简中称为"臣妾"。"人奴妾"、"人

---

[1] 《竹简》，第294页，"告将军，假门逆旅，赘婿后父，或率民不作，不治室屋，寡人不欲，且杀之，不忍其宗族昆弟，今遣从军。将军勿恤视，烹牛食士，赐之参饭而勿馀殽，攻城用其不足，将军以湮壕。"这里特别引人注目的是，强调了谪民本来就是处以刑罚的对象。

[2] 参见《史记》秦本纪，昭襄王二十一年、二十五年、二十七年、二十八年、三十四年条及秦始皇本纪三十三年条。

臣妾"的私人奴婢，是主人通过国家下赐或褒赏，私人之间的买卖或转让、奴婢的生产、债务者的人身抵押等途径获得的。但是，在前面已经讲过，因债务关系抵押人身是法律所禁止的，而且"变相的债务奴隶的一种"赘婿，被划为谪民等级。所以，虽然实际上债务奴隶是可以存在的，但讨论的时候可以除外。还有奴婢的子女，因为他们是等级世袭的产物，在讨论其本源时也可以除外，私人之间的买卖和转让，也是私人奴婢的间接来源。

那么，私奴婢唯一合法的原始来源是官奴婢。《秦简·封诊式·告臣》的如下内容，正好就是离开了这样的关系就无法解释的例子。即，奴隶主把不听管教的奴隶带到官府，要求给予处罚（斩趾，后城旦）的同时，提出由官府买下这个奴隶。特别使人关注的是，官府却按着奴隶主的要求出适当的价钱买下了那个私奴婢①。这一事告诉我们：在当时，私奴婢的主人有权要求官府买下不听管教的奴婢；而官府又有这个义务。假如那个奴隶是主人直接从官府买来的，或者由官府赏赐的，也许可以理解为这是一种退回不良品的行为。但，如果这是奴隶主与官府的一般关系的话，它告诉我们，私奴婢也是来自于官奴婢的。

事实上，国家把官奴婢转让（通过赏赐或者出卖）私人的时候，不仅给予了对奴婢的使役权和买卖权，又保证给予奴隶主以优越的等级地位②。但是，国家禁止了奴隶主对奴隶施以私刑，奴隶由国家施以法律制裁，对不诚实的奴婢，则根据主人的要求进行处罚，也可以买下来重新编入官奴婢里。所以，官私奴婢在某种意义上来说，不同的只是目前的服役对象，以刑罚为媒介奴役于国家法制的等级秩序这一点是一样的，而且根据情况，他们互相之间的位置是容易改变的。

---

① 参见《竹简》第 259 页。
② 从秦简里可以看到，奴隶主有权要求官府处罚（还提出了具体的处罚方法），不服使役的奴隶，官府处罚犯法的私人奴婢后，重新还给主人，并保护其财产权的例子。参见前揭拙稿《秦的等级秩序结构》，第 58—61 页。

　　然而众所周知，官奴婢确实来源于罪犯，但罪犯不一定都是奴婢，经过一定时间的强制劳役后，得到释放的刑徒也是有的。但是，自从发现了秦简以后，这个问题多少有点含糊起来了。因为秦简中看不到对罪犯处以强制劳役的城旦（舂）、鬼薪（白粲）、隶臣（妾）、司寇、候等刑的刑期，特别是对隶臣妾的规定，看起来相互矛盾，使人很难断定是刑徒还是官奴婢。于是，有的人主张城旦舂等都是终身刑徒，特别是隶臣妾属于官奴婢的一种①；有的人主张隶臣妾只不过是刑徒的一种②；也有折中的看法，即把隶臣妾分为刑徒与官奴婢③。然而，都不过是片面的理解，没有一个能把资料解释得自圆其说。笔者不想对这些主张进行具体的批评和论证，只把笔者的结论简单介绍如下④：

　　（1）候与司寇虽然刑期不清，但可能是有期刑徒，不施以耐以上的附加刑；（2）隶臣妾、鬼薪白粲、城旦舂都是官奴婢的一种，但劳役之轻重及待遇各有不同，至于城旦，根据情况有时是指劳役的具体内容；（3）隶臣妾有时可以带耐、黥等附加刑，但可以赎免，亦承认家族关系；（4）鬼薪白粲有时带耐、黥、鋈足等附加刑，好像是主要处罚上造（爵2级）或者葆子以上特殊等级罪犯的身份刑，可以赎刑，只有在城旦时着赤衣及刑具；（5）城旦舂也有罚以初犯的，但它属于处罚隶臣妾罪犯的手段，可以说是处罚官奴婢的身份刑，可以单独或者同时施以黥、劓、斩趾等附加刑，不能赎免，家属亦遭籍没，妻离子散，常年着赤衣及刑具；（6）上述官奴婢中，通过国家卖出或赏赐转为私奴婢的只有隶臣妾，隶妾中还有更隶妾和冗隶妾这样的特殊存在，他们不在官府常年服役，只服

　　① 高恒：《秦律中"隶臣妾"问题的探讨——兼评四人邦的法家"爱人民"的谬论》，《文物》1977年第7期。

　　② 林剑鸣：《"隶臣妾"辨》，《中国史研究》1980年第2期；《"隶臣妾"并非奴隶》，《历史论丛》1983年第3辑；刘海年：《秦律刑罚考析》，前揭《云梦秦简研究》所收。

　　③ 杨剑虹：《隶臣妾简论》，《考古与文物》1983年第2期；施伟青：《"隶臣妾"的身份问题》，《中国社会经济史研究》1984年第1期。

　　④ 参见前揭拙稿《秦的等级秩序结构》，第46—58页。

役一定期限；（7）官奴婢的这种分化，可能是为了利用赏罚更有效地控制他们。

如上所述，齐民的等级在有爵者与谪民或奴婢之间，他们可以升为有爵者，根据情况还有做官的资格，是国家的正户，是有受田资格的公民。所以他们绝不是国家的农奴或奴隶。但是，他们必须在严格的控制下，忠实完成耕战任务，哪怕是小小的错误或违法行为，随时都有沦为谪民或奴隶的可能。特别是对于子的父权，被认为是同奴隶主对奴隶的权力相等①。所以，用"自由民"的概念来理解齐民的试图本身也是没有意义的。他们只不过是在发展小农经济的历史潮流中，由国家造就出来的被统治者而已。另一方面，齐民等级所以如此脆弱，似乎是因为谪民或者奴隶只不过是保护和维持齐民所不可少的存在而已。齐民只能依靠他们的强制性奴役才能防止自身的瓦解和破产，所以齐民统治体制本身就包含着只依靠齐民是不能存在的矛盾。总而言之，为了齐民的存在而不可少的其下一等的等级，又只能从齐民中分解出来，那么齐民等级本身极不稳定是理所当然的。

4. 县、乡、里的组织及其职能

商鞅的"集小都乡邑聚为县"或者"并诸小乡聚集为大县"政策，是为了克服春秋时代的县在空间上过于分散现象所采取的措施。但是，过去在这个问题上，忽视了在空间上重新布置居民问题，即随着重设或改组县而来的"集中居民"问题，甚至有人主张：商鞅是在保持原来的小聚落不变的前提下，设置广域的行政单位县或者大县，有效地管理了其境内居民②。这同对秦汉时代的乡

---

① 《竹简》，第195页，"父母擅杀刑髡子及奴妾，不为公室告"。第196页，"主擅杀刑髡其子臣妾，是为非公室告"，同时要想到父有权要求官府处罚子，奴隶主有权要求官府处罚自己的奴隶。

② 池田雄一：《商鞅县制——商鞅变法》（一），《中央大学文学部纪要》1977年第84期。

和里的存在形式及其性质的理解有着密不可分的关系。实际上，置县的同时，是否集中了居民，首先同县的基本行政单位里的编制原则直接有关。过去关于秦汉时代的里，虽然提出了许多不同意见，但归纳起来，可以分为如下三大类型：（1）自然村落说①。（2）把里分为自然聚落的"里"和行政单位的"里"，认为前者是实际的生活空间，后者是以 100 户为单位的人为的行政编制。这是一种折中说②。（3）认为里是以城邑为单位设在乡或亭内的，人为区划编成的行政单位③。

上述三种意见中，如果（1）与（2）被证明是正确的话，就不存在与置县一起集中居民的问题。相反，如果（3）被证明是正确的，那么，集中居民是不容置疑的。但是，因为双方都没能提出有决定性的证据来，双方的意见不能不处于相持状态。不过，1957年河北省武安县午汲镇汉代古城的发现，在一定程度上为（3）的意见提供了有利的证据。古城东西长 889 米、南北宽 768 米，被东西 1 条、南北 4 条道路分为 10 个区④。如果这个城址是汉代的乡或者亭的话，各区相当于里，正与一乡十里的汉制相符。同时，秦简的记载告诉我们，里与里以城墙为界，或者里在有里门的城邑之内⑤，也为（3）的意见增添了有利的证据，然而，它也许能说明城邑的结构及设在城邑内的里的形态，但不能证明不存在散村状态的自然村落。与此相比，长沙马王堆三号汉墓（估计公元前 168 年葬）出土的驻军图，却为意见（1）与（2）提供了绝对有利的证据。驻军图不仅记有散在里的位置，连最大的 108 户、最小的 12

①　樱井芳郎：《关于汉代的三老》，加藤博士还历纪念《东洋史集说》，东京，1941 年。

②　日比野丈夫：《对乡亭里的研究》，《东洋史研究》1955 年第 14 期，第 1、2 页；池田雄一：《关于汉代的里和自然村》，《东方学》1969 年第 38 期。

③　宫崎市定：《关于中国的聚落形态的变迁——对邑·国和乡·亭和村考察》，《汉代的里制和唐代的坊制》，《亚洲史论考》中，东京，1976 年。

④　孟浩、陈慧、刘东成：《河北武安午汲古城发掘记》，《考古通讯》1957 年第 4 期。

⑤　《竹简》，第 219 页，"水火延燔里门，当赀一盾，其邑邦门，赀一甲"；第 231 页，"越里中之与他里界者……"

户等户数也记得很清楚①，很明显，这些都是坐落在沿河一带的自然村落②。但是，记录在驻军图上的这些散村状态的聚落，能不能为上述意见（1）与（2）提供决定性的证据，还是值得怀疑。

驻军图里标有某里或者估计是里的地名共有 44 处，其中，（a）只标里名的有 15 处；（b）标了里名及户数并注上"今毋人"的有 16 处；（c）标了里名及户数并注上"不反"的有 5 处；（d）标了里名并注上"并某里"的有 8 处。"今毋人"就是"现在无居民"，"并某里"就是"同某里合并"的意思。至于"不反"，有两种互相对立的看法，即一种看法认为这是"居民没有离叛"的意思③；另一种看法认为这是"由于人口减少处于准废村"的意思④。但是，这两种看法都难以赞同。按第一个看法，这些里同没有注上"不反"的里没有什么不同，而且也没有见到注有"反"的里。第二种看法也难以成立，因为像（d）所列的类型，一面在合并里，把"准废村"置之不理是不能理解的。因而，笔者认为"不反"可能就是"不返"，即"居民尚未返回"的意思。所以，注上"不反"的里也是处于废村状态的里，注上"不反"是为了说明它成为废村的原因。（b）与（d）也属于废村，注上"今毋人"与"并某里"也是说明其成为废村的背景和原因。

"今毋人"看起来好像只说明"没有居民"的状态，与原因毫无联系。但，如果（c）（d）也都是废村的话，实际上也是"今毋人"。尽管如此，唯独（b）注上了"今毋人"。所以，它不单纯是"现在无人状态"的意思，而可能是为了表示其背景与（c）

---

　　① 马王堆汉墓帛书整理小组：《马王堆三号墓出土驻军图整理简报》，《文物》1976 年第 1 期。

　　② 池田雄一：《关于中国古代的小陂、小渠、井户灌溉——读马王堆出土驻军图的介绍》（《亚洲史研究》1977 年 1 号），《马王堆出土驻军图与汉代的村》（《历史与地理》，1975 年，第 242 页），根据这面地图重新确认了自己过去的看法，即对散村的户口，在纸面上进行合并，编制了征收租税、摊派赋役的单位里的看法。

　　③ 白建钢：《马王堆三号汉墓出土驻军图新考》，《陕西省考古学会第二届年会论文集》，1983 年。

　　④ 池田雄一：《关于中国古代的小陂、小渠，井户灌溉》。

（d）的"无人状态"不同。村落被废弃的情况：（1）是居民集体逃散；（2）是国家强行集体迁移。除此两种而外，再想不出第三种情况。（c）属于前者，（d）属于后者。那么（b）属于哪一种情况呢？为了弄清这个问题，让我们先来具体分析一下"并某里"的类型。这个类型共有 5 个里，其中胡里合并到路里，弁、琇两个里合并到波里，□里合并到乘阳里，兼里合并到卢里。"今毋人"类型的里也都标上了户数，如路里 43 户，波里 17 户，乘阳里 17 户，卢里 35 户。属于"今毋人"类的这几个里的住户，以及属于"并某里"类的那几个里的住户，都不会搬到"今毋人"的那几个里去，因为那里注上了"今毋人"。这样看来，"并某里"中的路里、波里、乘阳里，卢里，就是"今毋人"中同名的各里居民与"并某里"中胡里、弁里、琇里、□里、兼里的居民，合并后迁去的新设在另外地点的里①。这一事实说明，"今毋人"同里的统废合并有一定的关系。

　　当然，属于"今毋人"的各里居民，不一定全都迁到新设在第三地点的同名的里，也有很大可能迁到驻军图上只标上里名的那些里，或者用圆圈表示的部、障等军事要塞②或者县城。不管怎样，属于"今毋人"的里，同样是由国家公权强行迁移居民所造成的。至于与注上"并某里"的（d）类不同的（b）类注上"今毋人"的原因，可能是因为（d）是居民集体迁往同名的某里所造成的废村，而（b）是居民分散迁往各地所造成的废村。如果上述推论没有大错的话，记录在驻军图上的 44 个里中，有 29 个里处在废村状态，除去可能是由于居民逃散造成废村的 5 个里，余下 24 个里是由国家公权进行统废合并造成的。在这里不能排除由于军事上的需

---

　　① 遗憾的是驻军图没有标出这个新设里的位置。对石里来说，只注有"并石里"，在这种情况下不能不有这样的理解，即"并石里"的"石里"就是石里同其他里合并后，设在第二个地点的里。

　　② 船越昭生：《关于近年出土的汉代地图——长沙马王堆出土帛书地图与和林格尔出土壁画地图》，《森鹿三博士颂寿纪念论文集》，东京，1977 年。

要或者为了以水利灌溉扩大农业生产进行统废合并的可能性①。

　　下面我们再看看这样一个事实。驻军图上有这样的记录："封里，并解里，到廷五十里"，"琇里，并波里，到廷五十四里"，"石里，并石里，到廷六十里"。这里的"到廷几里"分明是表示县廷到各里的距离。要想直接统治离县廷 50—60 里的散村，实际上是不可能的。因此，必定要想到把它们迁到比较容易控制的地方。图上注有被合并的里与县的距离就是为了说明这些里被合并的理由，即它们离县廷过远。所以，笔者主张应该把驻军图所反映的各里的统废合并，理解成为克服空间上的距离和分散性，以利于控制所采取的措施。所以，驻军图不是在证明汉初仍然广泛存在着自然村落，实际上是说明这些村落早晚被国家权力统废合并的命运及其被合并的过程。正因为是这样，笔者认为想用驻军图来证明汉代里的自然村落说或者帐户上的散村合并是徒劳的。

　　那么，里果然是通过集中居民人为地组织起来的单位吗？这个问题也同其他问题一样，单靠里本身得不到有说服力的证明。因此，笔者准备通过乡的存在形式来究明这个问题。笔者认为，弄清了乡是管辖散落在各地的里的行政单位，还是一个人为地组织起来的密集的生活空间，其下面的行政单位——里的编制原则就迎刃而解了。为此，必须要讨论宫崎市定的关于乡是以城邑为单位设置的主张。然而最近有了一篇发掘报告提供了与此有关的重要资料。这就是 1986 年甘肃省天水县放马滩秦墓出土的邽县地图。估计葬于公元前 239 年或者公元前 238 年的战国秦墓②出土的这张地图，包括了东西 312 里、南北 204 里的广大地区。大体上东至现在陕西省宝鸡市以西 120 公里，西至甘肃省天水县秦城区天水乡，北至天水市清安及清水县，南至两当县、微县北部，其中心大城是邽丘。可

----

　　①　池田雄一《中国古代的小陂、小渠、井户灌溉》认为"并某里"的原因是由于扩建了灌溉水利设施。

　　②　甘肃省文物考古研究所、天水市北道区文化馆：《甘肃天水放马滩战国秦汉墓群的发掘》，《文物》1989 年第 2 期。

见是战国秦的邦县全图①。

地图不仅标有城邑和河流、溪谷、官衙的位置，尤其详细标上了森林分布及树种。然而，笔者关注的是如下两点：（1）县的范围虽然非常广大，但城邑大体上集中分布在方圆 100 里之内②；（2）只标有县本身的城邑，却不见马王堆出土驻军图所见的散村。

从（1）可以看到，县里的居民分布在以县城为中心的一定范围之内。因为邦丘大体上位于各邑的中心，所以各邑到县城的距离大体上不超过 30—50 里。估计是战国时期秦墨作的《墨子》中有关守城的各篇③说，城大体上控制了分布在 30 里以内地区的乡邑（即离乡）④。与此联系起来看，邦丘与诸邑的关系，可能就是《墨子》中城与乡邑的关系。不管怎么说，这样布置诸邑就是为了有效地贯彻驻在县城的县廷的统治。

另一方面（2）提出了这样一个问题，即除了县城邦丘以外，用方圈标出的九个邑，究竟属行政等级的哪一级？其中真里与杨里，从其名称上看好像属于里一级，而且九个邑都用大体上同样大小的方圈标出，好像都属于里一级。但，某某里的地名不一定都是乡里制度中的里⑤。马王堆出土驻军图是用方圈标县城，用圆圈标了里，但邦县地图却把包括县城在内的十个邑都用大小差不多的（当然邦丘标得稍为大一点）方圈标出来，从这一点来看，它们不属于里一级是明确的。尤其九个邑中，略的方位大体上与汉武帝时设的天水郡略阳县的方位相符，可能就是汉代略阳县的前身⑥。所以，略至少是乡一级的看法是比较妥当的。从而把用大体上同样大小的方圈标出的其余诸邑看成是乡城也不会有大的错误，这正符合

---

① 何双全：《天水放马滩秦墓出土地图初探》，《文物》1989 年第 2 期。

② 这是笔者粗略测定《文物》1989 年第 2 期第 19 页的图而得出的结论，所以其数字不甚精确。

③ 李学勤：《秦简与〈墨子〉城守各篇》，前揭《云梦秦简研究》所收。

④ 好立隆司：《汉代乡里制的前提》，《史学研究》，1971 年，第 113 页。

⑤ 要记住，差不多与县城同级的，战国时代魏的元里，汉代右扶风的属县槐里。

⑥ 所以何双全的前揭论文认为"略"是"略阳"的简称。

汉秦一县十乡的原则。

这么说，邽县全县的乡都是以城邑为单位设置的。那么里实际上就是在乡邑内人为划分的居住区域的单位，其居民也是与建设乡邑的同时，集体迁移布置下来的。因此，邽县是以乡为单位把居民集中起来再以里为单位细分的，以集体居住方式编成的典型例子，它仿佛为我们证明，通过集中居民改组县编制的原则。当然，与此相反的意见也是会有的。也就是说，我们不能排除邽县地图只标了县城和乡邑，没有标上其周围的散村或者邑外的里（自然村落）的可能性，因此，根据这面地图可以推测以原来的大邑为中心布置了乡的可能性，但绝不能得出所有的居民都集中在乡邑的结论。这确实有一定的道理，笔者尚无有力的资料排除这种可能性。

但是，考虑到邽县地图是一面非常详细的地图，把乡邑以外广泛存在着的聚落，省略不标的可能性极小，而且，也有一些资料可以旁证以乡为单位集中居民的情况。让我们先来看一看银雀山汉墓竹简的资料：

> 五十家而为里，十里而为州，十乡（州）为州（乡），州乡以地次受（授）田于野，百人为区，千人为域。①

在这里笔者愿意指出：乡村组织是以授田制度为基础的，而且，野外组织"百人为区，千人为域"就是土地的单位。如果按夫妇为中心二人一组的农耕方式来考虑，"百人"、"千人"就是50户（1里），500户（1州）；但，如果"人"就是授田对象，即家长的话，应是2里、2州。不管怎样，上述资料告诉我们，授给各户的田地，以里（或者2里，100户）为单位形成一个团地，这些团地不是分散的，而是成为以州（或者2州，1000户）为单位的大团地的一部分。这样做可能是为了圆满促进以里为单位的协作，

---

① 《文物》1985 年第 4 期，第 35 页。

以及以州为单位的更大规模的协作。但是，这种形式的耕地构成，如果不是以州（或者2州）为单位集中居民为前提是不可想象的。把上述资料与商鞅的田制联系起来的看法也不是没有的①。但以此来讨论秦制需要慎重行事。不过，这样的耕地构成形式，是在当时的生产力水平下不可缺少的协作所必需的，那么，把它套用于秦的情况，也不会有大的错误。换句话说，秦所授的田地也可能是以乡（1000户）为单位组成的，那么，同样也不能排除以集中居民于乡为前提的可能性。

另外，如果不承认邑内密集居住的原则，就无法理解魏户律谴责"民或弃邑居野"的缘故，尤其不能理解下一段秦田律的含义。即：

> 、　百姓居田舍者毋敢酤酒，田啬夫，部佐谨禁御之……②

这一段至少告诉我们如下几个事实：（1）特别强调了百姓居田舍的事，说明田舍并非百姓常住之处；（2）住在田舍的百姓，要受田啬夫的管理，可见田舍是农耕时临时居住的农舍③；（3）所以需要有这样的田舍，是因为农民常住的处所远离耕地；（4）农民的常住处所远离耕地的原因，是农民集中在特定区域；（5）住在农舍的百姓受到田啬夫的严格控制，说明田舍不是很分散④，因此，田地也是互相接壤或者连在一起；（6）在耕地集中、农民集居的情况下还需要田舍的原因是，集居规模大大超出了里（100户）的单位。

---

① 佐竹靖彦的《商鞅田制考证》（《史学杂志》1987年第96期，第3页）认为，银雀山出土的田法，是在商鞅田制的影响下，齐制定的。

② 《竹简》，第30页。

③ 在秦简里，里中常住家屋是用"室"表示的。

④ 《竹简》，第265页，"某亭求盗甲告曰，署中某所有贼死……男子尸到某亭百步，到某里士五丙田舍二百步"，关于田舍告诉我们如下事实：（1）田舍所在的野属于亭的治安管辖范围；（2）田舍是农民的个人所有，而不是集体宿舍；（3）但离亭只有100步（约138米）的距离。可见，田舍集中在亭的周围，并由亭控制。所以，笔者认为上述田律中的田啬夫及"部佐"（他管理住在田舍里的农民）都是亭部的佐。

　　笔者把竹简的田舍，作为居民以乡为单位集住、耕地集中的有力的旁证根据提出来，原因就在这里。如果上述推论是正确的话，只标县城和乡城的邦县地图，可以说是以乡邑为单位组成了一个集居空间的战国时期秦县的典型例子。与此同时，商鞅的"集小都乡邑聚为县"政策，也可以理解为以乡为单位的集居。换句话说，商鞅变法把原来分散的群小诸邑合并在县城和乡城里，以期克服过去因分散所造成的统治上的局限。

　　乡本身就是邑，是居民的集居单位，同时也是县与里之间的一个行政单位。然而有趣的是，并没有作为地域行政单位的自主地位和职能。迄今还看不出乡单位的任何军事职能。在汉代，处理乡业务的乡官，实际上也是县里派的县属吏①，其自主的行政职能非常微弱，只起着在县与里之间的"沟通机关"的作用②。这一点上，秦的情况好像也一样。特别是派到乡里的离官，是属于县廷啬夫官的属佐，这说明乡行政的自主性非常有限，是被县、里及其属佐所左右③。另外，里民把里内的事，不经过乡直接告到县廷，说明乡的行政地位究竟如何④；特别是在籍贯的书式上，只填身份、姓名和籍贯里，省略了所属乡不填⑤，告诉我们里是原则上由县直接掌握的。还有，乡既然是一个集居生活的单位，如果要设社，当然设乡社才对，然而，不设乡社而以乡的一个区域里为单位设了社。这只能解释为连乡的作为地域共体的职能也给否定了。

　　如上所述，建立了一个尽量排斥乡的自主职能与地位，把乡内部的居住区域里定为地域共同体的一个单位、由县直接管辖各里的

---

　　① 严耕望：《中国地方行政制度史》上篇，台北，1974 年，第237—240 页。

　　② 越智重明：《汉魏晋南朝的乡、亭、里》，《东洋学报》1970 年第51 卷第1 期，第21 页。

　　③ 重近启树：《有关秦汉乡里制度的诸问题》，《历史评论》1983 年第404 期。

　　④ 《竹简》封诊式案件中可以看到，县廷的治狱及接受并处理诉讼案件的大体程序，尤其毒言是里民拉着同里的人，到县廷告发的比较明显的案例。

　　⑤ 目前，秦的"定名事里"的例子中，因为还没有明记县里的例子，找不到省略了乡的明显证据，考虑到前汉名籍的书式中只有郡县里省略了乡的事实，秦简的"定名事里"中，只有里的原因可能是，因为它属于县内的文书，所以省略了县名。

体制。从表面上看，这仿佛与为了克服统治地区的分散性，以乡为单位集中了居民的政策自相矛盾。但是，考虑到乡是一个相当规模的（大体 1000 户）集居单位，这倒是顺理成章的事。由县城及同县城的规模相差无几的乡（城）邑构成了一个县的情况下，让我们设想一下各乡作为一个区域的共同体，并具有军事行政的自主的职能与地位的状况。不言而喻，这样的乡必然要成为县廷难以控制的区域，因而，集中居民的结果，与其当初的目的相反，等于造出了更加难以驾驭的大规模的据点。上述乡的性质，就是为了克服这个矛盾所作的努力。所以秦的乡里编制，是以集中与分散相结合的原则，非常协调地组织起来的。以城邑的形式组织起的乡之暧昧的职能与地位，城邑内一个区的里在空间上的封闭（要知道，里与里之间是用墙壁间隔起来的，并且出入时要通过管制严格的里门）与相对的自治（通过里社表现出来的共同体的职能），里内部以什伍组织实现的细分化，县与里之间的直接关系等，都属于这种努力。

　　乡制度是把县内居民从空间上组织起来的结果；县廷就是它们的总管，是组织，动员境内的人力与物力，按着中央政府的要求具体执行县职能的官僚组织。在目前情况下，弄清秦县廷组织的全貌是不可能的。但是，秦简的发现是划时代的贡献，现在好像有可能弄清县廷组织大体的原则及其职能的轮廓了。机构或组织，是为了有效地执行其职能。因此，县廷也是为了适应县的职能组织起来的，当时国家对编户齐民提出的两大任务就是耕与战，所以县的主要职能也集中在这两大任务上。同时，县廷为了保证、督促和鼓励齐民忠实地执行任务，不能不维持治安并行使司法权，那么，这也可能成了县廷的主要职能之一。所以，县的主要职能可以分为军事、生产、治狱三大部分，其中治狱实际上是为了保障军事和生产两大职能的第二性的职能。所以，在下面我们简单地分析一下具体组织和执行军事、生产两大职能的情况。因为扩充县制与授田制度有着密不可分的关系，所以，县的生产职能中，农业生产当然要成为最重要的项目，而直接掌管农业生产的就是田啬夫。根据秦简提供的资料可以知道，当时县里安置了许多过去我们不知道的各种各样的啬夫官，于是笔者想要探讨啬夫官与县生产职能之间的关系。秦简里出现县啬夫、大啬夫等统称为官啬夫[①]的一系列啬夫，为了论述方便起见，现把他们分类如下：（1）田啬夫、皂啬夫等很明显是担负着生产组织的管理及经营的啬夫；（2）仓啬夫、库啬夫等是掌管谷物和其他生产物的保管及出纳的啬夫；（3）乡啬夫、亭啬夫好像是小行政单位及机构负责人的啬夫；（4）发弩啬夫、司空啬夫等顾名思义好像是与生产或者生产品的管理有关的啬夫。

啬夫这个名称可能来源于田夫或者田官[②]，或者与"啬"的字意有关，是"收获谷物藏于仓库的收获者"的意思[③]。那么，在上述几个类型中，（1）为最典型；（2）是（1）的进一步完善和扩大；（3）与（4）是一般小官的长，是从（1）与（2）扩大、演化而来的。然而，仓与库不是单纯地保管谷物或生产物的地方。战国时期库或者府确实具有仓库兼工场的职能[④]，而仓的情况也一样。在洛阳发掘的战国时期粮仓遗址，从出土物的性质来看，可以肯定它不单纯是谷物仓库，而是同时生产和管理各种金属制品职能的仓的遗址[⑤]。尤其是理应属于田律的各种规定，如关于每亩播种量的规定，关于在脱粒、精捣过程中容量变化的标准等规定，却在仓律中列出[⑥]。还有田律的内容与仓律的规定类似[⑦]。所有这一切都说明，仓与农业生产有着密切联系[⑧]。

---

① 郑实《啬夫考——读云楚秦简札记》（《文物》1978 年第 2 期）指出：官啬夫是各类啬夫的总称。

② 钱剑夫：《秦汉啬夫考》，《中国史研究》1980 年第 2 期。

③ 朱大均：《有关"啬夫"的一些问题》，《秦汉史论丛》1982 年第 2 期。

④ 佐原康夫：《关于战国时代的府和库》，《东洋史研究》1984 年第 43 卷第 1 期。

⑤ 洛阳博物馆：《洛阳战国粮仓试掘纪要》，《文物》1981 年第 11 期。

⑥ 参见《竹简》，第 43—44 页。

⑦ 参见《竹简》，第 28—29 页。

⑧ 江村治树：《云梦睡虎地出土秦律的性质》（《东洋史研究》1981 年第 40 卷第 1 期）指出了仓律和效律的关系，但从田律和仓律的内容来看，田律可能是谷物的生产、征收、保管、利用尚未分化阶段的立法体系，仓律是这些已经分化之后独立的（参见前揭拙著《秦的山林薮泽开发结构》，第 60—61 页）。

　　另外，亭啬夫的性质与担负警察治安之亭的校长或求盗不同，是经营手工业作坊的市亭①的负责人，所以亭啬夫也确实是担负生产的官。秦简里直接查不到乡啬夫，但是，参与治狱或谷物入仓时陪县吏执行监督的"乡"② 可能就是乡啬夫，他的掌管征收田租和入仓的职务，也是从田啬夫的职能③分化出来的。汉应劭关于有秩啬夫就是"田间大夫"的解释④，正确指明了乡啬夫的这个性质。

　　与此相比，司空啬夫和发弩啬夫看起来确实同生产职能无关。但是，汉代人在不少地方指出：司空这个官的职务是掌管建筑、土木工程和手工业（尤其是车服及器械）⑤。实际上，秦简的司空律中可以看到与关于车的制造、修缮和利用的规定一起出现的司空啬夫掌管大车生产的规定⑥，也可以看到在建筑等土木工程中县司空的作用⑦。于是，笔者推测秦简中的司空啬夫和县司空是两个不同的官，前者主要担负车及器械的制造，后者主要担负建筑及土木工程⑧。如果笔者的这个推论是正确的，啬夫的一般性质（即担负了与生产有关的业务）就更加清楚了。再说，即使像过去所认为的那

---

① 前揭拙著，第153—156页。

② 《竹简》，第98页，"……是县人之，县啬夫若丞及仓乡相杂以封印之……"

③ 银雀山出土竹简田法中，关系田啬夫参与田租征收、查看庄稼的规定，是反映了田啬夫直接征收田租的阶段（参见《文物》1984年第5期，第36页）。

④ 吴树平：《风俗通义校释》，天津，1980年，第406页。

⑤ 《考工记》郑玄注"司空掌营城郭建都邑，立社稷宗庙，造宫室车服器械，监百工者"是反映一个侧面的例子。

⑥ 《竹简》，第137页，"城旦为工，殿者，笞人百，大车殿，赀司工啬夫一盾"。

⑦ 《竹简》，第77、148页。

⑧ 秦简中出现的司空啬夫，只与制造大车有关，所以他的全面的职能无法弄清。但是秦简中的县司空的作用只集中在土木工程，看不到与制作有关的业务，司空啬夫却看不到参加土木工程的例子，可见两者不是同官。尤其"县司空，司空佐史"的提法更证明了两者不是同官。这一句一般地都理解为"县司空与其佐史"。但是，在秦简中，并列某主官与其属佐的佐史时，一般都用"某官，佐史"来表示，不见"某官，某官佐史"的表示法。所以，"司空，佐史"应理解为"司空和其佐史"，因而，"县司空，司空佐史"是"县司空，司空和其佐、史"的意思。所以，在这里县司空和司空，绝对不可能是同一个官，而司空，只能是司空啬夫。因此，笔者认为县司空和司空啬夫是两个不同的官。

样，县司空和司空啬夫是同一个官，在这里可以再一次弄清啬夫的性质。

另一方面，发弩啬夫在秦简中只在除吏律里出现一次。即：

> （a）除士吏发弩啬夫不如律，及发弩射不中，尉赀二甲。（b）发弩啬夫射不中，赀二甲啬夫任之①。

在这里可以这样理解："发弩"是"使用弩机的士兵"，"发弩啬夫"是"发弩部队的官"②或者是"弩的教官"③。暂且不管末尾的"啬夫任之"一句，那么整个句子的意思是：如果士吏和发弩啬夫的任命不符合法律规定，或者发弩啬夫所教士兵的射弓成绩不达标，就要处罚尉；如果发弩啬夫的射弓成绩不达标，就要处罚和革职赀二甲。然而，把发弩啬夫理解为弩射的教官的唯一根据是《汉书》地理志，南郡条颜师古关于"发弩官"是"主教放弩也"一句话。所以上述解释不仅问题太多，末尾的"啬夫任之"一句则更难自圆其说，于是，笔者曾经对这个问题作过详细的论证④。在这里只把结论逐条介绍如下：（1）上述除吏律，可能是在摘录律文的过程中出了某种的错误。即把违背规定任命发弩啬夫时要对尉问罪的条文和"发弩射不中"时要对尉和发弩啬夫问罪的条文合在一起，（a）概括了关于尉的条文，（b）概括了关于发弩啬夫的条文。但在这个过程中，在（b）条上加错了"射不中"一句；（2）所以，对发弩啬夫的处罚实际上是对"发弩射不中"的处罚；（3）根据秦简的"某官任之"的用法，"啬夫任之"意味着上级因下级的过错应负的连带责任。在这里是因为处罚发弩啬夫要负的连

---

① 《竹简》，第128页。
② 于豪亮：《云梦秦简所见职官述略》，《文物》1980年第8期。
③ 陈抗生：《"睡简"杂辨》，《中国历史文献研究集刊》1980年第1辑。
④ 前揭拙稿《秦的山林薮泽开发结构》，第70—79页。

带责任，所以"啬夫"必定是县啬夫①；（4）《汉书》地理志，南郡条的发弩官，从同地理志记载的其他郡国特种官的性质来看，不可能是军事教官，而应该是负责生产弩的官；（5）所以，（a）条说的"发弩"，不是士兵，而是"弩"的一种，"射不中"是"（生产出来的）弩张力不达标"的意思；（6）结论：上述除吏律的发弩啬夫是负责生产发弩的官。

如上所述，笔者论证了秦简中的啬夫，几乎没有例外，全都与生产职能有关。然而，更值得注意的是，他们不受县令的直接控制，而是在县啬夫（即大啬夫）的监督下执行职务的。县啬夫虽然在秦简中第一次出现，但是，很明显他属于一般啬夫的上级，而且其权限极大，大部分学者认为与县令同官。然而，高敏却主张县啬夫是县令的补助者，直接负责管理诸官啬夫②，为秦县的结构提出了重要问题。即他的主张意味着，分管县的生产及经济业务的官啬夫，以县啬夫为顶点形成了一个独立的体系。支持管见之说——县啬夫与县令异官说的好像只有日本的太田幸男③；反驳高敏的说法，主张县啬夫与县令同官之看法④，倒是成了主流。但是，持这种看法的人，并没有彻底驳倒关于县啬夫与县令是不同官的资料，而且他们为了证明是同官所提出的秦简及其他方面的资料，不仅没有多大的说服力，其中的有些资料根据解释的方法，反而可以利用来旁证县令与县啬夫是不同的两个官职⑤。于是，笔者经过分析关于县

① 秦简整理小组也把啬夫理解为县啬夫，把这一段解释成"发弩啬夫……免职，由县啬夫另行保举"。高敏的《论〈秦律〉中的"啬夫"一官》（前揭《云梦秦简初探》所收）却解释成"转任另一个啬夫官"。这些都是不理解"某官任之"的用法所致。

② 高敏前揭《论〈秦律〉中的"啬夫"一官》。

③ 太田幸男：《关于湖北睡虎地出土秦律中的仓律之二》，《东京学艺大学纪要》第三部门社会科学，第32集，1980年。

④ 县啬夫是县令的别称的主张，是郑实的《啬夫考——读云梦秦简札记》最早提出来的，但正式主张县啬夫与县令同官论的是裘锡圭《啬夫初探》（《云梦秦简研究》所收）和朱红均《有关"啬夫"的一些问题》等。另外，江村治树的《云梦睡虎地出土秦律的性质》认为，县啬夫是秦孝公十二年以前县行政官的称呼，钱剑夫的《秦汉啬夫考》认为，县啬夫是小县的长官，但实际上都支持县啬和县令同官说。

⑤ 前揭拙稿《秦的山林薮泽开发结构》，第82—93页。

令和县啬夫由于下级在业务上的错误要负连带责任的规定即十七个条（有关县啬夫的六个条和有关县令的十一个条），得出了如下的结论①：

即县令虽然是县的最高行政官，但他的业务主要集中在军事、行政和财务（管理铜钱、行政物资和军事物资），而且县令直接控制下的一些官啬夫全都与生产职能无关。县啬夫的业务局限在掌管组织生产或者指挥和监督负责征收和管理生产物的官啬夫们。这实际上是因为县啬夫和县令是不同的官职才能出现的状况。所以，笔者支持高敏的立论。县的结构实际上是个二元化的体制，即分为县令直接监督军事、行政和县啬夫直接统辖生产系统的两个体系。这同县的职能分为耕与战两大系统的事实联系起来看是理所当然的。当然县啬夫的地位可能与县丞同级②，官啬夫都由县令任免③，官啬夫的业务往往要接受县令安排的令史的监督④，所以还不能说是完全的二元化。但是，县啬夫有直接监督官啬夫的权力，所以说，实际上县啬夫对县内的生产业务负有总的责任的看法是没有大的错误的。由啬夫官掌管生产这个事实来看，当地的原有生产组织，随着县制的改编，经过改组，成了县廷官营体制的可能性很大。所以，以某种意义来说，所以形成了以县啬夫为中心的啬夫官的独立系统，是因为不能不承认当地生产方式和体制的自理性。

但是，县啬夫的这种作用，毫无疑问为县令专心致力于军事业务创造了条件⑤。春秋以后，地方行政逐步以兵制为单位编成是事实，有不少人认为现存的县就不用说，连乡、里、什伍组织也是相

---

①   参见前揭拙稿《秦的山林薮泽开发结构》，第94—101页。

②   《竹简》，第175页，"矫丞令何也，为有秩伪写其印为大啬夫"，是"有秩吏伪造大啬夫的印，相当于伪造丞的命令"的意思，因此，大啬夫，即县啬夫可能与丞同级。

③   《竹简》，第106页，"宫啬夫免……过二月不置啬夫，令丞为不从令。"

④   《竹简》，第215页，"空仓中有荐，荐下有稼一石以上，廷行事赀一甲，令史监者一盾"中的"令史监者"就是县令安排的监督官。

⑤   这里虽然省略了，但实际上由县丞主管治狱业务，也是为了让县令专心致力于军事部门所采取的政策。参见前揭拙稿《秦的地方行政组织及其性质》，第55—61页。

当于兵制的编制①。但秦的乡、里本身不是军事单位，只是因为把编户齐民的成丁按伍分类②，并定为服军役的对象，轮流征用其一部分编成县的常备军③，县成了地方军团的单位是明显的。县常备军是以步兵为中心编成的④，其规模估计是千人左右，平时的训练和统率由各方面的军吏担任，但直接掌握士吏的任免权和统率全体士兵的是县尉。但县尉并不是总管军事部门整个业务的机构。军马及包括兵器在内的军需品的管理，防御设施的建设和军饷，则由受县令直接统辖的库啬夫、县司马、县司空等诸官分管⑤。

　　这一情况说明：县的军事业务并没有以县尉为中心形成一元化，而是包括县尉在内的军事系统的诸官，直接接受县令的指挥和监督，因而县令直接掌握着军事业务的统率权。但这不是因为县令是县的长官，而是因为县令是县军团的司令官。从虎符的左半块由县令保管的事实来看，县令掌握着动员县卒的权力，好像还带了分属军指挥官的"短兵"⑥，如有冒领军饷等情况，在阵中有权对令、尉、士吏问罪⑦，看来县令是战时指挥县军出征的最高责任者。县令以司令官的身份总管县的军事业务，说明县本身一开始就是按地方军团编制的。在县令需要经常出征的情况下，由县啬夫担任常年性的生产职能，从某种意义来说也许是顺理成章的事。

　　如上所述，县的两大职能，是由以县啬夫和县令为中心的两大系统的县吏组织执行的。毫无疑问，这样县构成了秦的中央集权体制的基础。但是，必须注意到，秦的中央集权体制，绝不是单纯地

---

　　①　米田贤次郎：《关于240步一亩制的成立——商鞅变法的一个侧面》，《东洋史研究》1968年第26卷第4期；杜正胜：《周代封建解体后的军政新秩序》，《中研院历史语言研究所集刊》1984年第55卷第1辑。

　　②　尹在硕：《关于秦代"士伍"》，《庆北史学》1987年第10期。

　　③　史料所见"县卒"、县的"精卒"或者甲兵就是这个常备军。

　　④　秦律中可以看到担负着训练并统率车士的驾驷，担负着训练战马并向从军者分配马匹的县司马等军吏，可想而知县兵里包括了车士及骑兵。

　　⑤　以上见前揭拙稿《秦的地方行政组织及其性质》，第51—54页。

　　⑥　参见《商君书》境内篇。

　　⑦　《竹简》，第133—134页。

依靠派遣随时都有可能被君主任免的县令和少数长吏、一元化地贯彻国家制定的法令、通过文书行政和上计制度实行的地方行政的彻底的监督来实现的，而是通过制约按军事和生产的有效单位设置的县职能本身自主性的完结来贯彻的。首先，不过是千名左右规模的县常备军，能否发挥作为强大地方军团的职能，是值得怀疑的①。另外，如不是非常时期，有中央政府的命令才能动员 50 人以上的军事力量②，可见县在行使军事权上是没有自主权的。尤其没有自给主要军需物资的权力，这实际上是割断县军自立源泉的政策。

　　笔者在前面强调了啬夫官的大部分职能几乎都与生产有关。县廷庞大的啬夫组织，不仅从事农业生产，还广泛从事各种机器的制作，与山林薮泽的开发联系在一起的手工业，而这些成了县财政的主要的一部分。但绝不是县独自担负了县境内所有山林薮泽的开发任务的。矿山开发、包括铁制农具在内的铁器的生产、兵器制作、田牛及军马的饲养等，需要以县为单位的劳动力难以解决的庞大劳动力，或者中央政府认为需要直接掌握的主要战略物资的生产，是由中央政府中直接属于王室财政的都官掌管的③，因为都官完全掌握在君主的手里。这样做，另一方面又是为了扩大和加强王权的财政基础。但同时又是为了确立完全依靠王权生产和供给包括农耕在内的生产上不可少的铁制农具及工具和耕牛，以及维持军队所不可少的军马、兵器等主要军需物资的体制，以便造成如不依靠王权，县的两大职能（生产和军事）本身就无法圆满完成的制度。归根到底这是从根本上封锁县自立为地方势力的可能性。正因为其自身的职能不够完善，县有可能成为中央集权体制的有效基础。我们又一次清楚地看到，秦一方面企图最大限度地集中人的、物的资源，另

---

　　① 扩充了县制以后，又采用了带有军事管区性质的郡制，这可能是因为有了进行大大超出县兵为单位的大规模作战的必要，也是个原因。

　　② 参见《西安市郊发现秦国杜虎符》，《文物》1979 年第 7 期，此外，秦的新郪、阳陵虎符也有同样的铭文。

　　③ 参见前揭拙稿《秦的山林薮泽开发结构》，第 102—132 页。

一方面尽可能消除由此而来的副作用——离心力的一贯的统治原理。

结束语

可以说，上述授田体制，是编户齐民的经济基础，县制是为了有效地统治它所建立起来的空间组织体系；等级制度是按着对国家的贡献给予的生活方位坐标。所有的个人都在这个结构中占据一个位置，被要求忠实执行国家赋予的各种任务；君主却在这个结构的顶点上，通过按一定的步骤任免的官吏，行使了自己的专制权。在当时的政治下制定出来的法令，就是这种统治的结构中诸关系在文字上的反映，是强迫执行的工具和手段。笔者之所以把这种统治体制定义为齐民统治体制，是因为这个体制是依靠由国家造就出来的齐民建立起来，并以齐民的"耕战"来维持的。所以，所有国家职能，实际上集中地表现在保护齐民的安定，并通过对齐民的控制利用他们的劳动力上。

在战国时期大力强调的抑商政策，不用说，是为了使编户齐民专心致力于农耕、防止他们脱离生产所采取的政策的一环。在当时，官营生产体制在包括矿山开发在内的铁器，铜器、漆器、陶器等几乎所有的商品生产领域里得到推广，是为了从根本上限制大富豪（它的成长同齐民统治体制的稳定必将发生矛盾）的成长，并有效地利用编户齐民的闲散劳动（特别是农闲期）和由国家控制的强制劳动力（特别是官奴婢和刑徒等），以便减轻齐民的经济负担，扩大财政收入所作的一种努力[1]。另外，当时国家积极铸造铜钱并强迫流通，实际上也是为了不增加租税，巧妙地掠夺编户齐民的剩余生产而采取的财政增大政策。但，它同时又是为了通过调节物价（特别调节由于年成的好坏所出现的谷价的涨跌及农产物与手工业

---

① 参见前揭拙稿《战国时代官营产业的结构和性质》。

产品的差价），安定齐民生活，防止商人利用物价变动牟取利益所采取的政策①。

上述一系列政策，确实为稳定齐民统治体制作出了巨大贡献。从迄今为止为我们所确认的秦的诸政策中清楚地看到，秦的执政者及设计者们，为确立自己的体制作出了不懈的努力。特别是一贯的诸政策，形成了一个完整的体系，这是在很长的时间里，逐步趋于完善，并依次得到贯彻的。可以看得出，他们并没有满足于纸上谈兵，而是深深扎根于实际。战国末，荀子入秦对秦之风俗与政治赞不绝口，说秦四世接连得胜并非偶然②，是因为秦的诸政策取得了实际效果。实际上，秦能够征服六国统一天下的动力，首先在于近乎完善的齐民统治体制，特别是其核心耕战体制的实际运用和它的存在。所以，战国秦通过法令和制度反映出来的统治体制的目标及理想，可以说一般来讲没有乖离现实。我们觉得这样的评价没有大的错误。

任何一个社会也不能完全消除国家的理想乖离现实的可能性。当然秦的齐民统治体制也不能例外，特别是因为这个体制本身不能不利用自相矛盾的原则，一开始就包含着乖离现实的因素。笔者在前面指出，战国时期变法的两大任务——克服分散性和阶层分化——分别同县制的扩大改组和授田制联系在一起。应该说，集中与均等分别是前者与后者的克服原则。但在实际建立和运营县制时，不得不适当地配合运用分散原则。结果，不仅使乡的职能和地位变得非常暧昧，而且以耕战的基本单位设计的县，成了不依靠中央政府就无法充分完成其职能的单位。后来实行郡制就是为了完善这个制度。不管怎么说，从其本质上来看，要调和不能不同时运用的这一对矛盾的原则，则不是那么容易的事。所以，它成为损伤县制的完整性的因素，是理所当然的。

---

① 参见前揭拙稿《战国时代贷市政策的理论和实际》。
② 《荀子》强国篇。

再说，与授田体制联系在一起的均等原则，表现得更为脆弱。授田制度所指望的确实是齐民之间的均等。但是，为了有效地统治齐民，不得不采用赏罚体系，而赏罚体系则与以不平等为原则为基础的等级秩序联系在一起。如果说，均等是为了确保专制权的基础，那么，不平等则是控制这个基础的手段。从某种意义来讲，这是目标与手段的矛盾，但两者同样是专制权在本质上不可少的原则，也许最完善的专制权力，只能在这一对自相矛盾的原则的调和中体现出来。然而，秦的社会经验告诉我们，因为均等人为地否定私有制的发展，很难同不平等原则调和，反而有很大可能被否定。这同时意味着齐民统治体制在根本上的动摇。

正因为这样，为了完善这一制度，很可能增补了各种政策，并用严格的法律强行贯彻下去。但是，像许多人指出的那样，法令过于繁多，加上执法苛刻，反而会超出法治的极限。实际上，作为云梦秦简的一部分出土的《语书》很好地反映了这样的现实。它反映了秦始皇二十年在一个南郡出现的问题。南郡编为秦的领土已有50年的历史，尽管有了经多次发布的完整的法律，但他们苦于这些法令得不到贯彻而敦促修订法令。尤其引人注目的是，它格外强调了田令。说明整个法治已到了极限，并且在授田制度的贯彻上存在着许多问题。另外，最近又在云梦地区出土的秦律中可以看到，黔首关于国有田的"假田"规定，可能就是土地国有制走向私有制的过渡时期[①]。

它反映以土地国有制为基础的授田体制，实际上已经处于形骸化的过程中。这当然是由于烦琐的授田事务行政力量受限、战国初、中期和末期社会的变化及统一后出现的新情况等多种因素一起起了作用。然而不能不说，从某种意义上来看，这也是一方面为了贯彻均等原则人为地抑制私有制发展，同时又实行不平等的等级秩序的齐民统治体制内在的自我矛盾所致。但是，统一初期的律令中

---

① 　刘信芳、梁柱：《云梦龙岗秦简综述》，《江汉考古》1990 年第 3 期，第 81 页。

还看不出确立了完整的土地私有制，说明战国时期秦继续维持了以
授田体制为基础的齐民统治体制。毫无疑问，这种体制从其性质来
讲，与以土地私有为基础的大规模土地所有为背景发展了豪族经济
的汉的编户齐民体制不同。齐民之所以是齐民，是因为他们本来就
是由授田制度所造就出来的。因此，从编户齐民体制的角度来看，
在两种见解中，即战国时期是秦汉的萌芽时期或者过渡时期的历来
的见解，和汉代是由自身完成的战国时期齐民统治体制形骸化阶段
的见解中，后一个见解更为妥当。

对李成珪论文的评议

北京大学历史系　教授　吴荣曾

近几十年来，由于地下各种先秦器物铭刻或竹简的不断出土，提供了许多为古书上所没有的重要史料，同时也使原来不易读懂的记载变得明白易晓了。这些重大的考古发现，大大推动了先秦史研究的发展。

国外的不少同行也加入到中国这支对地下史料和文献相结合的研究队伍之中，使队伍的人数增多和力量的加强，这是值得令人高兴的事。韩国的李成珪教授正是在这方面为了进一步探索先秦历史而作出了不懈努力的外国学者之一。他的论文《秦统治体制结构的特性》，就是充分地利用竹简材料而写成的，我读了这篇大著之后，感到李先生在治学以及看法方面，和我们有不少的相似之处，因而这篇论文引起我很大的兴趣。下面就谈一谈我对此文的一些粗浅看法：

文章认为秦进行变法的两大主要任务是：一、"克服各邑的分散状态"；二、"消除邑内部的阶级统治，以便安定小农"。两大任务即关于县制的确立和国家实行对小农的授田制。这种小农也就是古人所说的"编户齐民"。

县制包括从县到乡、里等地方行政单位。作者对里制情况作了详细的论述。作者引用了日本学者关于里的三种见解。一是以里为自然村落，二是以为里既是自然村落，也是一种行政单位，三是以为里仅是设于乡、亭之内的行政单位。这三说都有一定道理，但都不够全面。作者根据长沙马王堆汉墓所出的《驻军图》等材料，证实西汉时确存在自然村落的里，秦也当如此。另外，我认为城邑中也有里，《墨子·号令》："因城中里为八部"，可以为证。总之，作者运用了不少地下出土的新材料，对于战国时里的理解比前人进了一步。

在结束语中，作者认为战国时在秦的齐民统治体制之下，设立县制是为了有效统治编户齐民，而齐民的耕战构成国家盛衰的重要支柱。为此，国家通过抑商来保护齐民地位的稳定性，又通过大量使用刑徒、奴婢来减轻齐民的负担。上述意见，对于深入了解战国时秦国对齐民的统治有很大的帮助。

论文的另一部分是关于国家授田的问题。作者认为，秦把土地分成小块交给编户齐民去耕种，这是商鞅变法的重要成果之一。有关此事，文献上记载颇为简略，《史记》上仅说，"为田开阡陌封疆，而赋税平"。作者在这里和大多数学者一样，以为开阡陌之后，秦实行起"对集居农民的授田"。当然，实行这种田制的不仅仅是秦，三晋和其他诸国也如此，可能比秦更早。秦经过变法，在许多制度方面都和关东各国一致化起来。

在商鞅变法之后，秦的编户之民从国家那里接受了小块田地，但这些田地是私有的？还是国有的？长期以来是大家感兴趣的问题，也是最有争议的问题。前人大多依照董仲舒的说法，以为秦废井田后，民得买卖土地，于是引起了土地占有的不均等。作者则认为当时仍以国有土地为主，私有虽有，但并不普遍。为了论证这点而列举四个证据，如认为当时农民耕种田地要受到官府的种种干预和监督，正是田地非私有的标记。还有是当时一般平民的财产中，有房屋、牲畜和奴隶等，唯不见田地一项。我以为作者以上的论证是站得住的。事实上还有新的材料可加强这一论断，如甘肃天水放马滩出土的秦《日书》里面有"以利贾市，可受田宅"的话，表明当时田宅并非来自于买卖，而是受之于上。授田制的普遍，可以想见。由于国家控制了较多的土地，这对土地广泛地私有起到很大的制约和阻碍作用。现从云梦或放马滩出土的《日书》来看，战国晚期，像牲口、粮食、臣妾等物都可以买卖，唯独不包括田地在内，在大多数的田地被国家控制之下，私有土地是不可能较多的，这是顺理成章的事。作者在结束语中写道："这种体制从其性质来讲，与以土地私有为基础的大规模土地所有为背景发展了豪族经济的汉的编户齐民体制不同。"我认为这几句话说得很深刻，表明作者洞察到战国和西汉在社会经济上所出现的重要差别。

文中也有些我认为不妥之处或需商榷者，其中有的属于看法，有的则属于史料运用的问题。现列举如下：

1. 战国时期变法的任务这一小节，主要是论述编户齐民出现前的状况，以及编户齐民是如何发生的简单过程。这部分论据较薄弱，推论显得空泛；其次是内容和竹简材料不挂钩，和作者在文章开头时强调全文要依靠出土文物为主的宗旨不合。因而，这部分可删去，论文中没有这一节不影响整体，反而可使文章更为精练。

2. 将《诗经》的《豳风》看作秦地的作品。当然，这和古人的说法没有不合之处。但近人则有持异议者，如几十年前，徐中舒先生则认为它是鲁地的作品，虽非定论，然也值得注意。

3. 《史记》说："不分异者，倍其赋"，作者的解释是，并非加重租赋，而是多给一倍的田地。这从文义来看很难讲通，而且古书中也找不到类似的例证。作者如此解释的目的，企图证明战国时秦仍对大家族制有所维护，故不许分家析产，还举《管子·四时》的"圄分异"作为旁证。但《四时》和《礼记·月令》相似，主要讲四时中哪些是该做的事，如说冬季应制止民间分异，可知在非冬季则是许可的。因而将"圄分异"看作任何季节都不许分异显然是不妥的。另外，作者又引证了秦律中有关保护家长权益的一些内容，但这些材料是否说明秦不许把大家族剖分为小家庭？似乎还须作进一步研究。

4. 宋朱熹以为商君"开阡陌"即废井田，但也有人以为是商鞅建立新田制之意，这和朱熹正相反。近年，因青川木牍上有阡陌，于是有人以为此阡陌在商鞅变法以后，则阡陌和井田无关，作者也采此说。现在来看这一说法仍有问题，一是井田有无阡陌？目前仍无法知悉；二是青川木牍为武王二年时物，而按《史记·始皇纪》后所附《秦纪》，明言昭王四年时才"初为田，开阡陌"。则认为武王时之阡陌指井田就不算错。还有一个问题是，西汉、东汉时仍有阡陌存在，因而目前不能仅根据阡陌就能判断出它属于何种田制。

5. 作者以为《韩非子》中提到的"寄寓"是指"游闲劳力"，这似嫌证据之不足。实际上寄寓和魏律中的"逆旅"为一种人，即从外面来的人。《商君书》中所说秦招徕三晋之民成为秦的"新民"，这种新民即"寄寓"或"逆旅"。秦的《日书》中经常提到"入寄者"或"寄人"。"入寄者"即指接受外来之民。

6. 把隶臣妾和鬼薪都看作官奴，似不确。从秦律来看，隶臣妾为官奴，而鬼薪、司寇则为刑徒。战国时战俘一律为隶臣，即没官之意。隶臣在西汉后期时已不见，而当时从一年刑到五年刑的城旦，其中无隶臣，从此也反映出隶臣是终身为奴，和有限期的鬼薪等不同。

7. 秦简中的大啬夫、县啬夫，现在一般都以为即县令之官。而作者引用高敏的说法，以为是较县令稍低的官，所据理由不足。因为《语书》记南郡守腾"谓县、道啬夫"云云，这是郡守向县、道长官所发的指令，故此啬夫必为县令，如认为这是给较县令低一级的县啬夫显然是讲不通的，裘锡圭教授的《啬夫初探》一文，引《鹖冠子·王铁》："五乡为县，县有啬夫治焉"，尤为战国时县令称啬夫之确证。

8. 作者在谈及县、乡、里制时，以为战国时一县有十个乡，并云"这正符合汉、秦一县十乡的原则"。此话不知根据为何？西汉平帝时全国县、道总数为1587，而乡总数为6622，则每县约有四乡。据《续汉书》及《东观汉记》所记顺帝时的资料，可推算出每县平均有三个多乡。故一县十乡之说是不对的。

　　尽管我上面对文中的有些具体论述不完全同意，但必须指出的是：文中在若干细节问题的处理上，作者花费了不少的功夫，因而显得很有特色。除了能注意吸收新材料之外，还广采别人的新的研究成果，从而增强了文章的说服力和科学性。当然，作者并未到此为止，更为重要的是，作者能从宏观角度，阐明了从商鞅变法到秦汉时中国历史所发生的转折和变化，而且提出了自己的一些见解。这表明作者能较为准确地把握住这段历史发展的线索和脉络，这更是难能可贵的。

秦汉史之总合性研究与幕府体制

西江大学史学科　副教授　金翰奎

一

　　韩国之秦汉史研究，与中国及日本比较来说，不但在时间上短暂，而且在研究人员及成果的规模上都有所限制。因此最显著的问题，就是没有集合学术界全体之力量，拟定出共同的论题，而且也没有聚集学者共同关心的讨论的焦点。人员规模受限制，所以关心问题亦相异，进而对一主题之有深度的讨论与研究成果，是没有办法累积的。虽然韩国之秦汉史研究是从 20 世纪 50 年代起首，但至今只有一百余篇零星成果，没有集中性研究成果所产生之专著。韩国之东洋史学界也没有像在中国及日本学界对中国史进行分期争论，这些都表示韩国学界之不足与局限。

　　对历史研究来说，"划分与集合"是需要同时进行的。即在研究上需要划清细节，进行具体而实证性的研究。当一些片断性的研究累积之后，就需要集合这些来建立理论体系。若忽视具体性的研究过程就产生仅有外表空论，若省略综合及理论化之过程，就会丧失研究的主体性的意义。由此观来，韩国之秦汉史研究仍在"划分"之阶段，尚未进入"集合"之阶段。韩国之秦汉史研究仍旧没有建立独自的关心部分及理论体系。至 70 年代主要配合日本学界之倾向，而从 80 年代起开始去了解中国之研究成果，也与中国配合。所以，韩国之秦汉史研究为了要发掘共同之论题、拥有更多专门人才并克服消极之机能而担任主体之角色，就要为早日进入"集合"之阶段促进发展。

这里说的"集合之阶段"，并不是单纯的把片断性的研究论文聚集一起作成一本书，而是在主题、方法、资料等部分以总合的角度，没有疏漏地进行研究。这种研究不仅仅拘限在秦汉史之研究，其他时期之研究工作也需要注意这一点。

70年代以后，韩、中，日三国之秦汉史研究在利用资料方面有一些相同之倾向。自从居延汉简与云梦秦简等简牍、金石文被发掘之后，在古代史研究里都以此为核心资料来使用，对研究秦汉史来说，这些资料也是非常重要的。简牍、金石文以及其他考古学遗物是时代的直接写照，所以用来做史料之可信性极高，这是不可否认的事。但因数量有限、系统性缺乏并且内容多半是特定范围，所以所受限制也很大。

另一方面传统的文献资料的价值是相当高的，在一些传统的文献中，竟然有很多资料是学者尚未引用，正待史家仔细关注的。也有一些史料，虽然史学者经常引用，但继续不断等待史学者作新注释。所以，新发掘的特殊资料，不但具辅助之机能，使旧的、传统的文献资料更具价值，亦可以相辅相成，对古代史之理解有新颖之视角。

目前为止，在历史研究中有所谓的政治史、社会经济史，思想史等分类，并借此特殊的单线性，从线性之角度去看发展过程，也是一般性之惯例。但历史上之每一因素及事情的多面性，非要有总合之了解不可，若忽略其中之一项，就容易流入歪曲事实，对事情的理解不会全面。对以政治史为中心去展开历史研究方法做积极的批判，不是很久的事。以经济之发展视为历史原动力的唯物历史学者以及视政治为正史之表象的结构主义历史学者的影响，至今也有效而不减灭。韩国之秦汉史研究，在政治史或政治制度史方面的成果可属微小。在历史中常在历史外围并忽视"老百姓"（民众）之地位强调也是可提之事，但不能废掉政治及国家之中心地位。特别是政治制度是表现当时的精神与理想的最适合题材，虽然有时它不能充分表现历史之实在，但它可明确指示出当时之社会与国家所指向之目标，所以它成为研究历史之人首要检讨之对象。

总合性的研究对划定研究主题的时空范畴，也具有必要性及适用性。韩国学界对划分时代与空间来细分专攻研究方向，已成为惯例。这种划分其实只是为了方便而做的，但若为了方便之由而把划分的事遗忘，就会以细节之研究来概括全体，就会产生一些歪曲事实之现象。举例来说，笔者所研究的题目的范围是"秦汉史之中国"，而秦汉代的"时间"及中国的"空间"概念并不是单独、独立产生的，是接上一个时代续下一个时代的一个连续过程，所以学者应该把历史之视界放宽，进一步从东亚世界之扩张领域去了解才可，因为中国也是整个东亚世界之一分子。

另外一个可提之事是，韩国之秦汉史学界忽视了后汉时期之研究。秦汉史之研究多集中在汉初，武帝时代以及后汉末期。而武帝时代以后至后汉时期之绝大部分，未能成为学者之关心对象。导致此种现象之原因之一，是因韩国受日本之古代国家结构论及分期争论影响不浅之故。在韩国，因为借汉高祖集团的性格问题起首，对汉之国家权力结构去进行了解之故，所以对"主客主从争论"产生兴趣，进而以此对汉初之特殊情况发生兴趣的人多起来了。除以之外"汉唐间＝古代史论"及"魏晋南北朝隋唐＝中世论"之对立，便使得秦汉史之研究焦点分成以秦始皇、汉武帝等专制君主时代与汉末期两个部分。原因之一，是因前者是典型的皇帝统治体制，后者是魏晋南北朝时代之贵族制发芽之中世时期之开始。相反，武帝时代以后到后汉末期之时期没有明显的特征，所以成为分期问题争论的死角地带，长期搁置一处。但若把那时期只当作漫长帝国体制的退化期，或者是具有中世兆头的未成熟期，并加上一点外围性、随伴性的意义，也是不恰当的。武帝时代是普遍地占有汉前期，所以在前汉后期及后汉期寻找秦汉代之一般性质更为恰当。并且为了对秦汉代与汉代前后时期一起有总合性的了解，所以前汉后期及后汉前期是需要更加关注的时期。

不但时间及时期需要扩展，而且空间的范围亦需要扩大。古代的中国概念不但在观念上与世界（天下）有一致的倾向，在历史的现实中也是世界的一部分。中国自己不能具有完整性，需要借其他因素即韩、日本、越南、西藏、西域、满洲、北方草原地带一起建立东亚世界，从而也借此来建立政治性的、社会经济性的、文化性的完整历史单位。尤其是古代的中国人，一直不断地以"中国之世界秩序"为指向，虽然他们所理想的世界秩序在现实中呈一致或不呈一致，但中国之国家秩序与他们所要建立的世界秩序，发生过有机的关系。为了了解秦汉之国家秩序，所以一定要了解当时之世界秩序。在韩国，秦汉史的研究对这些主题几乎是漠不关心的。虽然对中国以外的地区、民族、国家有所研究，但对这些世界之其他部分的有机关联性的考虑，相当忽略。所以，对秦汉时代之东亚世界之总合性的研究没有进行，实在是需要深省的事。

二

若对上述的反省有所接纳，那么怎样的观点是适合做秦汉史之总合性的研究呢？既能充分显出汉代之特性、又能保持前后时代的连续性环节，究竟在什么地方可以发现呢？是否可以在实现皇帝之一元统治的二十等爵制的政治制度中发现呢？但二十等爵制只是在战国时代及秦、汉初期具有原来的角色，到了后汉时期以后仅存形骸而已。在魏晋南北朝时代，二十等爵制的形态尚存，但没有一人对其机能有关心。那么，是否可以在与皇帝权力互相矛盾的豪族的大土地所有制中寻找环节呢？但在武帝时代，大土地所有制不但有所实行，而且在武帝时代以后帝国是在没有瓦解之下继续维持下去的。那么皇帝权力之一元统治实现的武帝时代结束之后到帝国之内在，外在统一性均都丧失的汉末为止，汉代国家之统治体制到底是什么呢？为了寻找问题的答案，首先要回答武帝时代以后什么是规定汉代政治史的最具特征之因素？也就是说，当时的国家权力是在什么地方产生的？

战国以后到武帝为止，国家权力与皇帝即君主权力事实上虽属一致，但到武帝时代以后国家权力与皇帝权力不一定全部一致。武帝死后，新的名词"辅政"，正表示一种改变的状况，流行地使用。"辅政"不像字意，而是表示在一历史之现实中，国家权力的全部或部分，从君主权力暂时移动而言之。众所周知，武帝在他离世之时，把"辅政"一职委任给霍光等三人身上，因此昭帝时代以及宣帝初期之国家权力没有被皇帝所掌握，却归属于"辅政"身上。之后一直到后汉末期，大部的期间因为"辅政"之缘故，皇帝权力国家权力之间产生一种距离。

霍光以后大部分上任辅政的人物是外戚，所以这期间的政治形态常称之为"外戚政治"。但，"外戚"不是一制度之概念，也不是仅有外戚来主导辅政，所以非要寻找代表这时期政治体制的制度之概念不可。为此，首先要确定当时负责辅政即把国家权力的全部或部分从皇帝权力那里暂且受委托的管理者的制度之存在形态。在确定过程中可知，在汉代政治史上的最显变数是"将军"。因为在汉代辅政的负责人，都是以"将军"形态存在的。霍光及他的伙伴金日䃅、上官桀都是从武帝那里受委做辅政，同时也受命做大将军、车骑将军、左将军的。前汉末的外戚如王凤、音、商、根、莽等所谓五王，也都是以大将军、车骑将军、卫将军、骠骑将军（大司马）之身份做辅政的。后汉的具代表性之辅政大臣窦宪、邓骘、梁商、梁冀、窦武、何进亦都称之为大将军。身为家亲而做辅政的东平王苍也是骠骑将军。

那么本来就具有"掌兵及四夷"（《汉书》百官公卿表）或是"掌征伐背叛"机能（《后汉书》百官志）的将军，他们可拥有"辅政"之特殊机能的原因到底何在呢？也就是说，做辅政的时候为什么一定以"将军"的形态存在呢？将军指挥军队，将军具有并可行使军事武力，所以将军的这种特殊力量或许成为做辅政之能力的基础，但做将军并不因此就成了做辅政的必要条件。因为在汉代之辅政大臣之中，没有一人是利用将军所拥有的军事力量去争夺政权或维持政权的。靠辅政体制维持政权的汉代政府并非军事政府。

那么辅政之主导人特别以将军这种制度之形态自居的真正理由是什么呢？为了寻找正确答案，我们必须再次澄清辅政的真意，即要澄清国家权力与君主权力暂时分离的真意不可。另外也要关注像霍光及其他辅政将军在受委做辅政的同时也领受了"领尚书事"或"录尚书事"之职。若把"领尚书事"或"录尚书事"视作掌握皇帝内朝的话，辅政的负责人会通过这一点来成就皇帝权力的空洞化。所以在国家权力的移动过程中，一个必然的事，是辅政的负责人如何并用什么手段去实现已掌握的国家权力呢？即问题就是如何建立新政府？现在的政府是以皇帝为顶点，可分成内朝与所谓三公九卿之外朝两部分。其朝员都是由皇帝来任命的官僚，就因为这种原因，辅政的负责人需要由自己来任命的官僚所组成的单独的政府。"将军"就是可以满足辅政负责人的欲望，并且也具一定之能力。将军保有自己的官府，并且也拥有自己选择官僚来组成自己官府的权力。另外，"便宜从事"是将军自古以来所享有的独特之力量，而汉代的辅政之所以靠将军这制度去形成之最主要的原因也在此。

汉代将军的官府通常称为幕府，其僚属也称为幕僚。将军的军事活动当然是由部校尉、军司马、曲军侯、屯长等领军组织所执行；但像辅政这特殊的机能可能由长史、司马、从事中郎、掾属、令史等所组成的幕府组织执行。因为幕府与幕僚是替代"朝廷"与官僚的角色。事实上，辅政将军的出现把汉代的权力结构之基本形态做了大幅度的变形。不像《汉书》之百官公卿表一样，在《后汉书》之百官志里，所描述的将军之新角色及幕府结构相当详细，由此可知，新的权力结构的变化，透过这将军制度是显而易见的。尤其是说明与幕府差不多组织的三公府的结构更可知，在前汉、后汉之交替当中，三公府（或是太傅府）渐渐地在幕府化。

　　正如以上所说，武帝时代以后，汉代政治史上一连的畸形变化，使所谓的皇帝统治体制渐渐改变，发展成新的政治体制。辅政体制的出现导致皇帝权力的空洞化，旧的权力机构仅存形骸，国家权力却移到将军身上。将军的军事机能产生变质现象，而将军的幕府与幕僚替代了旧的政府组织与官僚的机能。帝国体制是指皇帝直接掌握三公九卿等中央政府的诸官府及地方郡府而言，而辅政体制却是由辅政将军亲身召开幕府，通过它来管理国家权力，所以也称为幕府体制。

　　事实上，汉代以后不必借着将军的形式来成就辅政。汉末的曹操却利用丞相之官制来辅政。魏晋南北朝的时候，也有一些不是将军的人做辅政。但是由曹操设立的丞相府只是在名称上不叫将军幕府，而在结构及机能上与幕府没有两样，以后的辅政者也是相同。所以，汉代以后因辅政而出现的独特的政治体制叫幕府体制较为恰当。

　　这不是说当时的国家权力是借幕府来实现，所以规定武帝以后的政治体制是幕府体制的。而幕府却有它独特的组成原理。若幕府在汉国家的权力结构中占有核心地位，那么在汉国家的整个统治体制中幕府的组成原理就可以扩大并且应用。若辅政将军及幕僚的结合原理与皇帝权力及官僚的结合原理相异的话，就将通过幕府的将军之辅政创造出与帝国体制即靠皇帝之一元性的统治体制相异的新的国家秩序。

　　再次强调重申，辅政是指国家权力暂时从君主权力那里全部或是部分被移动而言的。这是指与君主权力共分国家权力的另一政治权力若存在，则辅政将军就可以出现，并在任何时间任何地方都可设立幕府。即在中国内部，若复数政治权力共存而分占国家权力的话，复数辅政将军与复数幕府可以共存。同理，若皇帝权力对东亚世界不能实行一元统治的时候，在中国外部也可以同时存在着复数的将军与幕府。所以幕府体制不但在国家权力一元性的执行状况并在多元性的分化状况中也表现在制度中，而且可以履行适当的机能。自汉帝国灭亡后中国分裂成许多地方势力，并在中国边疆之民族与国家纷纷趋向独立的局面之后，中国的内外出现数不清的将军与幕府的状况，亦可以透过幕府体制的观点加以说明。

虽然皇帝权力的一元性统治是以小农为对象的，但幕府体制是表现权力的移动或分化过程，所以不能不把豪族的存在作为前提，也就是说，幕府体制也可以成为汉代统治体制去接近社会经济的基础之环节。

根据以上的了解，武帝时代以后的政治体制可以规定成是幕府体制。如此主张之第一因是汉代之辅政将军接收了从皇帝权力那里来的国家权力，而且辅政将军可以设立幕府来管理国家权力。第二因是汉末以后，分散在中国内外的国家权力都分割成复数的政治势力，而幕府却把这些归并于一个国家体制内，所以其角色相当重要。因此，幕府体制不但是贯穿前后汉时期，也反映各时期的特殊性，而且也适用于中国的内外，进而也成为建立东亚世界秩序的独特的模型。另外，幕府体制又可以使我们在汉国家的社会经济基础上提供一些前瞻之机会，所以我认为，幕府体制实在是可以使我们去进行总合性研究的最恰当的题材。

三

以上的说明都是在强调对秦汉史之总合性研究的必要性，并且也指出为了总合性研究，幕府体制的研究是最合适也是最紧要的事。但目前为止，对幕府体制的研究可说是全无的状况。这不但是韩国的情况，中国及日本之古代史学界也是相同。"幕（莫）府"之词在《史记》与《汉书》、《后汉书》出现 28 次。在《三国志》等有关魏晋南北朝之史书中以"幕府"、"军府"、"霸府"的形态使用着。那么为什么先辈学者竟没有关心呢？在一些传统的文献史料中，仍然有很多没有被注意而搁置一边的题材。幕府、幕府体制便是其中之一例。笔者在此首先简单地整理、介绍有关幕府与幕府制度的基本知识，然后再提出一些对日后展望的意见。

幕府由将军来设立。其实幕府是指辅助将军之军事业务的特定场所，即将军用来指挥军务的事务所所在的特殊的幕舍而言。所以，幕府是一些军法的运用、财政收入的管理、人事业务的推行之处，是辅助将军的活动，并担任一些作战性、行政性业务的文法吏所组成的。在最初，幕府的机能局限在军法之运用、财务之管理、人事之业务等一些军政的管理。初期的幕府是由叫作史的文书管理官所组成，而首长称之为长史。幕府的源流可追溯到战国时代，而到武帝时代为止，原来之幕府的机能与结构没有太大的变化。

但是武帝死亡之后，皇帝统治体制改换成辅政体制以后，幕府的机能与结构有了大幅度的变化。首先在结构上相当复杂并呈多样。上层结构却由长史、司马、从事中郎等许多种类的幕僚职所组成；中层由多数的掾与属，下层由令史与御属等组成。特别一点是，掾、史、属们为了与国家的多种的政务相应起见，细分成各种的曹。这种幕府结构的架构，从前汉后期以后到后汉后期为止，大体上一直在维持。幕府结构的复杂化与多样化，与幕府机能的复杂化、多样化是相对应的。正如前先所述，辅政的负责人是采取将军制度的形态的，所以幕府的机能也是辅助辅政的机关，即已转换成将军用来实现政治权力的手段。因此，不但是幕府的结构与机能改变，而且组成幕僚的社会成分也改变了。初期的幕府只是“文法吏”即由“刀笔之吏”所组成。初期的幕府是需要一些通达军法的文法吏以及办事极佳的刀笔之吏来统管事务。但是汉武帝以后，幕府却需要可以使将军持续政权并能保全国家权力的一些像辅政将军一样的一些头脑敏锐、能力极强的人。若把文法及刀笔之吏视为有法术修养的官僚层的话，武帝以后的幕府人才即那些文学之士则是儒家修养的官僚层。文法吏或刀笔之吏大体上是以小农为社会经济背景自居，而文学之士则与豪族的社会势力有关，这是可以借“盐铁争论”推想到的。所以将军幕府的幕僚在武帝时代的前与后的官僚性格是不同的。另外，这表明幕府体制的展开过程与汉代思想史、社会经济史的发展过程呈有机性的关联。

到了汉末，幕府的结构与机能又有一次改变。幕府的上层结构由长史、司马、谘议参军等组成，中层由诸曹参军，下层由从事中郎、掾属、主簿、舍人、御属等组成。在这结构上的变化之中，最引人注目的是原来在中枢地位的掾属等转落到下层的业务级人员，而参军却担任中枢的角色。这种现象之所以产生，乃是因参军是在后汉末出现的新的因素。也就是说，其他成员在前汉以来无论在人数及职能等的制度上的存在形态都已落定，而参军则在汉末的军事之情况中以"参某将军军事"之形式上台，所以在人数上没有受限而固定。也因此，很自然地参军大规模地参与了幕府。事实上，假若我们仔细查考汉末以后南北朝的幕府的话，在全体幕僚中竟有三分之二的人以参军的形态参与幕府。这是说借着新的路子，参军在官僚机构没有公式的规定，限制之下，在没有限度地在扩大。而魏晋南北朝的将军以参军这新的地位来扩充了幕府的力量，加强了它的机能。

魏晋南北朝的幕府的机能，大体可分成两点来说明，其一是结合小的政治势力以形成较大的政治势力的机能；其二是在已结合的力量上建立新王朝的机能。

在汉代将军的名号并不算多：大将军及骠骑将军、车骑将军、卫将军等比公的最上级将军，前、后、左、右将军等高级将军以及其他几个下级的杂号将军（《后汉书》百官志）。其中没有发现杂号将军开府的明显的记录。另外，确实有关府的最上级及高级将军，也没有很多彼此在同时间设立幕府之事。因为在汉代设立幕府是与辅政有最深之关联，除了因军事的机能而特别设立的之外，原则上，在一个时期只设立一个幕府。但是，汉代以后的情况是大不相同的。在梁朝却有 240 个将军名号同时存在，并且有 44 班位阶（《隋书》百官志）。另外，许多的将军在同时开府，所以许多幕府亦同时存在着。240 号将军以幕府为媒介互相保持有机的关联。例如，下级将军参与中级将军设立的幕府并做幕僚，而中级将军又参与上级将军的幕府。所以，幕府体制内所累积的结构表明了大小政治势力的结合。上级将军常兼某州的刺史，掌握广大地区的政权，同时也持有都督某州诸军事身份的军事权。中级将军是上级将军的高级幕僚，同时也是兼领某郡的郡守之职。所以，南北朝时代的数百个将军号是表明分散在各地的诸政治势力的制度，而将军号的班次是表明各势力的大小而言。这是把分散在各地的许多政治势力赋予各种、各级的将军名号，使这些都以等次之秩序编入一制度的同时也借着幕府这环节，集合所有离心之力量纳入国家权力的范围之中。这就是汉末以后幕府制度的最主要的机能。

结合小势力的幕府制度，最终却创造出结合所有政治势力的能力的所谓的大将军，这拥有最高位阶与获得都督中外诸军事的无上军事权的政治势力是不但可以压倒其他将军，而且还把君主权力彻底地空洞化。这样的"霸王功业"的执行角色却由他的幕府即所谓"霸府"来担任。君主权力的空洞化及朝廷的形骸化渐渐被消逝，而霸府便成为新王朝的新朝廷。魏晋以来，宋齐梁陈的王朝交替正是霸府登台的写照。所以，建立新的国家权力并使自己上升到核心地位，便是汉末以后幕府体制所拥有的第二个机能。

汉代辅政将军的幕府虽然代替君主权力来治理国家，但它自己没有成为新王朝的政府。所以汉代的辅政是指国家权力的暂时性的移动而言。另外，汉代的辅政没有使国家权力分裂或分占的意义。国家权力不与皇帝权力一致，仅与辅政将军的政权一致，这不是国家权力的多元化。按这个意思来看，汉代的幕府体制即辅政体制是皇帝统治体制的一变形而已，并非指帝国体制的崩溃。相反，汉末以后的霸府是想从君主权力那里永远争夺国家权力，以至于想建立一新的王朝而言。另外，汉末以后的复数幕府共同存在的现象是表示国家权力的分化，汉末以后的幕府体制则是具有把国家权力引向多元化的同时，把多元的力量结合成一体的双重机能的政治体制。

幕府虽然在武帝以前与以后以及汉末以后因时代的转变其结构

与机能表现出不同样式，但它的制度的理想与组成原理没有丝毫的变化。

初期的将军幕府主要辅助将军的军事活动并担任行政的业务。这是来自将军的"便宜从事"传统。战国时代君主派将军赴战场的时候所说的"阃以内寡人制之，阃以外将军制之，军功爵赏，皆决于外，归而奏之"（《汉书》冯唐传）就是指此事。"便宜从事"是指从君主那里暂时地把国家权力的一部分分得的过程。所以武帝时代以后，将军的辅政是按着"便宜从事"的传统实行的，而汉末以后国家权力有了分化，产生了幕府之多元化之现象，霸府连续地出现，也只不过是将军的"便宜从事"扩大而引起的。幕府的制度之理想自始至终都是将军的自律性。

幕府虽然是实现将军的自律性的手段，而构成幕府的原理也应配合自律性才可。正如将军从君主承受亲自任用自己的幕僚的权力，所以将军与幕僚的结合关系也是以自律性为基础。众所周知，像这样将军与幕僚的自律性的、非强迫性的、心心相印的结合过程叫作"辟召"，而它的前职幕僚却称之为"故吏"。三公府及其他汉代的诸官府都是借辟召而构成的，而这些许多的故吏集团的形成是来自汉代官府的幕府化现象。自律性的关系是表示心心相印的结合，而此心心相印的结合是超越制度规定的。所以，需要维持自己政权的辅政负责人，他要有一个除了朝廷之外的另一组织。因此，辅政负责人当然会注目于这种幕府。另外，超越一种制度上的关系，许多的故吏以将军为中心来形成私人的权力集团，来分化国家权力，进而出现多元的幕府，这都是当然之事。自始至终，幕府的制度精神以及组成原理，即将军的自律性，产生了汉代与魏晋南北朝时代独特的幕府体制。

四

以上我们把幕府的结构与机能的发展过程按三个阶段思考过

了。幕府是战国时代出现的。到汉武帝时代为止，仅以辅助将军的军事活动、担任一些业务之行政组织机能自居。而其结构也是为了处理军法、财务、人事等事而形成。但是自武帝时代以后，发展成为维持辅政将军的政权，并去管理、运行辅政将军所受委的国家权力，幕府便成为一个中枢的机关。因此，其结构也复杂、多样化，借细分的诸曹来担任辅政将军之多种角色。因着复数的政治势力，国家权力导致分裂，王朝的交替也经常产生。所以，我们可以说自汉末以后，幕府的机能变成多数的政治势力的政府，或变成预备新王朝的预备政府，并且在结构上，也借一些不受制度限制的参军为核心而无限膨胀。因此，旧政府组织被彻底形骸化了。

幕府在各个时期照它特殊的情况发展成独特的机能与结构。但幕府在各时期及各发展阶段中都有自始至终一贯的制度的精神与组成原理。赋予在将军身上的自律性与将军、幕僚自由结合的关系，都由这种精神与原理产生，正如将军可以按着自己的权力来设立幕府，是靠将军自己的自律性。武帝时代以后的辅政体制以及汉末以后的幕府体制，都是以将军幕府之本来存在意义为出发点出现的。在前后汉交替时期之前前后后形成的三公府的幕府化现象以及汉末以后所有国家机构的幕府化现象，也是以自律性为基础的幕府的独特组成原理及制度之理想所推广到整个国家体制的结果。

到隋代府官被废，地方官的辟召权也被剥夺，而将军也被散官化。这样幕府体制终于结束。幕府的统治体制，从武帝死后开始一直到隋唐的统一帝国之出现为止，共维持了七个世纪。所以我们可以借幕府来设定一个单位的研究范围。幕府体制因超过秦汉史的范畴而论述到魏晋南北朝之故，所以适合做古代史的总合性研究的好题材。

幕府体制不但是联系整个古代史的一个环节，也是把古代东亚世界结合的重要环节。在《南史》《北史》等有关南北朝的正史中之《东夷传》中可以常常发现高句丽王与百济王以长史、司马、参军为使者派到中国。这些国家没有派遣固有的官吏为使者，而派有中国幕僚职性质的使者的原因，是这些国家的首长也都在设立幕府之故。例如，高句丽与百济自东晋时代以后，与北朝或南朝互相交往，而承受征东大将军或镇东大将军等将军名号，并设立了幕府。每当往北朝或南朝派遣使者的时候，都必以幕僚的身份派选。其他像日本、吐谷浑的河南国、清水氏的武都国、宕昌羌国、高易国、天竺诸国等形成东亚世界的其他国家，也有类似的情况。由此观来，南北朝时代的幕府体制不但在中国之内，而且在中国之外的其他国家也扩大应用着。正如幕府体制把组成中国的各种政治势力编入国家体制内一样，它又使构成东亚世界的多元的力量，在赋予相同的制度之秩序之下，归并于一。所以，幕府体制成为一个总合性研究的好题材的另一原因也在此。

　　幕府体制在社会的结构上也具统合的机能。在初期，幕府仅负责行政上的业务，所以组成幕府的幕僚的阶层性质也只是文法吏或刀笔之吏。将军与幕僚的关系也如君主与小农民的关系。但到了武帝时代文法吏或刀笔之吏却落到幕府的下层结构之中，而上层部分则由文学之士所掌握。在汉代，被辅政将军辟召在幕府内的文学之士中，虽包括出身贫寒的小农民及经营大土地的豪族，但大部分是高级官僚及有名望世家的子弟，而他们均都具备极高的文学才能，是所谓的"名士"。他们不但以幕僚的身份参与策谋及政策决定，而且以他们的名望来加强府主即辅政将军的政治地位。

　　但是，辅政将军的幕僚没有成为幕府的经济基础。因幕府本身是一个制度，是国家的一个机关，所以在原则上，经营幕府的经济力量由国家提供。其实，大部分的辅政将军除了食邑及赏赐的合法化收入之外，也有大规模的不显、隐性的收入。所以，汉代幕府体制的经济力量，事实上是由府主即辅政将军负责。

　　汉末以后，辟召幕僚的基准有了很大的改变。在南北朝时代，将军也期待幕僚担任原来文法吏、文学之士的工作。但在被辟召的幕僚之中多数是一些可以使幕府力量增强并给予直接的军事能力、经济能力的人。具体来说，由多数的部曲或门生故吏组成的私人权力集团以及拥有广大土地的豪族被辟召为幕僚。汉末以后，幕府实际上并非从府主，而是从幕僚中获得社会经济的力量的。所以，幕府体制不但在时间、空间的层次上，而且在社会结构的层次来说也是包罗万象的。正如在时间上，它包括古代史的全部领域；在空间上，它包括东亚世界整个疆土。它又包括皇帝与辅政将军、小农与豪族、文法吏与文学之士等国家及社会上所有的成员，使这些均都网罗在一个秩序中，归并在组织化的政治体制内。虽然"幕府体制"在古代史学界也是较生疏的概念，但为了去理解武帝时代以后的汉代史及魏晋南北朝时代的统治体制，必须证实这一重要主题。

五

为了对秦汉史进行总合性的研究，笔者由以上的内容提出研究幕府体制的必要性，并对幕府及幕府体制进行了初步的整理。因为对这一方面的研究几乎无几，所以笔者就以个人对此问题的草率研究论文来说明了。

笔者对此问题产生兴趣，是因在有关南北朝正史的《东夷传》中，经常发现长史，司马、参军等名词，之后又觉悟到，要了解南北朝时代的中国之世界秩序首先一定要了解幕府体制。另外，幕府体制在其政治、社会、经济等方面的落定、巩固虽然是在魏晋南北朝，但它的原型早在汉代就开始发展了。笔者就因学问上的兴趣在1984 年写了一篇《汉代幕府的机能》（梨花女大，《韩国文化研究院论丛》44），之后又写《南北朝时代中国之世界秩序与古代韩国的幕府制》（《韩国古代的国家与社会》，1985）一文去证实中国的世界秩序与幕府体制的关系。另外，为了借魏晋南北朝的典型的幕府即霸府去了解幕府，也写了两篇叫《魏晋南朝霸府的结构与机能》（《东亚研究》10，1986）及《东魏高氏的霸府与晋阳》（《梨大史苑》22—23 合本，1988）的文章。为了理解幕府体制的社会经济背景写了《汉代幕府体制的社会经济基础》（《中国学报》29，

1989），最后，《高丽崔氏政权的晋刚府》（《东亚研究》17，1989）则比较中国幕府体制与东亚其他国家的幕府体制。

但以上的研究论文是属基础性的，并且研究水平也甚浅。另外，在本文中所整理的部分内容仍待考证，是属假设。也有一些内容是没有完全验证过的。

除此之外，对幕府体制的出发点即将军制，要有精细而系统的整理才可。一些被幕府化的其他官府的研究，也要从制度史的层次去细究。幕府体制的文化史上的意义也更是有待考据。幕府体制的思想史之背景需要更深地了解。与中国一起形成古代东亚世界的其他诸国内的幕府体制是如何发展，并与古代中国的幕府体制的相联又有何异同等，都是逐一查考的内容，若中国的幕府体制与日本的幕府体制比较的话，则对了解东亚文化的一般性与特殊性有所帮助。

利用最近所发现的特殊资料，也是一个重要的事。笔者平常亦确实认为传统的文献史料应成为历史研究的基本资料。但因笔者自身对基本资料的整理、理解能力有限，所以把新发掘的资料反映在笔者研究之文章的能力实属微弱。假若是简牍、金石文及其他考古学资料可以相辅相成，则应该要积极活用。在此也深切盼望一些对特殊资料已有深厚了解的专家一起参与幕府体制的研究，使秦汉史的总合性研究更广阔地进行。

对金翰奎论文的评议

北京大学历史系　教授　张传玺

金翰奎副教授的《秦汉史之总合性研究与幕府体制》一文，主要论述了两大问题：一、对韩国当前研究秦汉史方法的建议；二、关于汉武帝以后至东汉末年"幕府体制"的存在。在每个大问题中，都谈了不少具体问题。我读了此文之后，受益很多。主要是对韩国研究秦汉史的状况及其观点和方法有进一步了解，再则是金文所论述的问题对我也很有启发。总的来说，我很赞赏他的第一个大问题的阐述。对第二个大问题，我有不同看法，为了互相学习、互相交流，今谈如下几点意见。

一　关于"对韩国当前研究秦汉史方法的建议"

金先生认为韩国自 20 世纪 50 年代以来，对秦汉史的研究，题目过于分散。其情况是"没有集合学术界全体之力量，拟定出共同的论题，而且也没有聚集学者共同关心的讨论的焦点"。因之至今虽已有一百余篇论文成果，但却没有产生集中性研究成果的一本专著。因之他向韩国学术界提出，应当尽快采用"划分与集合"的双管齐下的方法研究秦汉史。所谓"划分"，就是"进行具体而实证性的研究"；所谓"集合"，就是"当一些片断性的研究累积之后，需要集合这些来建立理论体系"。他认为韩国学术界当前对秦汉史的研究，最迫切需要的是"总合性研究"。

　　我对韩国学术界的状况了解不多，不便于评论。但就研究方法来说，我很赞赏金先生的意见。中国史学界在过去的几十年中，在关于"中国古代史分期""土地制度""农民战争""资本主义萌芽"等许多重大问题上，都曾经历过一再的由"具体"到"综合"，再由"综合"到"具体"的研究和讨论。这两种方法的交替或同时使用，对研究来说，确实会起到相辅相成、逐步加深的作用。

　　金先生论述"总合性"研究时，讲到要注意历史的"时空范畴"问题，这也是很重要的。我们不能割断历史，不能无视当时中国周边的民族和外国。研究任何一段历史和任何一个具体问题，都应当把这段历史或具体问题放在历史的长河之中和更广大的地域范围之内进行考察。只有这样，才会得出较正确的结论来。在谈到历史的连续性时，金先生批评了韩国研究秦汉史只重视从西汉初到汉武帝一段的研究，对汉武帝以后至东汉末一段，未予重视。他说原因之一，可能是受了日本学术界的"古代国家结构论"和"古史分期争论"的影响。我相信这是可能的。其实，中国的史学界也存在着这样一个问题。金先生的批评很好。

　　金先生在这一部分中还谈到要重视利用考古资料，尤其是秦简、汉简和其他金石文字资料等。还谈到要从传统文献中发掘长期被忽视的有用资料。所有这些意见都是很有价值的，应当引起中外研究秦汉史的朋友们的重视。

二　关于汉武帝以后至东汉末年"幕府体制"的存在

　　关于"幕府体制"问题，是金先生向韩国学术界提出的"总合性研究"的课题，他认为"幕府体制"是汉武帝以后，经过东汉，直到南北朝末年，一直存在的重要政府体制问题。是中央集权制走向瓦解，世族门阀政治发展时期的产物。他希望对这个重大问题的研究，能收到对这段历史的综合研究之效。

　　金先生为了论述"幕府体制"的性质及其产生、发展情况，曾具体谈到一些与"幕府体制"直接有关的重要问题。其中如"辅政体制"的产生和发展问题。他认为汉武帝去世之前遗嘱霍光、金日殚、上官桀三人辅助昭帝，标志着"辅政体制"的产生，从此，"国家权力与皇帝权力"由"全部一致"开始走向分离的时期。以后，原有的"皇帝统治体制"逐渐"空洞化"，"仅存形骸"；而"辅政体制"则发展成为"新的政治体制"。金先生之所以选择并使用了"幕府体制"这个名词，这是他认为辅政首领多是最高级的将军，辅政将军"在任何时间任何地方都可设立幕府"。"幕府"是将军们的办事机构，又是权力机构，也是有别于朝廷的"新政府"。我认为这样的说法不符合当时的历史实际。

　　1. 汉武帝之后，直到东汉末期，是否大部分时间处于"辅政"时期？金先生是肯定这一点的。例如，他说："武帝在他离世之时，把'辅政'一职委任给霍光等三人身上。因此，昭帝时代以及宣帝初期之国家权力没有被皇帝所掌握，却归属于'辅政'身上。之后，一直到后汉末期，大部的期间因为'辅政'之缘故，皇帝权力与国家权力之间产生一种距离。"据我考察，从汉武帝死到东汉灵帝死，在这 270 年间，真正"辅政"之事只有"霍光等辅昭帝"这一次。其他时间并未有"辅政"之事。一般来说，"辅政"之事都发生在君主幼小之时。可这段时间中，并不是每个新即位的皇帝都是"幼主"；即使"幼主"，又多用"太后临朝"的方式辅助。"太后临朝"是一种强有力的政治监督。此时虽太后多重用其母家父兄弟侄，但毕竟这些外戚未获"辅政"之名，更未发生另组"新政府"之事。例如，汉宣帝 18 岁即位，不需"辅政"。但因他是霍光扶立的，对光有感激之情。又霍光是武帝信任的托孤重臣，是忠于刘氏的。所以在宣帝初即位时，"大将军光稽首归政，上谦让委任焉。"（《宣帝纪》）是不是此时的宣帝不问政事呢？不是的。而是"诸事皆先关白光，然后奏御天子。光每朝见上，虚敛容，礼下之已甚。"（《霍光传》）霍光在世之时，其子侄亲戚一度占据了朝廷、州郡的许多军政要职，可是在霍光死去的当年，霍家即以犯叛逆之罪而全家被杀，株连者达数千家。所谓开始于霍光的"辅政体制"是不存在的。即使产生了，也未传下去。

再看此后的政制。汉元帝33岁即位，无"辅政"之事。成帝19岁即位，王太后以成帝仁弱，"以元舅侍中卫尉阳平侯王凤为大司马大将军领尚书事"（《成帝纪》）。虽王氏得权自此始，但并无"辅政"之名，亦无"辅政"之制。哀帝19岁即位，"睹孝成世禄去王室，权柄外移，是故临朝屡诛大臣，欲强主威，以则武、宣。"（《哀帝纪·赞》）因之更无"辅政"之事。哀帝时，外戚王氏之权虽受到削弱，而哀帝的外家丁氏、傅氏和贵戚董贤之权却极大。尤其是董贤，"年二十二，虽为三公（大司马卫将军），常给事中，领尚书，百官因贤奏事。"（《董贤传》）可是董贤之权之所以大，不在于他是否有什么"幕府体制"，主要是因为他"常给事中，领尚书"，是皇帝的亲信。哀帝死后，王太后与王莽杀掉董贤，迎立元帝庶孙、年仅9岁的小孩即位，为平帝。此时的"政制"亦非"辅政体制"，而是"太皇太后临朝，大司马莽秉政，百官总己以听于莽。"（《平帝纪》）《资治通鉴》胡三省注此事曰："援古者天子谅阴，百官总己以听于冢宰之制。"王莽不过相当于宰相。至于以后王莽篡汉则另当别论。

再看东汉的政制，东汉前三代（光武、明、章三代）在位64年，无"辅政"之事。自和帝时起，至于灵帝即位，东汉的皇室一直处于孤儿寡妇的状态，需人扶持。可是，此时却一直不用"辅政"制度，而是主要采用"母后临朝"和"录尚书事"之制，其目的是为了在此困难的情况下坚持维护皇帝制的一统权力。如和帝10岁即位，窦太后临朝，她下诏曰："今皇帝以幼年，茕茕在疚，朕且佐助听政。"（《和帝纪》）诏文又曰："然守文之际，必有内辅以参听断。"起初欲以其兄窦宪充任，窦宪已为侍中，又"固执谦让"，就另选邓彪为太傅，"录尚书事，百官总己以听"，李贤注："录尚书事则冢宰之任也。"和帝死，才出生一百多天的殇帝即位，邓"太后临朝"，太傅张禹、太尉徐防"参录尚书事，百官总己以听。"(《殇帝纪》)邓太后的诏书也曰,"皇帝幼冲,承统鸿业,朕且权佐助听政。"殇帝死,安帝13岁即位,"(邓)太后犹临朝"(《安帝纪》)。不仅未用"辅政"之制,而大权实际就掌握在邓太后手中,所以《安帝纪·论》曰:"孝安虽称尊享御,而权归邓氏。至乃损彻膳服,克念政道。"顺帝11岁即位,为宦官孙程等迎立,未用"辅助"之制。只由几个大臣相继录尚书事。后来用皇后父梁商为大将军,"商自以戚属居大位,每存谦柔,虚己进贤,辟汉阳巨览、上党陈龟为掾属,李固、周举为从事中郎,于是京师翕然,称为名辅,帝委重焉。"(《梁统传》附《梁商传》)此处所谓的"辅",不是指"辅政"之制,而是作为"辅佐"而言。梁商死后,梁冀虽曾掌大权,但亦非"辅政"。冲帝两岁即位,梁"太后临朝","诏(梁)冀与太傅赵峻,太尉李固参录尚书事。"(《梁统传》附《梁冀传》)梁冀仍非"辅政"。《资治通鉴·汉纪·质帝》条曰:"太后委政宰辅。李固所言,太后多从之。宦官为恶者一皆斥遣,天下咸望治平,而梁冀深忌疾之。"后来梁冀毒杀质帝,立15岁的桓帝,梁"太后犹临朝政"。(《桓帝纪》)桓帝死,灵帝以12岁即位,他虽为窦皇后(后称太后)与其父窦武所迎立。但以窦武为大将军,陈蕃为太傅,与司徒胡广参录尚书事,亦不用"辅政"之制。不久,宦官杀陈蕃、窦武等,司徒胡广为太傅,录尚书事。灵帝死,皇子刘辩以17岁即位,由太傅袁隗与大将军何进参录尚书事,亦未用"辅政"之制。

"辅政体制"的形成和存在,必须以"辅政"之事及其相应的制度、措施不断出现和长期延续、发展为前提。如上所考察,两汉时期,仅有"霍光辅昭帝"一例,其时间不过十多年。其他时间,即使"幼主即位"之时,也是用"太后听政",加强尚书台的办法辅助,不用"辅政"之制。由此看来,所谓的自汉武帝以后至东汉末年存在着"辅政体制"之事是不可信的。

2. 关于"将军辅政"与"幕府体制"问题。金先生之所以倡"幕府体制"之说,很重要的原因之一是他发现"辅政"的首领都是将军。例如，他说："在汉代政治史上最具变数是'将军'。因为在汉代辅政的负责人，都是以'将军'的形态存在的。霍光及他的伙伴金日磾、上官桀都是从武帝那里受命做大将军、车骑将军、左将军的。前汉末的外戚如王凤、音、商、根、莽等所谓五王，也都是以大将军、车骑将军、卫将军、骠骑将军（大司马）之身份做辅政的。后汉代的具代表性之辅政大臣窦宪、邓骘、梁商、梁冀、窦武、何进亦都是称之为大将军。身为家亲而做辅政的东平王苍也是骠骑将军。"金先生的这一论述过于笼统。这里所探讨的"辅政"一词，具有特定的含义。如上所考察，两汉时期真正的受托孤"辅政"之官员，只有霍光及其伙伴三人。其他人都非"辅政"官员。有些人还不曾领、录尚书事。

为什么这些人都有将军的称号呢？将军一称本来是用于高级军事统帅。可是从汉武帝开始，又增加了高级或最高荣誉的含义。如以"大将军"封卫青，以"骠骑将军"封霍去病。这还不够，他又给他们冠以"大司马"之称号。关于此事，《后汉书·百官志》曰："初，武帝以卫青数征伐有功，以为大将军。欲尊宠之。以古尊官唯有三公，皆（诸）将军始自秦、晋，以为卿号。故置大司马官以冠之。其后霍光、王凤等皆然。"卫青、霍去病毕竟都是真正的军事统帅。自霍光开始，至于东汉末年，将军实分为两种。一种是真正的统兵将军，《汉书》《后汉书》均说"不常置"。就是出征时设置，回朝后免官。关于此事，《后汉志》曾说到一些事例。如说："章帝即位，西羌反，故以舅马防行车骑将军征之，还后罢。和帝即位，以舅窦宪为车骑将军，征匈奴，位在公下；还复有功，迁大将军，位在公上；复征西羌，还免官，罢。安帝即位，西羌寇乱，复以舅邓骘为车骑将军征之，还迁大将军，位如宪，数年复罢。"另一种是非真正统兵将军，而是朝中的主要权贵。给他们以"将军"头衔，是表示崇高的官阶和殊荣。这些人要掌大权，还必须再得到"领尚书事"或"录尚书事"的头衔。否则还是进不了权力圈子之中。东汉的尚书台是权力的中心。《后汉书·李固传》

曰："尚书出纳王命，赋政四海，权尊执重，责之所归。"将军录尚书事，等于宰相。如西汉的霍光、金日磾、上官桀、张安世、王凤、董贤、王莽，东汉的梁冀，窦武，何进等，都是如此。这些将军与领兵打仗的将军不同，他们几乎都是文官出身，一旦兼录尚书事，即拥有全国范围的军政大权。不过东汉时这样的将军极少，只有梁冀、窦武、何进数人，东平王苍由于明帝的宠爱，破例得到一个骠骑将军的称号，并未录尚书事，更谈不到"辅政"了。东汉录尚书事的主要是文人任太傅、太尉、司徒的。

从以上的情况看，我不否认将军们都有自己的幕府。应当指出，领兵在外的将军的幕府任务较重，规模相对的较大。如上述在中央任最高官职的那种文职将军，其幕府对他们来说，不是主要的。主要的是他们要掌握尚书台。由此看来，自汉武帝之后至东汉末年，以皇帝为首的专制主义的中央集权的政治体制的变化不很大。但也有些变化，不是在形成了一个"幕府体制"，主要是尚书台及其所属的六曹在不断扩大加强其权力，在逐步代替原有的以三公九卿为主的政治体制。这样变化的主要趋势，不是皇权在国家权力中的地位在削弱，相反的，是在逐步加强。

北魏王权与胡汉体制

汉城大学东洋史学科　助教授　朴汉济

序 "胡汉体制" 论

能否提出一套可以比较正确了解五胡十六国隋唐时期时代相的新的研究设想？这是近几年来笔者一直关心的问题①。笔者之所以感到提出新的研究设想的必要，是因为：笔者对于过去所提出的学说的有效性有相当的怀疑。

五胡—北朝时期，是居住在中国西北地区的胡族，后汉末以来，大量移居中国内地，并开始建立国家的时期。也就是说，这是中国历史上民族移动时期，也是胡族统治时期。以五胡诸国的成立为开端的胡族对中国的统治，在其过程中，导致了所谓的"永嘉之丧乱"，致使汉族在中国历史上遭到史无前例的残杀。"永嘉之丧乱"之后，许多汉人不得不背井离乡，离开祖坟之地——中原，移居江南。然而，为数不少的汉人还是留下来，接受了胡族的统治。于是，留在异民族的统治下的，做了被统治民族的汉族，同作为统治民族的胡族的关系，即胡汉关系，对于这一时期的历史，不能不带有重大的意义。

与此同时，由于胡汉关系是两个生活习俗完全对立的游牧民族

---

① 由此笔者撰写了《中国中世胡汉体制研究》，汉城，一潮阁，1988 年。

同农耕民族的对立；是长期以来以先进文化民族自居的汉族，同被其歧视的胡族之间的对立，因而它们之间的冲突不能不更加深刻。由此可以想象：这一时期的胡汉冲突，对于政治，社会、文化等各个领域产生了重大影响，进而对于包括胡汉两个世界在内的隋唐世界帝国的形成，起到了有力的推动作用。笔者立足于这样一个观点，提出了研究五胡北朝隋唐史的设想之一，即"胡汉体制"论。在这里，如果把"胡"规定为游牧民族，把"汉"规定为农耕民族，不免有过于简单之嫌，因为根据文化人类学者们的研究成果来看，散居在世界各地的游牧民族，由于其居住的地区的不同，有许多不同的类型，即使在同一地区，也由于其生活方式的不同而各有区别①。

胡，在秦汉以前是专指匈奴；后来逐渐转化为泛指塞外各民族；后世的中国人则理解为大体上指"匈奴"。"汉"的概念也是如此，开始时只含有与包括匈奴在内的四夷相对立的概念；到了魏晋以后，变成中国人的自称。此后，显示了赫赫武功的汉帝国的形象，不仅对中国人，同样对边境各民族留下了深刻的印象，因而，我想把"汉"解释为"汉帝国"也是可以的。

其次是"体制"这一单词问题。笔者曾用英译单词"Synthesis"。显然它并非是狭义的政治体制或制度。当然它可以包括政治体制乃至制度。不过，笔者想用胡汉体制这一单词，表示并存在同一地区和统治体制下的胡汉两个民族，在形成统一文化体制过程中的互相冲突、反目和融合，即以胡汉问题为基轴的一切社会现象。换句话说，笔者认为：胡汉关系是构成这一时代的基本骨架；而且汉族文化同胡族文化互相融合，最后形成既不属于汉族也不属于胡族的，即 Synthesized 的第三种形态的文化，是这一时代特殊的历史现象。

---

① A. M. Khazapov, Nomads and the Outside World. tr. by Croo kenden, Cambridge University Press, 1984（韩译本，金浩东：《游牧社会的结构——人类学的接近》，汉城，知识产业社 1990 年版）。

当然，融合阶段是世界帝国的隋唐时期。从表面上看，隋唐世界帝国的性质，第一，是统一的帝国；第二，对其他民族进行开放；第三，向西北方的游牧民族扩大政治影响。以上三个特点是相互联系的，但用一句话概括，就是"夷夏的一元化"。隋唐世界帝国，与夷、夏互相区别，互相敌视的秦汉帝国不同，是一个统一的帝国。汉帝国瓦解的因素是很难用几句话来概括的，但异民族问题是其重要因素之一。因此可以断言：五胡十六国的出现，暴露了汉帝国的局限性①。笔者认为，这就是胡汉体制和统一体制的密切关系。换句话说，胡汉体制的构成，以及统一体制的成就，是五胡北朝人所追求的必经之路，同时，这两个体制才是隋唐帝国最明显的特点。

因此，胡汉体制论，必须抛开杂居的胡汉两个民族的一方，把另一方当作冒犯、蔑视对象的单纯关系，去探索"夷夏一元化"，即胡汉两个世界走向合并的过程。五胡十六国建成以后，以华北为主要舞台开展起来的混乱的政局，致使人们经历了一场在中国历史上前所未有的动荡时期。如果只从政治状况的现象来看，这是一个无秩序的动荡时期。不过可以断定：在混乱与动荡的深处正在酝酿着新的体制和秩序。事实上，五胡北朝诸国，面临这样一个历史课题，边暴露自身的局限性边走向灭亡。

然而，它们在走向灭亡的过程中所暴露出来的、更加突出起来的局限性，给下一个王国以无声的启示，促使它拿出解决的方案。于是，在无数次王朝的更迭中，胡汉两个民族的关系经过了又融合又反目的过程。不言而喻，胡汉两个民族的这种关系，虽然不是直线发展的，但最后还是走上了融合的阶段。

在以往的研究中，不乏涉及胡汉问题的论稿。不过，这些论稿的论点，综观起来有如下两个特点：第一，认为作为征服民族的胡

---

① 合川道雄：《拓跋国家的发展与贵族制的改组》，《岩波讲座·世界历史》5，古代5，东京，岩波书店1970年版，第199—200页。

族，吸收和容纳了被征服民族——汉族的文化，结果，经过几代以后，"全部"而且"经常"彻底汉化了。由于他们信奉所谓的吸收论[1]，结果表现出忽视当时胡族的历史作用的倾向。第二，从30年代以后，提出了用历史唯物主义的观点研究民族问题，特定学术界出现了适应现实的要求，尽量缩小民族矛盾，扩大阶级矛盾的倾向[2]。实际上，过去学术界的上述两种倾向，对于正确探明那个时代的历史真相产生了不少影响，因此，按着历史的本来面貌探明迄今被人们忽略了的那个时代胡族的作用，是笔者提出"胡汉体制论"的理由所在。

立足于这样一个观点，本文探讨的对象是北魏时期皇帝的性质（以下称为王权）。笔者打算探明《魏书》所说的所谓"序纪"时代的君长与中原王朝即北魏诸皇帝的行为差别，并同中国传统王朝的皇帝进行比较，以此来探明北魏皇帝的历史作用，尤其对游牧民与农耕民各自自己君长性质的不同要求进行比较，探明这些差异怎样改变了传统中国王朝皇帝的王权施行方式，进而理解隋唐时期皇帝的背景。

本　论

1. 游牧军事行动的结构

引人注目的是，最近学术界有人提出了把王权的性质分为游牧型和农耕型两大类的设想[3]。如果这一设想能够成立的话，那么，北魏帝王很可能是一身兼有农耕君主及游牧君主性质的另一种类型的君主，因为他们出身游牧民，但他们所统治的大部分地区是农耕

---

① 这个理论是由 H. Yule 和 P. Pelliot 等人提出的，请参看 WittfogeI K. A. 和 Feng, Chia. Shen, Hi story of Chinese Society；Liao 907 – 1125 Intro dution, p. 4。

② 与此有关的论文有：邢有德的《从刘渊、石勒起兵看十六国时期阶级矛盾与民族矛盾》（《河北师院学报》1980 年第 4 期）及柯友根的《十六国时期少数民族爱国主义的历史特点》（《光明日报》1984 年 10 月 10 日第三版）。

③ 参见朴汉济《中国中世胡汉体制研究》，汉城，一潮阁，1988 年，第 140 页注 1。

区，而且居民由胡汉两个民族构成。从这一点来讲，北魏帝王表面上同中国的传统皇帝没有什么两样。如果从北魏帝王的举动和思维中能够找出游牧君主的性格来，那么，这将是探明北魏王权的二重性格的工作之一。

一般地说，游牧型君主的君主地位，是通过以自己为主体所进行的对外战争中获得的掠夺品的分配来维持的。换句话说，他们在自己的管辖范围，直接掌握掠夺财物再分配的结构，经常关照自己臣民的温饱，以此来树立自己宽大无量的形象。当然，不仅在维护自己地位的过程中，而且在战胜无数个竞争者而获得君主地位的过程中，也是沿用亲征—掠夺—分配的公式。众所周知，在游牧地区的君主死后，他的皇族如儿子、兄弟、叔伯、孙子、侄子都可以参加王位竞争。他们证明具有君主资格的方法只有一个，那就是在激烈的竞争中显示出压倒众人的军事领导能力。所以，取得君主地位最重要的条件是勇敢和军事领导本领①。

如果这就是游牧型君主的定义，那么，我们从北魏王权中能发现多少这样的因素呢？实际上，我们从北魏王朝建立之前即《魏书》"序纪"所指的时期的诸君长身上，可以看到较近似于游牧型君主的面貌。其中颇具代表性的是什翼犍，他即位后的三十年十月，亲自出兵讨伐刘卫辰手下的匈奴族，将掠获的数十万头牛、马、羊等牲口带回，于翌年春天进行均等分配。

（1）二十六年冬十月，帝讨高车，大破之，获万口，马牛羊百余万头。

（2）二十七年……冬十一月，（车驾）讨没歌部，破之，获牛马羊数百万头。

（3）三十年冬十月，帝征卫辰……卫辰与宗族西走，收其

---

① J. Fletcher, "Truco - Mongolian Monarchic Tradition in Ottoman Empire", Harvard Ukrainian Studies Vol. 3 - 4, 1979 - 1980, pp. 238 - 239. 观点类似又有所改进的论文可参见译田勋《关于古代游牧民族的掠夺》,《明治大学大学院纪要》6, 东京, 1968。

部落而还，俘获生口及马牛羊数十万头。

（4）三十一年春，帝至自西伐，班赏各有差。①

这是不折不扣游牧君主的典型。什翼犍得以在长达 36 年的岁月里指挥拓跋部，全靠对外战争的胜利。然而，同符坚的战斗的败北，招致了他的"暴崩"②。游牧国家的君主，如果无法养活自己的臣民，则失去做君主的资格。因此，像农耕型君主那样，嫡系长子成为父王之当然继承者，是不可想象的。也就是说，游牧型君主的继承是没有一定原则的。不过，无原则本身就是一个原则：jtanistry③。

现在再来看一看"序纪"时期的王位继承方法。序纪时期的王位实为（1）父死子继；（2）兄终弟及；（3）子先父后；（4）三帝分立等极为混乱的继承方法④。看来似乎保留了游牧型君主的继承形式。但是，自从拓跋族在中原建立国家以后，王权继承方法亦有了很大的变化。与序纪时期全然不同，几乎在整个北魏时期，即从太祖道武帝开始直到第七代世宗宣武帝，建立并实施了秩序井然的王位继承原则。

继承原则有两条：一是长子立嗣制，即不分嫡庶长子立太子；二是立嗣后杀其母制⑤。这两条原则，自从太祖道武帝开始一直成为不可侵犯的"祖法"。显然，第一条是为了尽早立定太子，以防

---

①　《魏书》（以下之正史，北京中华书局出版，标点校勘本）卷一，序纪，昭成帝什翼犍条。

②　《北史》卷一，魏本纪，昭成帝什翼犍条。第 9 页"三十九年，符坚遣其大司马符洛帅众二十万及其将朱彤、张蚝、邓羌等诸道来寇，王师不利，帝时不豫，乃率国人避于阴山之北。高平杂种尽叛，四面寇抄，不得刍牧，复度漠南。坚军稍退，乃还。十二月，至云中，旬有二日，皇子寔君作乱，帝暴崩……"

③　J. Fietcher，"Truco‐Mongolian MOnarchic Tradition in Ottoman Empire"，Harvard Ukrainian Studies Vol. 3‐4，1979‐1980，pp. 238‐239.

④　朴汉济：《中国中世胡汉体制研究》，汉城，一潮阁，1988 年，第 144 页。

⑤　参见王吉林《北魏继承制度与宫闱斗争之综合研究》，台北《华冈文科学报》1978 年第11 期。

游牧式继承战的发生；第二条是为了切断天子之母太后临朝称制之路，以防外亲专横现象的发生。当然它既不是先前（游牧时期）的"旧法"①，也不是汉的制度②，而是同北魏一起出现的一种特殊形式，其目的显然是为了加强王权③。无论其根源在哪里，可以断言这个制度的出现，是从传统的游牧型君主制逸脱的。

虽然在继承方法上有了这样的变化，北魏的帝王在其在位期间，几乎都参加了直接征伐（亲征），并大体上都实施了掠夺和班赐行为。当然由于每个时期国际环境的不同，程度上有所差异。具体来讲④，第一代太祖道武帝进行了 32 次亲征；第二代明元帝进行了 2 次亲征；第三代太武帝进行 24 次亲征，成了上述游牧型君主公式的最好典型；第四代文成帝进行 1 次亲征；第五代献文帝在位期间亲征 1 次，上皇时期亲征 2 次。以汉化著称的第六代孝文帝，也在他亲政的 9 年里亲征 4 次。但是，第七代宣武帝虽然亲政 15 年，却无 1 次亲征记录。魏收对这一奇异现象则称为"垂拱无为"，始终贯穿着"德业"与"风化"政治，并可以同称为两汉守成君主的⑤元、成、安、顺四帝进行比较⑥。然而，宣武帝正像他的号所象征的一样，虽然没有参与亲征，但是一手掌握着当时的大臣和将军，积极推进对外政策，并主导了掠夺和班赐行为。第八代孝明帝，则由于皇太后——胡太后的专政，几乎未能行使君主之权，不过也曾三次计划出征讨伐外国，终于未能得逞。众所周知，秦汉以后的中国历代王朝的皇帝，除创业者而外，极少有参与亲征者，掠夺和班赐行为，则更是不可想象。例如，不是开国皇帝而又参与了

① 《北史》卷十三，后妃传上，道武宣穆皇后刘氏传。第 439 页用了"旧法"一词，但，北魏建国以前却没有这样的史例。

② 《魏书》卷八，太宗纪第 49 页说，效汉武帝立弗陵为皇太子后，杀其母钩弋夫人之先例，但这是当时的特殊情况。而且是仅此一例。

③ 详见朴汉济《中国中世胡汉体制研究》，汉城，一潮阁，1988 年，第 146—150 页。

④ 以下详见朴汉济《中国中世胡汉体制研究》（汉城，一潮阁，1988 年）卷末附录《北魏战役、掠夺、班赐表》。

⑤ 周一良：《魏晋南北朝史札记》，魏宣武恪条，中华书局 1985 年版，第 317 页。

⑥ 《魏书》卷八，世宗纪，史臣曰条，第 215 页。

亲征的唯一一个君主是明代永乐帝。对于这样一个特殊情况，有的学者甚至说，他不是朱元璋的继承者而是元世宗忽必烈的继承者①。

那么，北魏时期的君主为什么把亲征、掠夺和班赐看作行使权力的主要象征的呢？笔者注意到：在当时制约君主行使权力的集团是北方出身的军事集团，并且他们对君主的要求起了一定的作用。那么，当时他们对君主有什么要求呢？笔者愿意指出，在当时爆发战争的重要动因之一，是以班赐为目的的掠夺。这样说一点也不过分。关于这一点，崔浩说得再明白不过了：

> 在朝群臣及西北守将，从陛下征讨，西灭赫连，北破蠕蠕，多获美女珍宝，马畜成群。南镇诸将闻而生羡，亦欲南抄，以取资财，是以披毛求瑕，妄张贼势，冀得肆心。既不获听，故数称贼动，以恐朝廷。背公存私，为国生事。非忠臣也。②

从以上事实，我们不能不注意到北魏君主亲征—掠夺—班赐究竟意味着什么。

当然我们不能把当时君主的行为用亲征—掠夺—班赐这样一个固定的结构表示。事实上，北魏时期有不伴随亲征的掠夺，也有许多与亲征—掠夺无关的班赐行为。同时也有皇太后或者上皇班赐的情况③。笔者认为，只有抛开这个公式才能更好地反映北魏君主的两面性。正像在前面看到的那样，如果说北魏前期的皇帝们较好地遵守了亲征—掠夺—班赐的公式，那么后期的皇帝们的身上，这种性质就非常淡薄。那么，为什么越到后期，这个公式越被忽视了呢？不言而喻，这与北魏社会的变质有关。不过，这种变质不能单纯地归结为汉化。笔者认为：正像拓跋族在汉族的影响下逐渐起变

---

① 宫崎市定：《中国史》，东京岩波书店 1978 年版，第 459 页。

② 《魏书》卷三十八，崔浩传，第 819 页。

③ 文明太后和献文帝。

化一样，汉族也在以拓跋族为中心的北方胡族的影响下逐渐起变
化。通常人们把积极推进汉化政策的孝文帝，描写成宋襄公式的礼
教主义者①，但是他在亲政的 9 年里进行了 4 次亲征，并没有抛弃
善于掠夺和班赐的胡族出身的君主的面貌。只要分析一下孝文帝参
与亲征的一面，就不难看出他并不是只专心汉化的君主。他说：

> 若依近代也，则天于下帷深宫之内，准上古也，则有亲
> 行，祚延七百。魏晋不征，旋踵而殒，祚之修短，在德不在
> 征，今但以行期未知早晚。②

照他说，他的亲征不是单纯的行使武力，他根据周武王的讨
伐，把自己的亲征不叫"亲征"，而叫实践德化的"亲行"，以此
来辩护自己的行为。而另一方面魏晋的君主呢？甭说"亲行"，连
亲征都没有，结果旋踵而殒了。在这里一贯标榜汉族式礼教之国的
孝文帝，把理论上与礼教君主的行径背道而驰的亲征，说成是超越
单纯武力行为的、实践德化的方式，使自己的行动正当化。众所周
知，孝文帝在自己的诏书中是一贯标榜"文治""复礼"和"礼
教"的。那么，他是否抛弃了自己一直警诫的"武略"呢？如果
这样认为，我想，这是过于单纯的理解。正像在上面所看到的，他
同时具有温和的中国传统皇帝的面貌和驰骋草原、亲自指挥掠夺其
他部族的"可汗"的面貌。在这里我们可以看到把胡族君主和汉族
君主的面貌巧妙地融化为一体的孝文帝的形象。那么，孝文帝为什
么一直警诫"武略"，而在行动上又无法摆脱"武略"③ 呢？事实
上，直到孝文帝前期（即亲政以前），据万斯同的《元魏将相大臣

---

① 陈汉玉：《也谈北魏孝文帝的改革》，《中国史研究》1982 年第 4 期，第 35 页。

② 《魏书》卷五十三，李冲传，第 1185 页。

③ 《魏书》卷七，高祖纪下，太和十六年八月，癸丑诏曰条，第 170 页，"文武之道，自古并行，威福之施，必也相藉，故三、五至仁，尚有征伐之事，夏殷明睿，未舍兵甲之行。"为其未舍武略辩护。

年表》，胡汉将相大臣的数字为"鲜卑人占 73.3%，汉人占 26.7%。也就是说鲜卑人占绝大多数①"。鉴于这样的现实，再加上他刚刚从文明太后冯氏的摄政下走出来，极需显示一下做皇帝的真实面貌，于是，为了保卫王权，付诸军事威力实际上是不得已的选择。另外，值得注意的是，像有些人所指出的那样，他之所以采取强制使用汉语，实施礼教主义等一系列汉化政策，也是为了加强自己的王权。

孝文帝的上述行动，还不足以反驳把北魏社会的变化看作纯粹汉化的见解。因为两个重叠的面貌，可能是一种面貌变为另一种面貌的过程。所以，要使笔者的主张带有逻辑性，就必须论证北魏皇帝的亲征—掠夺—班赐，即他们的游牧军事行为，是如何改变了汉族社会（尤其是王权的行使）结构的。下一章将重点讨论这个问题。

2. 作为班赐行为的赈恤

笔者注意到这样一个事实：在北魏社会结构的变化过程中，到了献文帝时出现了北魏帝王的亲征—掠夺—班赐行为逐渐形骸化的征兆，而从这时开始，《魏书》中关于赈恤的记载突然增多。一般来说，赈恤与天灾有直接的关系。然而，同秦汉时期相比较，南北朝时期的天灾并没有很大的变化。从秦始皇到后汉献帝的秦汉时期，462 年里发生各种灾害 375 次；魏晋时期（220—420）的 200 年里共发生 304 次；南北朝时期（420—589）的 170 年里共发生 315 次；隋（518—618）的 38 年里发生 22 次；唐（618—807）的 290 年里发生 493 次②。由此可见，并没有哪一个时期灾害特别多的情况。尽管这样，北魏时期的赈恤次数显得特别多。两汉的 400

---

① 刘琳：《北朝士族的兴衰》，中国魏晋南北朝史学会编《魏晋南北朝史研究》，四川社会科学院，1986 年，第 313 页。

② 郑云特：《中国救荒史》，商务印书馆，中国台湾版，第 55 页。详见陈高佣等编《中国历代天灾人祸表》，上海书店 1980 年版。

年里，赈恤（包括赈贷）仅有 146 例，而领域狭小的北魏在 149 年里就有 74 例，其中献文帝以后的 62 年里却多达 61 例①。再来看一看同一时期的南北朝。西、东两晋在 265—420 年的 156 年里，共发生水旱灾 220 次，平均 0.7 年 1 次。在这一时期赈恤 10 次，赈贷 4 次。然而，其中东晋孝武帝时斯即太元九年（394）到 420 年的 27 年里虽然发生了 41 次水旱灾。赈恤或赈贷记载却一例也不见②。

另一方面，南朝从 420—589 年的 170 年里，共发生 97 次水旱灾，平均 1.8 年 1 次，而赈恤 35 次、赈贷 4 次，共 39 次。除了数字上的差异而外，在整个北魏时期几乎不见政府的赈贷③。当然《魏书》里也可以找到"赈贷"一词，不过笔者发现仅有三处而已。下面我们看一看这方面的事例。

（1）《魏书》卷七，高祖纪下，太和十一年秋七月己丑条：

> 秋七月己丑，诏曰："今年谷不登，听民出关就食，遣使者造籍，分遣去留，所在开仓赈恤。"

同上，九月庚戌条：

> 九月庚戌，诏曰："去夏以岁旱民饥，须遣就食，旧籍杂乱，难可分简，故以局割民，阅户造籍，欲令去留得实，赈贷平均。然迤者以来，犹有饿死衢路，无人收识。良由本部不明，籍贯未实，廪恤不周，以至于此，朕猥居民上，闻用慨然。可重遣精检，勿令遗漏。"

（2）《魏书》卷一百一十，食货志太和十一年条：

---

① 朴汉济：《中国中世胡汉体制研究》，汉城，一潮阁，1988 年，第 166 页。
② 佐久间吉也：《魏晋南北朝水利史研究》，东京，开明书院 1980 年版，第 233—235 页。
③ 同上书，第 645 页。

十一年，大旱，京都民饥。加以牛疫，公私阙乏，时有以马驴及骆驼供驾辇耕载。诏听民就丰。行者十五六，道路给粮廪，至所在，三长瞻养之。遣使者时省察焉。留业者，皆令主司审覆，开仓赈贷。其有特不自存者，悉检集，为粥于术衢，以救其困。

（3）《魏书》卷六十，韩显宗传：

往冬与驾停邺，是闲隙之时，犹编供奉，劳费为剧。圣鉴矜愍，优旨殷勤。爵浃高年，赍周鳏寡。虽赈贷普沾，今犹恐来夏菜色。况三农要时，六军云会，其所损业，实为不少。

后附校勘记：

虽赈贷普沾，今犹恐来夏菜色，诸本无"贷"字，语气不完，今据册府卷四七二，五六二五页补。

上举例文中的（2），可能是合录（1）的高祖纪太和十一年七月条和九月条孝文帝的诏书，或者转载九月条的。换句话说，笔者认为"开仓赈贷"一词来自"开仓赈恤""赈贷平均"二词，不过（2）的"开仓赈贷"一词与北魏的实际状况不相符。因为一方面开仓是君主的固有权限，而另一方面赈贷却是游牧出身君主的行为，两者颇不相称。关于这一点，在下面还要具体讨论。在此值得我们注意的是（3）的引文。这是韩显宗给孝文帝的呈文的一部分。包括百衲本在内的诸版本上共有"赈"字，"贷"字只在北京中华书局的标点校勘本里出现，那是校勘者根据《册府元龟》卷472的记载补上去的。笔者认为值得注意的是各版本都没有"贷"字这样一个事实，并且补上"贷"字，还不如补上"恤"字更正确。即是说上面所举的三条引文完全无误，同当时相当多的关于赈恤的例子相比，与笔者在下面展开的论旨并不矛盾。相反，这样的几个例子，更准确地反映了农牧型君主的真实面貌。

众所周知，中国历代王朝的救荒对策虽然形式多样，但一般地来说赈恤与赈贷是有区别的[①]。也就是说，赈贷是以偿还为前提的，但是赈恤不以偿还为前提。不过这种区别不是一开始就有的，而是后来逐渐明显起来的。据笔者所查，前汉时期并不存在纯粹的赈恤，到了后汉时期这种区别才开始明显起来[②]。于是，到了魏晋时期就有了明显的区别。当然，赈贷也好赈恤也好，同样是对老百姓的"恩赐"，赈贷虽然以偿还为前提，同样可以成为地方官施以"私恩"的机会，所以，从东晋时期刘颂的事例[③]可以知道，未经皇帝许可，这要受到处罚。

然而，到了北魏时期几乎没有以偿还为前提的赈贷，这一事实意味着什么呢？笔者认为这一现象正好说明，游牧君主们一般都亲自出征，把所掠夺的东西不加任何条件地班赐给所属居民这样一个事实。也许是对游牧出身的北魏君主们来讲，班赐就是班赐，要求所属居民负以偿还义务是根本不可想象的事。

在前面提到的，游牧型君主的亲征—掠夺—班赐行为，越到后期越淡薄起来。这与华北统一以后，掠夺区域相对变得狭小也有一定的关系。如果是这样，必须以另一种方式取代过去的掠夺行为，来保证班赐所需的物质来源，因为班赐是北魏帝王所能继存的前提。当然，以战争的果实实施的赏赐与为了救济水旱灾所进行的赈恤，在形式上是有所不同的。但是，两者中掌握分配结构的主体都是皇帝，而且游牧国家时期虽然分配上有等差，但是没有参加战争的人也成了受惠的对象。所以，两者在本质上是一样的。笔者认为，赈恤是班赐的一种形式上的改变，也就是说，班赐所需的财物要通过亲征和掠夺获得；赈恤所需的财物，是让百姓从事耕作，征

---

① 小尾孟夫：《魏晋时代的赈恤》，《广岛大学教育学报纪要》二部，1971 年，第 23 页。

② 朴汉济：《中国中世胡汉体制研究》，汉城，一潮阁，1988 年，第 164—165 页。

③ 《晋书》卷四十六，刘颂传："颂表求振贷，不待报而行，由是除名。"

收其收获而得。当然，班赐与赈恤除了有前面所讲的所施对象的不同而外，方法上还有"等级分配"与"均等分配"之区别。

值得注意的是：游牧君主在变为征服君主的过程中，为了解决加强君权这一最大难题，必须积蓄财物，而获得这种财物的源泉就是非游牧经济。这一事实在同样性质的征服国家——辽与元表现得最明显①。与此相联系起来，引人注目的是，在整个北魏王朝时期，班赐的财物种类起了明显的变化。即北魏前期班赐物的主宗是牛、马、羊等杂畜和牲口等带有游牧性质的掠夺物。但是，到了中期，班赐物的主宗成为布帛类②。这很可能与掠夺对象地区变为农耕区、以拓跋氏为首的游牧出身君主们财产观念的变化有关，但最大的原因乃是帝王们把确保自己地位的依据放在脱离部族的意图所致。这样一来，必定把广大的北魏人当作加强王权的依靠势力，而广大汉族的参与又是不可缺少的。孝文帝迁都洛阳的目的，可能有很多条。但是，脱离阻碍加强王权的部族势力的根据地是主要目的之一。

像有些人所指出的那样，从北魏献文帝到唐代的中期，皇帝或者皇太子最强调的德行是"仁孝"二字。而其中的"仁"在当时意味着对乡里社会的"施恩"，更具体地表现为对小农的救恤形式③。"仁"的德行始见于北魏献文帝。到隋唐时期的皇帝和皇太子都强调施"仁"，把这一事实同献文帝时期开始集中出现有关赈恤的记载联系起来看，将给我们以重要启示。实际上，献文帝是看了从太武帝末期开始的宦官专横与宗室的介入政治④，才痛感加强王权的必要性的。而且孝文帝也是如此。与此联系起来，让我们看一看《魏书》的撰写者魏收的孝文帝论：

---

① 金浩东：《古代游牧国家的结构》，《讲座中国史》Ⅱ，汉城，知识产业社 1989 年版。

② 参见朴汉济《中国中世胡汉体制研究》（汉城，一潮阁，1988 年）卷末附录《北魏战役、掠夺、班赐表》。

③ 渡边信一郎：《"仁孝"以及二——七世纪中国意识形态和国家》，《史林》61—2，京都，1987 年。

④ 郑钦仁：《北魏中给事（中）稿》，《食货》（复刊）2—6，台北，1972 年。

　　每言，凡为人君，患于不均。不能推诚御物，苟能均诚，
胡越之人亦可亲如兄弟。①

　　可见孝文帝一直关心的不仅是推诚，而且更重要的是对物的均
等分配。他本来以为通过这样的均等分配，不仅可以加强王权，还
可以成就自己追而不舍的统一大业。这也许是北魏皇帝以及此后的
胡族系皇帝们的共同感觉吧。

　　北魏皇帝虽然借用汉的赈恤形式取代了掠夺班赐行为，但是，
他们之所以实行不加偿还条件的赈恤，正是游牧君主们无条件地向
所属百姓班赐掠夺物的意识的另一种表现。

　　正因为这样，"开仓赈恤"一词几乎贯穿在北魏全部赈恤记载
中。在这里不能不考虑的是开仓权问题。汉以来开仓权只属于皇帝
一个人，这一点从汉武帝时汲黯不等天子之命擅自开仓的故事②，
以及东晋吴兴太守王蕴的事例③中就看得很清楚。北魏时的"开仓
赈恤"，也必须通过下"诏"或"遣使"的形式才能进行，没有君
主的命令开仓是不可能的。这当然一方面是继承了中国的传统，同
时也继承了班赐的主体是君主的胡族传统。

3. 北魏帝王的可汗意识

　　可汗，同匈奴的"单于"一样，是北方游牧民统一君主的称
呼。单于，同前汉时期汉的皇帝一样，是意味着天的尊称，在一个
国家里不能有两个人被授予这个称号。但是，到了后汉时期匈奴分
裂成南北两个部分，出现了两个单于，这个尊称的价值开始下落。
到了后汉末期，已变为类似汉的诸侯王的爵名，成了汉天子封塞外
君长的称谓④。于是南匈奴出身的刘渊，自称大单于或者北单于，

---

　　① 《魏书》卷七，高祖纪下，跋，第186页。
　　② 《史记》卷一百二十，汲黯列传，第3105页。
　　③ 《晋书》卷九十三，外戚，王蕴传，第2420页。
　　④ 白鸟库吉：《可汗及可敦称号考》，《东洋学报》11—3，1921年，第2420页。

公元前 304 年坐了汉王的王位，势力扩大后又当上皇帝，然后下设单于①。这样一来，大单于的称号，已经降到根本不能与皇帝匹敌的王位的水平。单于的权威下跌，游牧民需要有一个能与农耕国家皇帝匹敌的称谓。于是便产生了"可汗"。可汗就是由天来授予神圣权威统治天下的、唯一的最高主权者②。从此，在柔然、突厥、回纥、蒙古等各民族那里，可汗意味着相当于中国皇帝的地位。因此，同皇帝一样，一个国家里不能有两个可汗，而且从逻辑上来讲，自己统治的领土或者自以为属于自己的领土区域中的任何一个君长自称可汗是不能容忍的③。

从前的学界认为：以统一塞外诸部而大大扩大了领土的柔然主社仑自称"丘豆伐可汗"，是可汗称号的开始④，几乎没人提出北魏的祖先拓跋部的君长们也用过可汗称号的事。例如，撰写《资治通鉴》的司马光，以及为《资治通鉴》加音注的胡三省虽然指出过拓跋部君长们使用过可汗称号的事⑤，但是，直接涉及拓跋部的《魏书》序纪却仍旧用了皇帝称呼。

当然，迄今尚未找到拓跋部的远祖们曾自称"可汗"的直接证据。但是，鲜卑系中除了拓跋部以外的其他族，例如十六国之一的西秦乞伏国仁的祖先托铎莫何⑥，慕容部的支族吐谷浑⑦，以及树洛干⑧，都有史料证明是用过"可汗"这个称号的。所以，拓跋部

---

① 《晋书》卷一百零一，刘元海载记，第 2649—2651 页。

② 护雅夫：《突厥第一帝国 Qaran 号的研究》，《古代突厥其民族史研究》I，东京，山川出版社 1967 年版，第 230 页。

③ 同上。

④ 白鸟库吉：《可汗及可敦称号考》，《东洋学报》11—3，1921 年，第 2420 页。

⑤ 《资治通鉴》卷七十七，魏纪二十九，元帝，景元二年（261）是岁条："至可汗毛，统国三十六，大姓九十九，后五世至可汗推寅，南迁大泽，又七世至可汗邻"。

同书，卷八十八，武帝，成宁三年（277）十二月条：

"自沙漠汗入质，力微可汗诸子在侧者多有宠，及沙漠汗归……谓大人曰'可汗恨汝曹谗杀太子……'（胡注：此时鲜卑君长已有可汗之称）"

⑥ 《晋书》卷一百二十五，乞伏国仁载记，第 3113 页。

⑦ 《宋书》卷九十六，《魏书》卷一百零一，《北史》卷九十六，土谷浑传。

⑧ 《晋书》卷九十七，土谷浑传，附树洛干传，第 2542 页。

也用过"可汗"称呼的可能性是非常大的。尤其值得注意的是，近来发现的许多史料证明：北魏的皇帝们称呼他们的祖先为"可汗"，特别是当时的百姓称呼他们的皇帝为"可汗"。第一个例子就是北魏宣武帝正始四年三月建于洛阳的奚智的墓志①。据碑文，墓主奚智是同北魏皇帝一起载于《魏书》序纪的献皇帝的父亲，即威皇帝仆脍可汗的后裔。可见北魏末宣武帝时，拓跋人称呼他们的祖先为"可汗"，是无可怀疑的事实。第二个例子，是1980年7月30日由米文平、王成两位中国学者在内蒙古自治区阿里河镇西北方十里的嘎仙洞发掘的201字祝文②。据《魏书》礼志和乌洛侯传③，于太武帝太平真君四年（403），乌洛侯国遣使朝献时报告了鲜卑旧墟石庙的情况，于是太武帝派遣中书侍郎李敞等人前往告祭并刻下祝文。

礼志载有此祝文的大体内容，但引人注目的是，礼志没有记载的结尾部分，即"皇祖先可寒配""皇妣先可敦配"等句。由此可见，太武帝称呼自己的祖先为"先可寒"或"先可敦"是确实的。那么，他自己无疑就是"后可汗"了。这些史料一定程度上可以证明，北魏皇帝有自称为"可汗"的可能性，但是还不足以证明这是事实。

不过我们可以看一看当时拓跋人的民歌。其中大家认为有代表性的一首是木兰诗。这是歌颂一个叫木兰的少女，替父亲从军上前线英勇杀敌的事迹的。已经发现，诗的第一节里就有把皇帝叫作"天子"或"可汗"的诗句④。可见如果当时的鲜卑皇帝允许其臣

---

① 《汉魏南北朝墓志集释》卷五，图版207，奚智墓志铭。

② 米文平：《鲜卑石室的发现与初步研究》，《文物》1981年第2期。

③ 《魏书》卷一百零八，礼志四；《魏书》卷一百，乌洛侯传。

④ 《乐府诗集》（台湾，中华书局，四部备要本）卷五，横吹曲词："将军百战死，壮士十年归，归来见天子，天子坐明堂。策勋十二转，赏赐百千强。可汗问所欲，'木兰不用尚书郎，愿借明驼千里足，送儿还故乡'。"

民当面称呼"可汗"的话①，那么，北魏的皇帝们也并没有抛弃可汗意识。北魏皇帝们没有自称"可汗"，而正式称皇帝，是有缘故的。《通典》卷 200，跋言：

> 时诸蕃君长诣阙顿颡，请太宗为天可汗。制曰：我为大唐天子，又下行可汗事乎。群臣及四夷咸称万岁。是后以玺书赐西域北荒之君长，皆称皇帝天可汗。

北魏君主也同唐太宗一样，他们已经不是只统治游牧民的"可汗"，而是统治农耕民的"大魏天子"了。然而，北魏帝王们也同唐太宗一样，他们非常希望西域和北荒的君长，以"天可汗"称呼他们；如果这样称呼了，他们一定会自称"皇帝（天）可汗"，并向边方民族的君长下了玺书的。唐太宗于贞观四年从两北游牧民君长那里得到了"天可汗"的称号，又于贞观二十年，从铁勒那里得到了"可汗"的称号②。然而，北魏皇帝们想从西北游牧民那里得到"可汗"称号，实际上是不现实的。因为北魏君主们并没有像唐太宗那样完全控制了西北民族。

也就是说，北魏君主还具有不同于纯粹农耕型君主的特点。正像木兰诗里同时出现"天子"和"可汗"两个称呼一样，北魏君主的身上可以看到兼容农耕型和游牧型的"农牧型"君主的形象。如果说，在上面看到的北魏君主对可汗称号的意识叫作"可汗意识"的话，北魏君主只要不抛弃"可汗意识"，他们所要统治的领域，决不可能像汉的君主那样只限于农耕地区。撰写《魏书》的魏收介绍说，孝文帝挂在嘴上的一句话就是"胡越之人亦可亲如兄弟"③。这里所讲的胡，可能就是西北民族；越就是南方的南朝。然

---

① Pefer A. Boodberg "The Language of the To-Pa Wei," Alvin A. Cohen, ed. , Selected Work of Peter A. Boodberg, Univetsity of California Press, 1979, pp. 225 – 226.

② 罗香林：《唐代天可汗考》，《唐代文化史》，台北，商务印书馆 1974 年版。

③ 《魏书》卷七下，高祖纪下，跋，第 186 页。

而，孝文帝的这个理想要变成现实，还有许多要由北魏解决的课题。孝文帝的这个希望，是贞观七年，在唐太宗"胡越一家，古未有也"①的一句谈笑声中变成现实的。从这一点来说，北魏的北方政策，比起汉代消极的对匈奴政策，表现了无可比拟的积极性②。因此，北魏时期出现了与汉代人的世界观截然不同的、扩大了的世界观，这是理所当然的。北魏人建筑长城的意义，同秦汉时期建筑长城的意义是截然不同的③。如果说秦汉的长城意味着国境线的话，北魏的长城却是为了北征而建的堡垒。而且北魏人并没有把长城以北当作"无用"的土地④闲置起来，却让私民"辟地数千里"⑤。

北魏对外国文物及外国人的开放可以与唐代媲美，这与北魏君主的"可汗意识"，以及随之而来的统治领域的不断扩大有关。在北魏朝廷仕宦的外国籍人不计其数。与此相比，南朝的统治者却只优待侨姓排斥南人，而且同是汉人，晚渡南人称为荒伧，亦属被排斥之列⑥。到了北魏后期，首都洛阳还出现了颇有特色的异人街⑦，成为具有浓厚异国情趣和国际色彩的城市⑧，使人联想起唐代的国际城市长安。另外，同西域的贸易得到很大发展，有许多西域人来北魏行商，甚至有人说西域同中国的关系之密切，可以同唐、元媲美⑨。从以上事实可以看到，北魏是同唐的世界帝国比较并无逊色

---

　　① 《通鉴纲目全书》卷三十九，唐纪，贞观七年条："上皇宴故汉未央宫。上皇命颉利可汗起舞，冯知戴咏诗，既而笑曰，胡越一家，古未有也。"

　　② 朴汉济：《中国中世胡汉体制研究》（汉城，一潮阁，1988 年），所收"北魏对外政策与胡汉体制"项。

　　③ 朴汉济：《中国中世胡汉体制研究》，汉城，一潮阁，1988 年，第 177—178 页。

　　④ 《魏书》卷三十五，崔浩传，第 816—817 页，介绍了张渊与崔浩针对柔然的领土所展开的有用无用之论争。但当时太武帝接受了崔浩的有用论。由此可以知道当时的人们对漠南的意识。

　　⑤ 《魏书》卷一百零五，天象志三，第 2401 页。

　　⑥ 周一良：《魏晋南北朝史札记》，北京，中华书局 1985 年版，"北人用人并包"条，第 353 页。

　　⑦ 杨衒之：《洛阳伽蓝记》卷三，"城南宣阳门外永桥以南"条。

　　⑧ 服部克彦：《北魏洛阳的社会与文化》，京都，第 27—29 页。

　　⑨ 吕思勉：《两晋南北朝史》，台湾，开明书店 1975 年版，第 1009 页。

的国家，我们可以从北魏社会看到隋唐世界帝国的开端。

结　论

　　笔者在前面的论述中，以北魏王权为中心，具体论证了笔者所提出的"胡汉体制论"。笔者除了北魏王权以外，曾发表了围绕笔者提出的假设论述北魏的对外政策[①]、均田制[②]、北魏后期首都洛阳城市结构和居民分布[③]等的论文。正像在前面已经讲过的，笔者认为：为了正确理解五胡北朝隋唐时期的时代相，已往学界通用的学说，例如魏晋隋唐贵族制论等虽然对理解当时的时代相有一定的帮助，与此同时也必须考虑到笔者提出的"胡汉体制论"。笔者迄今为止所提供的根据，不过是为"胡汉体制"这座大厦的基础添了几块砖而已。今后的研究应该扩大到北魏分裂后的北朝后期和隋唐时期，并从政治、经济、制度等上层建筑领域摆脱出来，进一步深入到民众的生活等下层领域。笔者在此提出了很不成熟的假设，殷切希望得到各位热情激励和严格指正。

---

　　① 朴汉济：《北魏对外政策与胡汉体制》，《中国中世胡汉体制研究》，汉城，一潮阁，1988 年。

　　② 朴汉济：《北魏均田制的建立与胡汉体制》，《东洋史学研究》，汉城，1986 年，24 页。

　　③ 朴汉济：《北魏洛阳社会与胡汉体制——都城区划与居民分布为中心》，《泰东古典研究》6，汉城，1990 年。

对朴汉济论文的评议

中国社会科学院历史研究所　教授　黄　烈

　　朴汉济教授所著《北魏王权与胡汉体制》是一篇很有特色十分重要的文章，其重要性不仅仅表现在文中所论述的几个方面，而在于他的思考体系涉及上起秦汉下迄隋唐，由民族关系所牵涉的中国政治文化所起的变化格局。他的思考体系的基础表现在他的大作《中国中世胡汉体制研究》一书中，这篇文章来源于这本书的部分内容，经过提炼、充实和申论，既与全书一脉相通，又具有独立成章的诸多内容和特色。所谓"体制"一词，并不是我们通常理解的政治体制和制度，按照作者的解释，是"表示存在同一地区和统治体制下的胡汉两个民族，在形成同一文化体制过程中的互相冲突、反目和融合，即以胡汉问题为基轴的一切社会现象。"这确实是一个宏博的思考体系，作者并没有认为他已完成了这个体系，而是想在过去研究的基础上，把时限向下展开，从目前所论述的北魏，下延到北朝后期和隋唐，并从政治、经济和制度等上层领域摆脱出来，进一步深入到民众生活等下层领域。作者努力的方向无疑是正确的。因为任何民族共同体都包含着它的基础以及与基础相联系的上层建筑，只探究某一个方面是得不到完整的认识的，民族关系也是如此，不过更为复杂一些罢了。

　　文章本论分为三个部分，即一、游牧军事行动的结构；二、作为班赐行为的赈恤；三、北魏皇帝的可汗意识。作者应用对比的方法，把统治中原的北魏皇帝与昔日游牧于塞外的拓跋君主进行对比，观察其延续性与变异性；又与统治中国的传统皇帝相对比，剖析其同异，这样便合乎逻辑地得出了北魏皇帝的二重性质，改变了中国传统皇帝施行权力的方式和内容。文章所提三个方面虽然远不是皇权的全部，更不是民族和民族关系的全部，但已触及军事、财政和思想三个重要方面，指出了一条探索的道路，这是其可贵之处。文章力图把胡人君主统治的积极意义发掘出来，改变只讲破坏残杀不及其他的偏颇，还历史以本来面目，无疑这是历史研究者所应持有的公正态度，也是我们共同追求的目标。

文章中精辟的见解、周密的论证甚多，还提出了一些值得探讨的问题，对读者很有启发，下面略举数端。

在游牧军事结构中，作者指出北魏诸帝在位期间几乎都参加了直接的征讨活动，并对每帝征讨的次数作了统计，即使提倡汉化最力的孝文帝，在他亲政的 9 年里就有过 4 次亲征。可以看出，统兵直接征讨是北魏皇帝的一个特征，以之与中国历代王朝相比，除开国者外，很少有亲自领兵出征的。北魏皇帝的亲征行为显然有来自其祖先的游牧君主的传统，他们是以掠夺和班赐来满足属下的需要而取得权力的基础的。虽然到了北魏中后期掠夺、班赐的行为已有改变，但统兵出征这一传统还在持续。作者提出的北魏皇帝亲征的意义，研究者是可以作出多种解释的，但我认为主要来自游牧君主的传统这一论断是有说服力的。在北魏军事结构中所保留的鲜卑固有传统风俗最为浓厚，试以高欢为例，他的祖先是汉人，高欢的祖先坐法徙居怀朔镇，高欢是在镇官尉景家长大的，成年后也当上了镇兵队主，史称"由于累世北边，故习其俗，遂同鲜卑。"① 像高欢这样在北魏镇兵中鲜卑化的汉人是不少的。如果说北方边镇不能代表全部北魏军事结构，那么，我们从《隋书·经籍志》载有《国语号令》四卷来看，虽该书早已亡佚，内容不得其详，但据

---

① 《北齐书》卷一，《神武帝纪》。

《隋书》作者的解释："后魏初定中原，军容号令，皆以夷语，后染华俗，多不能通，故录其本言，相传教习，谓之国语。"可以说明北魏军队中是以鲜卑语为号令的。在北魏军队中保留有如此浓厚的鲜卑传统，北魏帝王在此传统习俗的感染下，领兵亲征就势所必然了。

作者提出的北魏皇帝的可汗意识，是一个十分有兴趣的问题，作者就北魏皇帝亦称可汗作了周密的考证；还就可汗称号产生的历史背景以及此称号波及的诸族作了论述，作者并从可汗意识引申到对外政策的开放性和积极性。这些可贵的努力，使读者从中获得新的启示。我想在这个问题上再申论几句。文章中引用的新发现的嘎仙洞刻石，有"皇祖先可寒配"和"皇妣先可敦配"，这两句恰为《魏书·礼志》所删改，改文为"以皇祖先妣配"，删掉了"可寒""可敦"两个至关重要的称号。这表明汉族史官尊皇帝而鄙可汗的民族偏见心理，以及可汗、可敦出于鲜卑的事实。我们再来看一看《南齐书·北虏传》的记载，"国中呼内左右为'直真'，外左右为'乌矮真'，曹局文书史为'比德真'……三公贵人通谓之'羊真'"。可见，史书中所记载的职官名，在鲜卑人中通常是按照他们自己的习俗和语言加以称呼的。刻石中的"皇祖先可寒""皇妣先可敦"正可表明当时皇帝与可汗、皇后与可敦双重称号并存的事实。至于可汗的源起，我对于由于单于称号的贬值，在刘渊自称大单于以后，才出现可汗称号之说颇觉可疑，从来源上和时间上似乎均有疑问。从种种迹象上看，可汗称号似应出于鲜卑的先代。公元一世纪鲜卑势力向蒙古草原急遽发展，拓跋鲜卑也从草原东北角西下阴山，二世纪鲜卑各部由檀石槐统一，据有蒙古大草原，设官命职。檀石槐的职官称号不同于匈奴，邑落首领称大人，檀石槐亦曾被众推为大人。当其统有诸部后应有一较大人更高之称号，汉桓帝封他为王，但他并没有接受，他应选择来自本族的最高称号，虽不见史籍记载，我们从嘎仙洞刻石以及慕容鲜卑等的可汗称号，有理由推测可汗之号起于鲜卑，而拓跋部、慕容部皆曾统于檀石槐，檀石槐可能为鲜卑可汗之始。至于可汗称号为北方后起诸民族所接受，可从拓跋先世宗亲十姓中找到根源①，十姓中有胡氏，即纥骨氏，高车（铁勒或敕勒）有纥骨部，北魏时回纥为高车属部②，可见其渊源与拓跋先世有关。又如，柔然本东胡苗裔，与鲜卑先世同出，开创柔然汗国之木骨闾本拓跋力微之骑卒，其与拓跋的关系也是很明确的，势力强大后有丘豆伐可汗之出现乃顺理成章。可汗称号出自鲜卑，首先为与鲜卑有关之各族所采用，其后形成北方游牧之民族的传统，似无可疑。

文章中对汉帝国和唐帝国进行对比，以说明胡族入主中原后对中国传统政治、文化所产生的影响，这也是一个引人入胜的问题。作者指出："汉帝国的瓦解，其因素很难用几句话来概括，但异民族因素是其重要因素，五胡十六国的出现，暴露了汉帝国的局限性。"这几句精辟的语言，概括得十分得当。作者在谈到隋唐帝国时说。"第一，是统一的帝国；第二，对其他民族进行开放；第三，向西北方的游牧民族扩大政治影响，以上三者又是互相联系的。"这些论述都十分精辟，符合历史实际，不过应限制在盛唐时期，我想作者是考虑到了这一点的。为什么会出现汉帝国和唐帝国如此的差距呢？作者的另一概括似乎可以作为说明，"笔者认为，胡汉关系是构成这一时代的基本骨架；而且汉族文化同胡族文化互相融合，最后形成既不属于汉族也不属于胡族的，即 Synthesized 的第三种形态的文化，是这一时代的特殊文化现象。"我认为朴教授的这一论述有其合理的部分，也有值得商榷的部分。

朴教授反对学术界所存在的两种倾向，即一、反对彻底汉化论忽视当时胡族的历史作用的倾向；二、缩小民族矛盾扩大阶级矛盾的倾向。由于篇幅的限制，朴教授在文章中并没有展开他的论证。当然从文章的内容中也可以看出他为探明那个时代胡族的历史作用

---

① 关于十姓的解释参见黄烈《中国古代民族史研究》，人民出版社 1987 年版。
② 《新唐书》卷二一七，《回鹘传》。

所作出的努力。我认为估价当时胡族对中国传统文化的影响，应从直接和间接两个方面进行估价，而后者的影响远远大于前者。佛教的传播就是至关重要的一例。在 4 世纪以前，佛教虽早已传入中国，但没有得到充分传播的条件，待进入 4 世纪开端的十六国时期，佛教才得到了迅速的传播，这与当时的国内形势，特别是许多胡族君主的提倡分不开。胡族没有中国传统文化的桎梏，他们对适合于他们的文化是一视同仁的，赵主石虎的一段话很能说明问题，他说："朕出自边戎，忝君诸夏，至于飨祀应从本俗，佛是戎神，所应兼奉，其夷赵百姓有乐事佛者，特听之。"[①] 后秦姚兴迎西域高僧鸠摩罗什到长安翻译佛经，弘扬佛法；北凉姑臧也成为译经据点。正因为十六国北朝时期西域高僧东来和译经事业的发展，正确的佛教教义才得到传播，在此以前佛教不过作为中国传统的神祠被供奉，信徒寥寥，及至南北朝佛教终于风行南北，成为当时一股来自域外的巨大信仰潮流。从北魏来说，他们有鲜卑的原始宗教，以女巫行事，兼奉道教。佛教曾几经波折，但终于成为最占优势的宗教，在北魏赋役的优惠下，寺庙林立，僧尼成灾。道教是中国土生土长的宗教，但从佛教中汲取了营养，体统才得以完备。儒、释、道并存影响了中国文化格局千余年。佛教广为流传，得力于十六国北朝开放政策，这可为朴教授提出的"开放说"作一佐证。

　　朴教授提出的"汉族文化与胡族文化互相融合，最后形成既不属于汉族，也不属于胡族的，即 Synthesized 的第三种形态的文化，是这一时代的特殊的历史现象。" 如果不是出于我理解错误的话，我对于这一论断有一点不同的看法。我并不赞成"彻底汉化说"，认为"胡汉融合"更接近历史的真实。但民族融合并不是两个民族画等号的融合，而应有主导的一面。从民族形成的进程来说，共同的语言，共同的地域，共同的文化传统和习俗，民族认同的共同心态，是作为一个完整民族存在的主要特征，这些因素的本身也有其

---

　　① 《晋书》卷九十五，《佛图澄传》。

历史发展变化过程，而且也不是同步的，其消失也是如此。主导民族在融合的过程中，往往可以保存其基本因素，非主导民族往往要丧失掉自己的民族因素，新出现的并不是第三种文化形态，而只是主导民族新的发展，在发展中吸收了非主导民族的若干因素。这时期的胡汉融合，尽管胡族在政治上居于统治地位，但汉族以其较高的文化，较成熟的语言，较进步的习俗，基本上生存在原有地区，在人口比例上也占优势，因而自然成为主导民族。胡族由于改变了原有地域，进入中原后扩散了本族的人口分布，为了适应在汉地区的生存，一般都兼用胡、汉两种语言，大家知道两种语音结构不同的语言是无法融为一体的，最后只能放弃一种，保留一种。其风俗习惯和文化也会随着时间的推移，向更高的层次靠拢。这样胡族就会逐渐丧失掉自己的特征，先后与汉族融合。汉族也在与胡族融汇中吸收胡族文化的若干成分，如音乐、舞蹈等，同时也改变了胡汉隔阂的心态，形成开放的心理基础。由于胡汉的沟通，为新起的政权扩大管辖地区，创造有利于开放的条件打下基础，隋唐帝国便是在这些先备条件下出现的。尽管外来的佛教文化在中国得到风行，随佛教俱来的佛教艺术也为中国的艺术注入了新的血液，但作为中国传统文化核心的儒学仍在发挥其主干作用，并没有被外来文化所代替，在这种情况下是无法形成既非汉族文化又非胡族文化的第三种文化的。

朴汉济教授的文章是在深刻研究基础上的创新之作，内涵丰富，论证精辟，启人思路，我相信在他不断的努力下会出现一个完善的新的研究体系，为这一学术领域的研究作出重大的贡献。

宋代建立官僚制的社会因素

诚信女子大学　教授　申采湜

1. 导言

现在，虽然韩国的宋史研究不如过去活跃，但是，这种研究活动仍旧连绵不断。特别是最近时期，少壮学者和研究生院的博士研究生对宋史研究的关注日益增强。其研究课题多种多样，包括社会、经济和意识形态等各个方面，尤其是对宋代官僚制的研究较为突出。另外，由于宋史同韩国史（高丽史）有联系，所以，对宋代和高丽朝、辽代和高丽朝、金代和高丽朝的交往历史的研究，也在逐步深入。

笔者一贯的研究取向，主要是剖析宋代官僚制，力求以官僚制为重点，把握宋代的政治、社会和文化等各个方面的底蕴。我认为研究宋代政治中的官僚制特别重要，是有如下几个原因的。

首先，转动中国封建主义历史车轮的始终如一的诸要素中，有一个共通的分母即官僚制，这一点是不能忽略的。在这个悠长的历史中，以天子为巅峰的官僚集团支配着社会，而且，以儒教国家的统治原理为基础的政体具有连续性，这是只有中国历史所能具有的特殊性。探讨这种官僚制时，不能单纯地局限于古代中国的政治体制，这种官僚制对社会、经济和文化等各个方面的影响是巨大的。所以，如果对官僚制缺乏正确的理解，那么，对中国历史中任何一个方面的正确把握是很困难的。官僚制问题成为历史研究中的重要课题的原因就在这里①。

其次，在讨论中国的官僚制问题时，可以列举一些历史事实。

唐代的贵族的官僚支配体制，在唐末的五代的社会变动中崩溃了，代之而确立的是从属于皇帝独裁体制的文臣官僚体制。这种文臣官僚体制，是宋朝建立以后同士大夫庶民社会一起出现的。从唐代的贵族社会到宋代的士大夫官僚社会，有一个长达一个世纪以上的过渡时期，这就是唐末和五代的武人统治时期。在唐末和五代，不消说是唐王朝的政治秩序，连传统的中国社会结构也崩溃了，儒教的伦理性也动摇了。这是该时期异乎寻常的现象。

唐末和五代的军阀破坏中国传统的政治、社会和文化的秩序时，却没有确立适应于武人支配体制的观念或者统治方式，结果武人支配体制还原为文治主义的官僚体制。这是什么原因造成的呢？这是令人特别关注的问题。

宋代的文臣官僚体制或中央集权的官僚国家的结构实质，是同以前时期大不一样的。毫无疑问，这种变化是有一定的缘由的。宋初的高位官僚集团同五代的官人是有着联系的，只有比较研究这种联系性，才能把握五代和宋代的官僚社会的性质。

2. 宋代文臣官僚制的背景

宋朝的国家体制即中央集权的文臣官僚体制之所以能够建立的基础是，宋朝建立后征服了江南政权，从而获取了丰富的财源；太宗太平兴国二年（977）以后加强了科举制度，大量起用了进士及第者，整顿了文臣官僚制的统治机构；太祖和太宗实行了文治主义的政策，加强了禁军势力，与此同时，朝廷收回了节度使的兵权。

但是，这些要素是宋朝建立以后出现的，它只能成为建立官僚

---

① 参见拙著《宋代官僚制研究》，三英社 1982 年版。

制的催化剂，而不能把它看作社会基础。因为，代替唐朝贵族势力的形势户的势力在唐末和五代已经开始扎根，特别是在五代军阀体制下，宋的文臣官僚体制逐渐形成，这成为宋代官僚体制的社会基础。换句话说，宋代的中央集权的文臣官僚体制，并不是在宋太祖赵匡胤统治集团的文治主义的政策下突然形成的，而是在五代节度使体制下已经开始出现了。为了把握宋代文臣官僚体制形成的背景，有必要充分地比较研究五代和宋代的历史进程。

　　似乎从来认为，由于五代和宋代的历史状况不同，所以这两个时期鲜有联系性，宋代的文臣官僚体制和五代的武人支配体制风马牛不相及。这种看法大谬不然。因为，宋是接续五代后周的王朝，而且宋初官僚的大部分是在五代经历过官僚生活的官人，特别是宋初高位官僚的多数是北方人。所以，应当认为宋朝是从时空和社会方面直接承接了五代。如果认为新儒教思想（宋学）和文臣官僚的伦理观都是突然萌生的，那就不能够正确地把握五代和宋代历史了。当然，五代的军阀体制和宋代的文臣官僚体制在时代特性上存在差异，这一点是要承认的。但是，宋代的政治、社会和文化的历史性新发展的根基，并不是在宋代才开始形成的，而是在五代就开始形成了。因此，五代的历史进程并不局限于五代本身，这种历史进程由宋代接续下来，成为宋代历史发展的基础。

　　通过对五代文臣官僚实质的把握和对宋初（太祖、太宗朝）高位官僚的分析，是可以具体地验证这个问题的。

3. 五代文臣官僚的实质

　　即使是在唐末和五代的节度使支配制度下，文臣官僚的作用也是非常重要的。虽然节度使在自己的使府中网罗了中门使、都押衙、押衙、马步都指挥使、指挥使、客将、都虞侯等武职官僚，依靠他们实施武人政治，但是，在节度使下有众多的文臣幕僚起着相当大的作用。文臣官僚有节度判官、观察判官、推官、掌书记、支使、录事参军等，他们的任务是辅佐民政。这些文臣幕僚随着主将的升迁而提高地位，如果主将坐上皇帝的宝座，他们就被授予朝廷要职，在君侧施展文臣官僚的才力。这种事例在五代并不鲜见，后晋高祖石敬瑭和文官桑维翰、后汉高祖刘知远和文官王峻、后周太祖郭威和文官魏仁浦、世宗柴荣和文官王朴及魏仁浦之间的关系，是节度使出身的皇帝和文臣官僚的关系由私而公的最明显的例证。宋太祖赵匡胤和文官赵普的结合，是这种关系的又一个鲜明的例证。应当认为，这些文臣幕僚对五代各王朝的政权运作起了重要的作用。

虽然五代是武人统治时期，但是文官在中央和地方行政机构中的作用是举足轻重的。武人不能胜任的民政、财政、外交、司法等事务只好由文臣官僚办理。这种客观必要性决定了武人支配下的文臣官僚的位置。由此可见，五代文臣官僚在行政上的位置，并不是历来的官僚制度所保证的位置，而是武人根据需要安排的位置。在这种情况下，以往习惯于安适的文臣官僚是不能够坚持自己的位置的，能够坚持自己的位置的只能是具有文人素质和办理财政与行政能力的人，他们还要具有应付乱世的非凡本领①。

五代文臣官僚和武官的相互关系，在各个方面令人瞩目。五代武臣的行动方式和价值观念有两种类型。

一种类型是，武将自觉地礼遇和交游儒者（文人），身边常有经书，行为合乎礼仪，从而强化自己的权威。他们想成为矜重的君子，希望人们说他们是君子，为此而做出努力②。五代有代表性的文臣官僚冯道既做了后唐明宗（李嗣源）和闵帝（李从厚）的宰相，又做了后晋高祖（石敬瑭）和出帝（石重贵）的宰相，还做了后周太祖（郭威）的宰相。当时，冯道作为君子和仁者受到节度使出身的皇帝的信任和尊敬，这说明武人是深刻理解和充分信任文

---

① 参见《新旧唐书》，冯道列传。

② 符彦卿（《宋史》卷 251）和安守忠（《宋史》卷 275）就是这种武人。

臣官僚的。优待文臣并不局限于中央的高位官僚，地方的文官（县令）也是受到优待的。宋代重视文官县令的位置，这是继承了五代的传统。在五代，人们对县令的评价是很高的。后唐明宗天成年间，天平节度使符习殴打了县令颜衍，受到人们的斥责。符习后悔不已，为了平息舆论的指责，把颜衍擢升为观察判官①。后晋开运元年，魏州元城人马全节被任命为邺都留守时，亲自造访问候元城县令②。后梁太祖把县令看作民之父母，摆在镇将之上，这可以看作是武人的文臣优待政策③。

另一种类型是，武将本人藐视儒教的伦理观和文臣官僚的修养，彻底排斥谦谦君子，只相信武力的绝对价值。这种类型的代表人物是，后晋出帝时期的武将李彦韬和禁军总帅史弘肇④。在五代武人支配体制下，武人轻视文臣的倾向是存在的，但是文职并没有受到轻视，这是令人瞩目的历史事实。在五代，很多有儒教修养的人拒绝就任武职。敬翔先是辅弼后梁太祖朱全忠，后来成为后唐宰相。但是远在唐末群雄乱立的武人支配时期，他不愿就任武职，而补任了文职。当时后周世宗把文官县令魏丕改任为武职右班殿直时，魏丕说自己是儒家出身的文官，恳请留任文臣职务⑤。

笔者认为，把握五代皇帝和文臣官僚在权力结构上建立了什么关系，这对探究五代文臣官僚的实质是非常重要的。

节度使在北方建立了五代的几个王朝，他们在建立王朝以前，最大限度地动员了武人集团。他们一旦登上帝位，就依靠文臣官僚来维护国内秩序。在这一方面，五代同其他朝代没有很大的差别。天复二年三月，掌书记在给河东节度使李克用的献议略文中说："定乱者选武臣，管理者选文吏"⑥。汉初的陆贾认定："马上得之，

---

① 参见《宋史》卷270，颜衍传。
② 参见《旧五代史》卷90，马全节传。
③ 参见《旧五代史》卷1，梁本纪。
④ 参见《旧五代史》卷18，敬翔传。
⑤ 参见《宋史》卷270，魏丕传。
⑥ 引自《资治通鉴》卷263，天复二年三月丁卯条。

宁可以马上治之乎"①。这是儒教主义关于创业和守成的理论。强调文臣官僚体制是守成的根本，它成为后来的中国历代王朝的统治基础。即使是在唐末五代的武人支配下，这种理论还是被采用了。因为，五代武人并没有树立自己的行动伦理和武家理念，其结果还原为中国传统的文人儒教伦理，由此而决定了宋代官僚体制的背景。

在皇帝的地位不稳定的五代，为了稳定皇权必须消除地方分权化，推进中央集权化。为实现这一目标，利用文臣是绝对有利的。因为在加强皇权方面，文官采取了同武臣正相反的立场。五代的武臣在皇权面前表现了强烈的地方分权化的倾向，而文臣在皇权面前表现了强烈的中央集权化的倾向。文臣以传统文化的维护者自居，试图牵制武臣的暴力，巩固自己的地位。皇帝则庇护这样的文臣，以此来获取有德君主的名声，巩固自己的权座。与此同时，文臣官僚抑制有地方分权化倾向的武臣，在加强皇权方面采取了同皇帝一样的立场，从而得到了天子的庇护，逐步加强了自己的地位。在这种情况下，五代已经出现了令人瞩目的现象，那就是可以看作文臣的人担任武职。唐末以来，武臣垄断了节度使、防御使、团练使和刺史等武职，但是在后唐明宗以后，可以看作文臣的人担任了这些职务。在《新旧五代史》和《宋史》的列传中可以窥见这些事例。在北宋初期出仕的文臣中，唐朝和五代的文臣即节度使的幕职官、县令、县尉、主簿等地方文臣的子孙占绝对多数。这方面的情况，将在论述宋初历任高位官职的文臣官僚时谈到。

4. 宋初高位官僚的实质

宋初高位官僚在政治和社会方面的作用是相当重要的。他们不但驾驭了宋代的社会变革时期的政局，构筑了士大夫官僚社会的基础，还确立了宋代的文臣官僚体制，成为宋初变革时代的政治和社

---

① 引自《汉书》卷43，陆贾传。

会的先导。鉴于这种情况，有必要通过对他们籍贯、家庭、出仕情况、阅历等的分析，把握宋初文臣官僚制赖以建立的社会因素。宋初高位官僚的范围，在《皇宋十朝纲要》中是限定在宰相、枢密院官僚、三司使、学士和中书舍人的。

太祖时期（960—976）的高位官僚是，宰相 6 人，参知政事 4 人，枢密使 5 人，枢密副使 5 人，三司使 8 人，学士 8 人，中书舍人 10 人，御史中丞 3 人，共 49 人①。不过，有同一个人物历任上述几个职务的情况，此处有 13 个人属于这种情形，那么，在太祖时期任过职的高位人士为 26 人，排除了武人为主的使相 33 人。太祖时期的宰相有范质、王溥、魏仁浦、赵普、薛居正、沈义伦等 6 人；参知政事有薛居正、吕余庆、刘熙古、卢多逊等 4 人。下面论述他们的家世、出仕情况和主要阅历。

在宋史列传中没有指出父名的只有魏仁浦和沈义伦②，可见这两个人的父亲和祖父同官场无缘。列传中有赵普的父名，但官职不详，只指出赵普的父亲是为躲避契丹的南侵从幽州来到南方的。这是五代战乱时期屡见不鲜的避乱家世③。

其他人物的父辈都同官场有缘，担任过五代文职（防御判官、节度判官、县令、太子宾客）的有 3 人，历任高位官职的有 3 人（王溥、吕余庆、刘熙古、卢多逊的父亲或祖父）。除了三个人是非官人出身以外，其余的都是文官出身，而不是武官出身。这不是偶然的，因为有的人在五代经历了官人生活，接着在宋初历任官职后升任了高位职务。在宋初官僚的父祖辈中担任过武职的极少，而担任过节度使的判官、推官、县令、主簿等职务的为数众多④。由此可见，宋代的文臣官僚体制已经在五代开始扎根了。

---

① 参见《皇宋十朝纲要》卷 1，太祖；《宋史》，太祖本纪。

② 参见《宋史》卷 249，魏仁浦传；卷 264，沈义伦传。

③ 参见《宋史》卷 256，赵普传。

④ 参见拙稿《关于宋代文臣官僚的升进》，载《东洋史学研究》8、9 合辑；《试论北宋荫补制度》，载《历史学报》第 42 期。

　　下面再看一看他们的出仕情况。科举合格者有 5 人，范质在后唐长兴四年登进士甲科，王溥在后汉乾祐年间（948—950）登进士甲科，薛居正在后汉清泰初登第，刘熙古在后唐长兴年间（930—933）登进士科，卢多逊在后周显德初登进士科①。另外，赵普和沈义伦是节度使的从事出身，魏仁浦是枢密院的小吏出身，吕余庆是荫补出身。太祖时期的宰相中多数是五代登进士科的，而且他们在登进士科时才 20 余岁。这就证明，即使是在五代武人支配体制下，进士科合格者的出仕渠道还是畅通的，科举及第对文人出仕是绝对有利的。他们在 20 余岁登进士科，这说明智力超凡，家庭的扶持非同一般；他们的官僚出身的父祖辈为他们的出仕打下了基础，作为形势户具有相当的财力。

　　那些家道贫乏或者非官僚家庭出身的人，往往科举不第，只能当个小吏或者从事，然后得到武人的赏识，立身处世，成为自励成材式的人物。

　　他们的籍贯都在北方各地，无一例外。范质的籍贯是大名府宋城，王溥是并州祁县，魏仁溥是卫州汲县，赵普是幽州蓟，薛居正是开封浚仪，沈义伦是开封太康，吕余庆是幽州安次，刘熙古是宋州宁陵，卢多逊是怀州河内。由于宋太祖继承后周平定北方，接着征服江南和四川，所以他的高位官僚理所当然地都是北方人了。

　　下面分析太祖时期的枢密使、副使、三司使的一些情况。枢密使有（魏仁浦）、吴廷祚、（赵普）、李崇矩、曹彬等 5 人，副使有（赵普）、李处耘、王仁赡、（沈义伦）、楚昭辅等 5 人，三司使有张美、（薛居正）、（李崇矩）、赵砒、（沈义伦）、（楚昭辅）、（吕余庆）、张濬、（王仁赡）等 9 人②。（括弧里的人物是官职重复者，下同。）

---

　　①　《宋史》卷 249，范质传；卷 249，王溥传；卷 264，薛居正传；卷 263，刘熙古传；卷 264，卢多逊传。

　　②　《皇宋十朝纲要》卷 1 中只列 8 人，但是从《续资治通鉴长编》卷 17，开宝六年三月条和《宋史》王仁赡传来看，王是权判留司三司兼知开封府，所以追加了三司使 1 人。

从家世和出身来看，有父名和官职的只有武人出身的曹彬和李处耘，他们的父亲也是武人出身①。另外，赵玭是在天福年间依靠纳粟成为集贤小吏的，可见他是家道富足的②。除了这三个人，列传中没有提及其他的人。科举及第的只有张澹③，而吴廷祚、王仁赡、李崇矩、楚昭辅和张美等人立身处世时，没有依靠家庭的帮助，而是像一般的五代官人那样靠自己的能力。

太祖时期的枢密使和副使多半有武人的经历，而且家世不清楚，科举合格者只有 1 人。这同宰相和参知政事多半为进士科及第、家世分明的情形形成鲜明的对照。而且，管钱粮的 9 个三司使中有 5 人④是武人出身。这不难看出，在五代三司使多有武人担任的一般惯例，在宋太祖时期继承下来了。

太祖时期的学士有陶谷、窦俨、窦仪、王著、李昉、扈蒙、欧阳迥、（卢多逊）等 8 人⑤，中书舍人有（扈蒙）、赵逢、王莹、（卢多逊）、（张澹）、高锡、（王著）、王祐、（李昉）、李穆等 10 人⑥。除了陶谷、王祐和没有载入列传的王莹以外，其余的都是进士科合格者。不过，陶谷 10 岁能属文，后来奋励仕进，成为校书郎，他是具有进士科及第的能力的⑦。王祐以词章和文学起家，辟召为观察支使，扬文名于五代⑧。宋太祖时期的学士和中书舍人的大部分是五代进士科合格者，这个事实是具有非常重要的意义的。因为，这个事实证明，宋代文治主义的基础是由五代的进士科及第者和文臣官僚奠定的；宋代的文臣官僚体制的基础，是在五代后晋年间（936—943）或者在后汉乾祐年间（948—950）开始间接地

---

① 参见《宋史》卷 257，李处耘传；卷 258，曹彬传。

② 《宋史》卷 274，赵玭传。

③ 参见《宋史》卷 269，张澹传。

④ 参见《宋史》卷 259，张美传；卷 257，李崇矩传；卷 174，赵玭传；卷 257，楚昭辅传；卷 257，王仁赡传。

⑤ 参见《皇宋十朝纲要》卷 1，太祖学士条。

⑥ 参见《皇宋十朝纲要》卷 1，太祖舍人条。

⑦ 参见《宋史》卷 269，列传 28，陶谷传。

⑧ 参见《宋史》卷 269，列传 28，王祐传。

奠定的。宋初高位官僚进士科合格的时间大部分集中在这个时期。

五代的节度使制度转化为宋代的文臣官僚体制，这是五代逐渐萌发的新枝在宋初开花的结果，而不是宋太祖采取什么措施的结果。这一点可以从这些官僚的重要经历中得到佐证。他们在进士科合格以后解褐的最初官职，只是节度使或者观察使的从事、判官、支使等幕职。然而，一旦他们的能力得到承认，就被任命为御史中丞、知制诰、翰林学士等朝廷要职。这些馆职和学士职，即使在五代也十分显贵的。在五代各王朝，诏敕是由学士和舍人起草的，后晋以来主要是由知制诰履行这一职责。除了后晋取消学士职衔的时期以外，其他时期都是由学士负责内制，舍人和知制诰负责外制的。但是，由于五代军阀割据称雄，契丹的南侵造成北方兵乱，军阀天子重武轻文，所以出现了国政由枢密院专断的趋势，文臣出身的宰相受到轻视①，学士参预国政的现象比较罕见了。不过，学士博学能文，从事贡举和撰述的业务，文臣官僚在社会各个方面进行着广泛的活动，由学士升转为宰相的为数不少②。同时，文臣官僚还同军阀紧密结合，一面在中央和地方发挥着自己的能力，一面构筑着文治主义的基础。

在五代，出仕时选择文官的倾向是比较浓厚的。起初，赵逢担任了武职即巡检官，后来应试进士科，选择了文职③。在后周广顺初，同时拜命为翰林学士的窦仪和窦俨兄弟，成为当时人们羡慕的对象④。不言而喻，在节度使支配体制下，文臣官僚是坚定地保持着自己的社会地位的。

---

① 《资治通鉴》卷282，后晋天福四年四月条云："梁太祖以来，军国大政天子多与崇政枢密议，宰相受成命，行制敕讲典氏，治文事而已。"

② 据《新旧五代史》和《宋史》列传，由学士除授为宰相的人是：冯道（后唐天成二年）、赵凤（天成四年）、刘昫（后唐长兴四年）、姚颢（后唐清泰元年）、马胤孙（清泰三年）、桑维翰（后晋天福元年）、李崧（天福二年）、张砺（后晋开运四年）、窦贞固（后汉天福十二年）、李涛（天福十二年）、范质（后周广顺元年）、王溥（后周显德元年）。

③ 参见《宋史》卷270，列传29，赵逢。

④ 参见《宋史》卷263，列传22，窦俨。

　　宋太祖时期任用五代的进士科合格者为学士或者中书舍人，这给宋代的文臣官僚体制的影响是巨大的。在五代，并不是只有进士才能担任学士职务。在宋太祖时期，学士和中书舍人的大部分是五代的进士，这应看作太祖优待读书人政策的一个出发点，从这里也可以窥见宋代文臣官僚体制的基本轮廓。《宋史》列传中的史论认为，宋代起用五代的进士合格者为学士，这是建立文臣官僚体制的正确措施：

　　　　自唐以来，翰林直学士与中书舍人对掌训辞，颂宣功德，箴谏阙失，不专为文墨之职也。宋兴，亦采词藻以备斯选，若（陶）谷之才隽，（王）著之敏达，（张）澹之治迹，（高）锡之策虑，（高）冕之敦质，咸有可观①。

　　在太宗时期（976—997）的 21 年中，高位官僚有宰相 9 人，参知政事 23 人，枢密使 4 人，同副使 12 人，知枢密院事 3 人，同知枢密院事 7 人，签书枢密院事 5 人，三司使 22 人，学士 17 人，舍人 33 人，共 135 人②。其中除了太祖时期官职重复的人物 7 人和太宗时期官职重复的人物 34 人以外，其余的 94 人都是新人物。

　　太宗时期的 9 个宰相中，薛居正、沈义伦和赵普在太祖时期就做过宰相。卢多逊在太祖时期担任过参知政事，李防担任过翰林学士。宋琪在后晋天福六年进士科及第③，历任节度从事、记室、观察推官等职务，在太祖时期担任过知州和节度判官。吕端在后晋时期依靠父荫成为千牛备身，而后历任国子监主簿、太仆寺丞、秘书郎、直史馆等职，在太祖时期则历任知州、侍御史、右谏议大夫等职④。

---

①　引自《宋史》卷 269，列传 28，史论。
②　参见《皇宋十朝纲要》卷 2，太宗。
③　参见《宋史》卷 264，宋琪列传。
④　参见《宋史》卷 281，吕端列传。

　　太宗时期的宰相9人中，有7人是太祖时期的官僚。他们都在五代做过官，接着在太祖和太宗时期继续做官。由此可见，他们并不是太宗新起用的人物，而是在五代和太祖时期就历任过官职。不但高位官僚是这种情形，中央的一般官僚和地方官僚也是这种情形。他们也在五代和太祖时期做过官，在太宗时期也做着官，这充分说明了宋初官僚结构的特点①。

　　太宗时期的宰相中，只有吕蒙正和张齐贤是在太宗时期解褐的人物②。宋朝的文臣主义官僚体制已经进入轨道的太宗太平兴国二年，吕蒙正荣登进士科榜首，只经过十余年的时间就由参知政事升迁为宰相。他是宋代文臣官僚中典型的秀才型出仕人物③。但是，宋琪和张齐贤的出仕经过就异乎寻常了。后晋天福六年，宋琪在契丹辖区登进士科，擢取为寿安王的侍读。张齐贤是在五代为数众多的避乱家庭出身，孤贫独学，自励成材。宋太祖巡幸西都时，张齐贤以布衣的身份献策10条，可见他是一个非凡的人物。但是，他未能在太祖时期出仕，而是在太宗时期登进士科，进入官界④。除了宋琪、吕端、吕蒙正和张齐贤在真宗时期继续担任过宰相职务，为完善宋代文治主义的官僚体制起了很大作用。

　　对于太宗时期的参知政事23人⑤中有6人（卢多逊、宋琪、李昉、吕蒙正、张齐贤、吕端）成为宰相的情况和太祖时期担任过学士的李穆的情况，已经在上面谈到了。因此，不再赘述这7个人的情况，只谈16个人的情况。

　　从他们的家世来看三代做官的官户有5人（窦偁、辛仲甫、李

---

　　① 从《宋史》列传的前半部的官僚经历来看，不论文臣武臣，都在五代出仕，太祖和太宗时期继续做官。

　　② 参见《宋史》卷265，吕蒙正传及张齐贤传。

　　③ 参见《宋史》卷265，吕蒙正传。

　　④ 在《宋史》张齐贤传中，记述了太祖对张齐贤的评估，他对太宗说，张齐贤是宰相之器："我幸西都，唯得一张齐贤尔。我不欲爵之以官。异时可辅汝以相也。"

　　⑤ 《皇宋十朝纲要》卷2太宗参知政事条中列有23人：卢多逊、窦偁、郭贽、宋琪、李昉、李穆、吕蒙正、李至、辛仲甫、王沔、张齐贤、陈恕、贾黄中、李沆、吕端、苏易简、赵昌言、寇准、向敏中、张泊、李昌龄、温仲舒、王化基。

沆、张洎、李昌龄）连续三代保持官位的这些家族，与其说是具有门阀的性质，不如说是具有形势户的性质。他们的曾祖父、祖父和父亲都做过地方官，虽然这些地方官品秩低，但是文官占绝对多数。由此可以证明，太宗时期高位官僚的家族中，在五代时期已经做过三代官人的为数不少。

在列传中他们的父亲的姓名和官职明确的有 5 人（贾黄中、苏易简、赵昌言、寇准、向敏中），其中的贾黄中是唐朝宰相贾耽的四世孙，家世清楚，同窦仪一样，都是名门望族的后代。另外，贾黄中本人和他父亲也是进士出身，所以他也属于文臣系列。其他人物虽然官职低下，但是属于文臣系列的为数不少。由此可见，太宗时期参知政事的父祖辈，在五代大部分是属于低级文臣官僚系列的，也就是说，宋初的高位官僚从家世上同五代的低级文臣官僚是有密切联系的。因此，宋代官僚体制的基础，特别是文臣官僚体制的基础，同五代的文官有着密切的关系。

太宗时期参知政事的出仕情况是，除了节度掌书记出身的辛仲甫以外，其余的都是进士科合格后进入官界的。其中有五代进士 2 人（窦偁、贾黄中），南唐进士 1 人（张洎）。除了这 3 个人，其余的都在宋代登进士科的。而且，除了太祖时期的郭贽和出仕时间不明确的李至以外，都在相当于太宗初期的太平兴国年间（976—983）登进士科的。这同太宗太平兴国年间是宋朝确立文臣官僚体制的时期的观点是相吻合的[①]。同时，太宗初期进入官界的大多数人，垄断了太宗后期和真宗时期的高位官职。这一事实说明，太宗时期在宋朝官僚体制的发展史上占有重要地位[②]。

在太宗时期担任过枢密院高位职务的官僚有枢密使 4 人[③]，枢

---

① 太宗初期完成了宋的统一，增加新官僚就有必要了，因而从太平兴国年间开始进士科合格者大大增加了。
② 参见拙稿《关于宋代文臣官僚的升进》，《东洋史学研究》8、9 合辑。
③ 《皇宋十朝纲要》卷 2，太宗枢密使条：曹彬、楚昭辅、石熙载、王显。

密副使 12 人①，知枢密院事 3 人②，同知枢密院事 7 人③，签书枢密院事 5 人④。这些人的籍贯，除了泉州安南人刘昌言以外，其余的都在北方各地。可以认为，同太祖时期一样，太宗时期枢密院的主导权掌握在北方人手里。从他们的家世来看，张宏的高祖是节度使，曾祖是刺史，祖父是县令，父亲是县令。钱若水的父亲担任过殿中丞和知州，李惟清的父亲担任过县主簿。另外，在列传中家世不明的有 8 人，应当认为，他们祖先的社会经济地位是衰微的。

在枢密院高位官僚中，进士合格者有 4 人，其中 1 人在五代后周时期登进士科，1 人在太宗时期登进士科。太宗时期枢密院的高位官僚中，有不少是在太宗登基以前的藩邸（晋邸）时期辅佐过太宗的人物。太宗的藩邸是宋朝文治主义的摇篮⑤，很多文人在这里进行过活动。太宗即位后，依靠他们确立了宋朝官僚体制。

太宗时期的三司使有 22 人⑥，除了官职重复的王仁赡（太祖时期的三司使）、宋琪（太宗时期的宰相）、郭贽、李昌龄、陈恕（均为太宗时期的参知政事）、张逊（太宗时期的枢密副使）、李惟清（太宗时期的同知枢密院事）等 7 人以外，还有 15 人。

他们的籍贯，除了祖籍是南唐的魏羽以外，其余的都在北方。这同太祖太宗两朝官僚的籍贯的一般情况是一致的。他们在家世方面的特点是，除了樊知古和张鉴以外，其余的都没有提及祖父和父亲的姓名和官职。这说明，太宗时期的三司使立身处世时，并没有依靠家庭的辅助，而是依靠自己的能力。他们之中，五代时期的科

---

①《皇宋十朝纲要》卷 2，枢密副使条：楚昭辅、石熙载、柴禹锡，王显、弭德超、王沔、张宏、赵昌言、张齐贤、张逊、温仲舒、寇准。

②《皇宋十朝纲要》卷 2，知枢密院事条：张逊、柴禹锡、赵镕。

③《皇宋十朝纲要》卷 2，同知枢密院事条：温仲舒、寇准、刘昌言、李惟清、赵镕、向敏中、钱若水。

④《皇宋十朝纲要》卷 2，签书枢密院事条：石熙载、张齐贤、王沔、杨守一、张逊。

⑤参见《宋史》卷 439，文苑列传序文。

⑥《皇宋十朝纲要》卷 2，太宗三司使条：王仁赡、侯陟、王明、宋琪、陈从信、郝正、许仲宣、张卓（平）、张逊、魏丕、郭贽、李惟清、徐休复、陈恕、樊知古、魏羽、李昌龄、张雍、魏庠、董俨、王延德、张鉴。

举合格者有 2 人（侯陟、许仲宣），进士科不合格者有 2 人（王明、樊知古），太祖时期登第者有 1 人（张雍），太宗时期登第者有 3 人（徐休复、董俨、张鉴）。这样，通过科举进入官界的就有 8 人，占总数的一半。三司使中还有 4 人是武人出身，他们在藩邸出仕时，就得到还没有即位的太宗的信任。

在太宗时期，翰林学士有 16 人①，中书舍人有 33 人②，这比太祖时期增加了一二倍以上（太祖时期学士有 8 人，中书舍人有 10 人）。这是宋代文臣官僚体制发展的结果。在翰林学士 16 人中，升任宰相的有 2 人（李昉、吕蒙正），升任参知政事的有 6 人（李穆、贾黄中、李至、苏易简、李沆、张洎），可见学士职位是相当重要的。中书舍人中有 1 人出任宰相，有 11 人出任参知政事，可见舍人在宋朝文臣官僚的职制上的位置是重要的。这个位置是走向执政的一个要路。

他们的籍贯，除了祖籍是扬州广陵的徐铉以外，其余的都在北方各地。这就证明，直到太宗时期北方人仍然占据着朝廷的中枢位置。

在列传中提及父祖辈姓名和官职的，有毕士安、宋湜和王旦等 3 人。毕士安的曾祖毕宗昱是县令，祖父毕球是本州别驾，武官出身的父亲则辟召为观城县令。宋湜的曾祖宋择和祖父宋赞都是县令，父亲宋温故在后晋天福年间登进士科，官至左拾遗。不言而喻，他的家世也是文臣官宦。王旦的曾祖王言是黎阳令，祖父是左拾遗，父亲王祐是尚书兵部侍郎，以文章扬名于五代后汉和后周时期③。这说明，他们的父祖辈即使是在五代乱世也保持着官僚地位。

---

① 《皇宋十朝纲要》卷 2，太宗学士院条：李昉、汤悦、徐铉、扈蒙、李穆、宋白、贾黄中、吕蒙正、李至、苏易简、李沆、韩丕、毕士安、钱若水、张洎、宋湜。

② 《皇宋十朝纲要》卷 2，太宗舍人院条：扈蒙、李穆、张洎、王克正、郭贽、宋白、钱邻几、贾黄中、吕蒙正、李至、王韦占、高冕、赵昌言、韩丕、徐休复、苏易简、宋准、范杲、宋湜、王化基、李沆、田锡、胡旦、王禹偁、向敏中、毕士安、柴成务、吕祐之、王旦、钱若水、冯起、和㠓、张秉。

③ 参见《宋史》卷 282，王旦传。

特别令人瞩目的是，这些父祖辈在五代也连续地保持着文臣官僚的位置。太宗时期的大部分学士和舍人的父祖辈，都是五代文臣官僚，这些文臣家庭支持子孙登进士科。毕士安的祖父是本州别驾，可以看作例外。

在这些学士和舍人中，属于武臣家世的人为数不多。这些家族也希望自己的子孙做文官，而不当武臣，如果有可能，应试进士科，出仕做文臣官僚。由此可见，宋代的文臣官僚体制渊源于五代的文官，而这些文官只不过是地方的县令和主簿。而且，五代的掌书记、录事参军、节度使从事等下位文臣家庭的子弟，也通过科举进入了官界。这些人成为高位文臣官僚，身体力行文治主义政策，经营着宋朝的国体。在列传中没有提及父祖辈姓名和官职的人也为数不少，他们是依靠自己努力和才智登进士科的。这也是宋代文臣官僚的一个特色。

学士的出仕情况是，徐铉在江南吴地被任用为校书郎，进士科合格与否却不清楚，其他的学士都是太祖和太宗时期的进士出身。舍人的出仕情况是，高冕在周显德时期诣阙上书，被擢取为左补阙，范杲以荫补出任太庙斋郎。除了这3个人以外，都是进士出身，其中太祖时期登进士科的有4人，太宗时期登进士科的有9人。由此可见，学士和舍人中进士科合格者占多数，学士却都是进士科合格者。只录用进士科合格者为学士，这似乎是太祖时期的一种政策。

非进士出身的人担任学士职务是从北宋后期亦即徽宗时期开始的："国朝非进士出身除学士，自林彦振始"[①]。这反证了非进士出身不能除授学士官职的宋代的一般原则。在宋代，学士职位同进士密切相关，学士可以出任执政或者宰相，这也有助于说明宋代文臣官僚体制的结构。在唐代学士不一定就是进士出身，在宋代不问家世就起用进士出身的人为学士，这是唐宋时期社会变革的一种反

---

① 引自《建炎以来朝野杂记》甲集卷9，非进士除内外制台谏经筵史馆事始条。

映，也是来源于宋朝文治主义的一种结果。可见，除授进士出身的人为学士官职的做法，在太祖时期开始，在太宗时期继承下来。

最后，要探讨一下他们的经历。一般来讲，进士科应试成绩优秀者的初任官职是将作监丞或通判，应试成绩为中等者的初任官职是大理评事或知县。但在太宗时期由于官吏不敷需求，进士科合格者的大部分被任用为将作监丞或通判[①]。特别是学士，他们的初任官职往往是将作监丞或通判，以此为起点，逐步加官晋爵。他们的主要经历大同小异，都担任过著作佐郎、著作郎、直史馆、左右拾遗、同知贡举、左右司谏、知制诰中的某一官职，在这个基础上加官晋级。这些重要官职能够使文臣官僚发挥骨干作用，他们通过这些要职逐步升进。换句话说，他们出任转运使或者知州，发挥自己的能力，然后出任高位官职。不言而喻，学士和舍人这类职衔，是在文臣官僚体制下达到荣显的跳板。

5. 结论

现在，可以把上述宋代官僚体制的实质整理归纳为如下几点。

首先，宋初文臣官僚同五代官人是有着密切的联系的。可以断定，太祖时期的高位官僚都来自五代官人，无一例外。从来的一般看法是，由于五代和宋代社会性质不同，所以两个官僚社会的结构也不同。但是，通过对宋朝太祖和太宗时期高位官僚的分析得到的肯定的答案是，宋代文臣官僚体制的基础并不是宋朝建立时上台的新兴官僚奠定的，而是五代的旧官僚奠定的。那么，由五代的旧官僚组成了宋初高位官僚集团这一事实，就具有重要的意义了。因为，这可以证明宋朝的文臣官僚体制继承了五代的一些做法，宋朝的中央集权的文臣官僚体制并不是在宋初突然形成的，而是在此之前逐渐形成的。

---

① 参见拙稿《关于宋代文臣官僚的升进》。

　　在列传中提到的大部分人物对宋代国政起了重要作用，给宋代历史以很大的影响，而他们做官是从五代开始的。这对把握宋初官僚的实质具有重要意义。他们大部分是进士出身，而出仕时间在后唐明宗长兴年间，或在后汉隐帝乾祐年间。他们以此为起点，乘时做官，不受王朝交替的影响。在宋代初期，他们继续做官，晋升为高位官僚。

　　在北宋初期的文臣中，有不少是五代时期进士出身的官人，他们的大部分是同唐代高官无缘无故的新兴阶层出身。为数众多的新兴阶层出身的人在五代登进士科这一事实，有力地否定了五代是战乱时期或者文臣无能为力时期的通说。

　　其次，太祖和太宗时期高位官僚的籍贯，绝大部分在五代北方。太祖本人就是北方涿州人，五代后周的节度使出身，拥护他的大部分人也就理所当然地都是五代北方人了。太祖平定了北方地区，而后征服了江南和四川，这时北方地区还残留着北汉，江南地区残留着吴越和闽，所以宰相和执政只能由北方人担任了。不过，在已经完成统一大业的太宗时期，宰相仍由北方人担任，在 21 个执政中有 19 人是北方人，南方人四川（蜀）人各有 1 名。由此可见，在太宗时期仍然由北方人垄断了高位官僚的位置。这同真宗时期从王钦若（籍贯临江军）开始有不少南方人登进士科后解褐的情况，形成了鲜明的对照。北宋中期以后，南方人超过北方人，成为政界的核心势力，王安石（临川人）是其中的代表人物。

　　很明显，宋初进士出身的官僚的父祖辈，在五代几乎都是文臣官僚。他们的父亲、祖父和曾祖中在五代出任高位官职的不多，大部分是下位文官。如地方的判官、推官、掌书记、县令、主簿等，或者朝廷的一般文官。而且，宋初高位文臣官僚的祖先，大都是文官，所以宋初文臣官僚体制的基础是在五代开始形成的。这从下列事实中得到证明，即宋初文臣官僚的父祖辈的绝对多数在五代做过文臣官僚，他们的祖先在五代出任节度使、防御使、禁军指挥使等高位武官的事例是绝无仅有的。文臣官僚的父祖辈即使属于武官系列，他们的子孙继承武职的现象也是罕见的，这些子孙往往出仕时选择文职，因为就是在武人支配时期，文臣官僚还是受到社会的优待的。

在列传中完全没有提及有些官僚的父祖辈的姓名和官职，这就把他们看作布衣门第了。这些官僚并没有依靠家庭的辅助，而是依靠自己的努力成材的，他们得以出仕，是由于本人的能力起了重要的作用。

最后，谈一谈五代文官的三种类型及其演变。第一种类型是直到唐代很发达的贵族家庭出身的官僚，他们有家庭背景，身份高贵。但是，他们缺乏政治手腕，更不会理财，所以在五代乱世中自然而然地被淘汰了。第二种类型是，他们虽然家世寒微，但有办事能力，是属吏出身的官僚，他们先是充任节度使的幕职，后来得到天子的重用。在宋初太祖和太宗时期，这种类型的能官奠定了文治主义体制的基础。

不过，在完成了统一大业的太宗时期，由于社会安定，属吏出身的官僚发挥能力的机会逐渐减少，而进士出身的官僚受到重视。因此，人们争先恐后应试进士科，合格后进入官界，于是进士出身的官僚形成了宋朝官僚的主流。人们都希望通过进士科进入官界，但是登进士科并非易事，所以通过荫补进入官界的现象比较普遍，而且依靠荫补保持着官僚家世。在形势户和门阀已经消失的宋代，荫补制度在形成和保持官僚家世方面起到了重要作用。

对申采湜论文的评议

北京大学历史系　教授　邓广铭

一

申采湜教授《宋代建立官僚制的社会因素》一文，阐述了宋代官僚制产生的背景，剖析了五代、宋初文臣官僚的构成（诸如籍贯、家世、出仕途径与阅历等情形）以及两个历史时期之间的密切关联，明确地论证了"宋代的中央集权的文臣官僚体制并不是在宋太祖赵匡胤统治集团的文治主义政策下突然形成的，而是在五代节度使体制下已经开始出现了"，"是五代逐渐萌发的新枝在宋初开花所结的果。"

唐代开元、天宝年间到北宋初期，是中国中古史从前期向后期转变的关键时期，而转变的完成和制度化是在北宋。

中国历史上的官僚制度，不仅是政治体制中的重要组成部分，而且对于社会、经济和文化等各个方面有着巨大的影响。官僚制度方面的变化，是晚唐至宋初总体性转变的重要内容之一。

宋代的文官体制，早已引起不少研究者的注意。近年来，这方面的研究不断深入，领域不断拓展。但是，在认识宋代官僚制的渊源方面，仍然存在着明显的缺憾。特别是对于承前启后的五代，研究者头脑中几乎是一片茫然。即便有人追溯宋代官僚制产生之背景，也不过上溯至周世宗时期，而很少充分地比较研究从唐末、五代到宋代的历史进程。

王赓武教授《五代时期北方的权力结构》（*The Structure of Power in North China during the Five Dynasties*）一书，在一定程度上填补了这段空白——尽管该书所取的视角与我们目前所要讨论的题目有所不同。

就宋代官僚制的建立而言，仅做静止状态下的勾画绝对不够，还需要在历史发展的长期曲折过程中寻找其形成脉络，从而真正准确、深刻地加以认识。宋代富有特色的官僚制度之建立，很难仅仅归结为宋太祖、太宗等一二代帝王及其谋臣的精明措置。在他们之前，晚唐、五代的精英人物们，已经在重建中央集权的官僚体制方面做过无数尝试。正是各种经验教训的积累，使得调整变革的思路渐渐明晰。因此，我们不能将王朝之废兴视为研究问题之界限。这正如王赓武教授所说，中国历史上很多重大的课题，往往被传统的以王朝为单位的研究方式遮蔽模糊了。

从这个意义上讲，申采湜教授所选择的研究课题具有十分重要的意义。申教授目前的研究，正是从五代时期入手的。文中广泛征引了新旧《五代史》《宋史》《皇宋十朝纲要》等史籍中的大量资料，逐一分析了宋太祖、太宗时期包括宰相、参知政事、枢密使、枢密副使、三司使、学士、舍人、御史中丞在内的"高位官僚"的籍贯、家世背景、出仕途径和任官阅历，指出：宋初官僚的大部分是在五代经历过官僚生活的官人，其中高位官僚的多数是北方人。所以，"应当认为宋朝是从时空和社会方面直接承接了五代。""宋代的政治、社会和文化的历史性新发展的根基，并不是在宋代才开始形成的，而是在五代就开始形成了。"

这个结论是令人信服的。它突破了历来研究者们注重唐宋而忽略五代的局限性，也纠正了部分学者认为宋代文臣官僚体制与五代武人支配体制互不相干的错误见解，会给读者以新的启示。

如申教授所说，宋初的高位官僚在当时的政治舞台上起着相当重要的作用，"他们不但驾驭了宋代的社会变革时期的政局，构筑了士大夫官僚社会的基础，还确立了宋代的文臣官僚体制，成为宋初变革时期的政治和社会的先导。"正因为如此，对这批人物进行具体切实的分析，对于帮助理解宋初官僚政治体制的实质，无疑很有必要。

二

在拜读了申教授的大作之后，我们也有一些想法，希望提出来与大家讨论。

官僚制，作为特定社会历史条件的产物，是由复杂的、相互制约又相互作用的多方面因素构成的综合体。研究特定时期的官僚制，既需要分析官僚（特别是对于"国政"起着重要作用的"高位官僚"）的构成情形，又需要把握该制度的运作方式以及特有的设官分职方式。非如此，不足以全面认识其性质与特征。

宋代的官僚制，是唐代后期以来旧制度与新事物矛盾运动的产物，也是围绕用人权问题展开的一系列政治斗争的产物。它是中央集权的政治体制的组成部分，直接地服务于这一体制。就其设官分职方式来讲，它是以官、职、差遣的既相联系又相分离为特征的。这一特征的形成，既有其久远的历史渊源，又经历了一个复杂的中央与地方政治关系演变的过程。在认识宋代建立官僚制的社会因素时，应该进一步拓宽研究的视野，把这一问题置于更为广阔的、多层面的历史背景下去考察。

在探讨宋初"学士"等高位官僚的仕宦经历时，申教授谈到，"一般来讲进士科应试成绩优秀者的初任官职是将作监丞或通判，应试成绩为中等者的初任官职是大理评事或知县。"太宗时期，"学士的初任官职往往是将作监丞或通判……他们的主要经历大同小异，都担任过著作佐郎、著作郎、直史馆、左右拾遗、同知贡举、左右司谏、知制诰中的某一官职，在这个基础上加官晋级。"

如前所述，宋代实行"官"（本官、正官）与"差遣"相分离的设官分职制度。这正如《宋史·职官志》总序部分所说：

> 台省寺监官，无定员，无专职，悉皆出入分涖庶务。故三省六曹二十四司类以他官主判，虽有正官，非别敕不治本司事，事之所寄，十亡二三……其官人受授之别，则有官、有职、有差遣。官以寓禄秩、叙位著，职以待文学之选，而别为差遣以治内外之事。

唐代以来的职事官阶秩，即宋代所谓"官"，如将作监丞、大理评事、著作佐郎之类，与一定的品阶对应，主要用以标志官员的身份、地位，而通判知县之类的"差遣"，则是官员担任的实际职务。这一制度，经过晚唐、五代以来的长期酝酿，到宋太宗时期已经基本成型。因此，在讲到宋代文臣官僚的升进问题时，有必要将官秩的升进与职任的升进加以区别。

另外，关于"形势户"的问题，对其确切含义，目前学术界虽然有着不同看法，但对形势户在宋代的存在，却是没有疑问的。申教授论文的第二部分曾经谈到"代替唐朝贵族势力的形势户在唐末和五代已经开始扎根"，但在文章的结尾却转而说"在形势户和门阀已经消失的宋代"云云，这两种说法似乎不很一致，而后者显得有些突兀费解。

总地来讲，申教授的大作在许多方面给我们以有益的启发。我们热切地期望着与申教授及宋史学界诸同人们进一步深入交流。

明"靖难之役"与朝鲜

高丽大学　教授　朴元熇

1. 序言

就其结果来看，可以说"靖难之役"是明代政治史上的一个极其重要的转捩点。因为"靖难之役"的结果所产生的永乐政权虽然继承洪武政权的遗产而完成了明朝的政治体制，然而，在许多政策上，尤其在对外政策上，表现了与洪武政权截然不同的地方也是不容否认的[①]。

夹在洪武政权与永乐政权之间的四年建文政权时代，是由称为"靖难之役"的内战所点缀而成。即使在"靖难之役"期间，朝鲜依然和明朝的建文政权维持了朝贡关系，而两国的使臣也有频繁来往。在内战进行期间，建文帝对朝鲜自始至终采取怀柔政策，而燕王也在发动叛乱之前同朝鲜使臣有过多次接触[②]。

本稿所要考察的是：由于明王朝政权内部的矛盾，建文帝与燕王进行三年内战的时期，建文帝对朝鲜施展的政策及燕王同朝鲜的关系，考察朝鲜为了对付"靖难之役"所采取的基本政策及在这一

[①]　荻原淳平：《明朝的政治体制》，《京都大学文学部研究纪要》1967 年第 11 辑；宫崎市定：《从洪武到永乐——初期明朝政权的性质》，《东洋史研究》1969 年第 27 卷第 4 期。

[②]　王崇武：《明靖难史事考证稿》，《国立中央研究院历史语言研究所专刊》25，中研院历史语言研究所，1948 年。

期间外交上所获得的成就。因为 "靖难之役" 不仅是明朝历史上的一个转捩点，而且在朝鲜王朝的历史上留下了反差鲜明的影响。

2. "靖难之役" 发生前后与朝鲜的关系

洪武三十一年闰五月（朝鲜太祖七年），明太祖寿终，随后皇太孙建文帝即位；同年八月，朝鲜发生所谓的 "王子之乱"，郑道传等没落，发生了朝鲜太祖退位、定宗登朝的政变。在这一年里，明和朝鲜各自的国内形势发生了很大的变化，因而，两国的关系也出现了新的局面。

朝鲜为了通告朝鲜太祖退位、定宗登朝一事，派偰长寿为计禀使前往明朝[①]；明朝送来礼部咨文，向朝鲜通告了明太祖的讣音及建文帝即位一事[②]。朝鲜朝廷于第二年即建文元年正月开始改用 "建文" 年号，并派陈慰使河仑吊唁明太祖，派贺登极使金士衡祝贺建文帝即位[③]。先期启程的计禀使偰长寿，到了辽东婆婆堡后，以不符合三年一使的贡期为由被辽东都司拒绝入境，无奈返回义州待命。偰长寿由朝廷改任进香使后，同贺登极使及陈慰使会合，结果三使同入明境[④]。

他们都完成了使命，并于建文元年六月，带着礼部咨文回到朝鲜。建文帝在礼部咨文中说："已先太祖皇帝诏谕：本国仪从本俗，法守旧章，听其自为声教。今后彼国务，亦听自为。"[⑤] 可见建文帝政权原封不动地继承了明太祖对朝鲜政策的基本方针，重申了朝鲜的 "自为声教"。

当时在明朝正在进行结束明太祖作为一个王朝的创始人积累并

① 《朝鲜太祖实录》卷15，七年十一月壬寅。
② 《朝鲜太祖实录》卷15，七年十二月甲子。
③ 《朝鲜定宗实录》卷1，元年正月壬申、癸酉。
④ 《朝鲜定宗实录》卷1，元年正月庚辰。
⑤ 《朝鲜定宗实录》卷1，元年六月甲寅、丙寅。

行使绝对皇权的时代，建立新的权力结构所必需的改组和调整。建文帝为了确立自己的政权，首先不得不对付由于军事力量过于庞大已经对于中央集权成为威胁的诸王势力。于是，建文帝根据齐泰、黄子澄等人的主张，果断地着手实施了削藩政策。首先于洪武三十一年七月废开封周王为庶民，紧接着于建文元年正月废大同代王．四月废荆州湘王，五月废青州齐王，六月废岷州岷王①。不久，北平燕王确感削藩之灾迫在眉睫，终于在七月起兵以武力对抗朝廷，致使明朝陷于前后久达三年的内乱之中②。

关于燕王造反中央，朝鲜王朝实录也有简略的记载：

> 军一人自辽东逃来，本国人也，属东宁卫。以辽东役烦逃还，言燕王欲祭大祖高皇帝，率师如京，新皇帝许令单骑入城，燕王乃还，兴师以尽逐君侧之恶为名。③

朝鲜史料告诉我们：明太祖寿终后，燕王以奔丧为借口率师来京，但建文帝要他单骑入城，于是，燕王放弃奔丧，回师北平。燕王从这时开始做好了造反的最后准备，于七月举兵行事。

当时建文帝简任辽东的耿炳文为征虏大将军，率兵13万攻打燕王军，但在真定大败④。同年九月，宣府谷王自愿来南京，随后建文帝下令召回有可能步燕王之后尘的广宁辽王和大宁宁王。辽王从召改封荆州，但宁王不服被削三护卫。十二月，建文帝下诏甘州

----

① 《明史纪事本末》卷15，削夺诸藩；《国榷》卷11，洪武三十一年七月，十一月戊寅、建文元年正月丁酉、四月丁卯、五月癸酉、六月庚子；《明太宗实录》卷1，奉天靖难事迹，三十一年闰五月。

② 《明史纪事本末》卷16，燕王起兵；《国榷》卷11，建文元年十月壬申；《明太祖实录》卷2，奉天靖难事迹，元年七月癸酉。

③ 《朝鲜定宗实录》卷1，元年三月。

④ 《国榷》卷11，建文元年八月壬戌；《明史》卷130，列传第18，耿炳文；《明太宗实录》卷3，奉天靖难事迹，元年八月壬戌。

肃王改封兰州①。燕王乘真定大胜之势，紧攻被削三护卫的大宁宁王。因宁王已对中央心怀不满，不攻自破。这样，燕王把宁王的三护卫以及旧附蒙古兵全部掌握在自己手里②。真定败战后，建文帝又简任李景隆为大将军，令其率50万大军北伐，但在白沟河同燕王军交战亦遭大败③。建文帝军于建文二年四月在白沟河战败后锐势大减。

另一方面，朝鲜于建文二年正月又发生一场 "王子之乱"，朝鲜太祖的第四子李芳干被肃清；第五子李芳远成为王世子，又向王位靠拢一步。虽然朝鲜亦处在动荡的政局，但是并没有放松对内乱背向的注意。这时，李芳远已经完全掌握了朝廷的实权，李芳远赶下朝鲜定宗，自己取而代之的计划业已成熟。于八月，朝廷任命李至为圣节使派往明朝④。同年九月，一面护送曾经被倭捕虏遣送回来的二十余名中国仕女至辽东；一面派出贺正使禹仁烈，请求诏授自从建立王朝以来一直没有得到的诰命和印信⑤。原计划跟贺正使禹仁烈同行的签书三军府事李文和，晚几天启程，向建文帝献上30匹马⑥。正在这个时候，明定辽卫人12人逃到朝鲜说："王室大乱，燕王乘胜长驱。"⑦ 朝鲜朝廷从这个情报中可能明白了明内乱已发展到非常严重的地步。李芳做远作好了夺权的一切准备之后，以定宗让位的形式登上王位做了朝鲜太宗⑧，并立即派奏闻使李詹和朴子安，向明朝廷奏告了定宗让位、自己袭位一事⑨。

---

① 《国榷》卷11，建文元年九月丁卯、十二月乙卯。

② 《明史纪事本末》卷16，燕王起兵；《国榷》卷11，建文元年十月壬寅；《明史》卷117，列传第5，宁王权。

③ 《国榷》卷11，建文元年十一月庚午；《明史》卷126，列传第14，李文忠；《明太宗实录》卷5，奉天靖难事迹元年十一月庚午。

④ 《朝鲜定宗实录》卷5，二年八月。

⑤ 《朝鲜定宗实录》卷6，二年九月己巳、庚辰。

⑥ 《朝鲜定宗实录》卷6，二年十一月庚、辰癸酉。

⑦ 《朝鲜定宗实录》卷6，二年九月庚辰。

⑧ 《朝鲜定宗实录》卷6，二年十一月辛未、癸酉。

⑨ 《朝鲜定宗实录》卷6，二年十一月癸酉。

3. 建文帝对朝鲜的怀柔政策

真定、白沟河两战大败后，建文帝才深感事态的严重性，一面格外款待朝鲜使臣①，一面日益明显地表现出对朝鲜的怀柔姿态。建文二年皇帝诞辰之际。朝鲜派圣节使祝寿，建文帝当着朝鲜使臣的面称赞道："戊辰振旅之功莫大。"② 戊辰年即洪武二十一年（高丽褐王十四年），所以，"戊辰振旅之功"，肯定是指高丽末崔莹攻伐辽东时，后来做了朝鲜太祖的李成桂断然回师阻止攻伐辽东一事。当时被内乱搞得焦头烂额的建文帝，突然提起 13 年前的事，当着朝鲜使臣的面，称赞阻止了攻伐辽东的李成桂，其用心是不难理解的。

朝鲜圣节使回国之际，建文帝派出礼部主事陆颐和鸿胪行人林士英，向朝鲜传达了诏书和赏赐。当时建文帝在尚不知朝鲜定宗退位、太宗即位的情况下写了诏书。诏书说：

> 惟尔朝鲜习箕子之教，素以好学慕义闻于中国。自我太祖高皇帝抚临万邦，称臣奉贡，罔或怠肆。暨朕祗受遗诏，肇承丕绪，即遣使吊贺。时在谅阴，不遑省答，及兹服除，会北藩宗室不靖，军旅未息，怀绥之道，迄今缺然。惟尔权知国事李曔能敦事大之礼，以朕生长，复修贡篚，心用嘉之。今遣使赍赐建文三年大统历一卷，文绮纱罗四十匹，以答至意。尔尚顺奉天道，恪守藩仪，毋惑于邪，毋怵于伪，益坚忠顺，以永令名，俾后世谓仁贤之教久而有光，不亦休乎。③

---

① 从这个时候开始，朝鲜王朝实录中出现建文帝款待朝鲜使臣的记载，《朝鲜太宗实录》卷 1，元年正月辛巳，"皇帝待慰甚厚"；《朝鲜太宗实录》卷 2，元年九月丁未，"我国人入朝，帝乃厚待"。

② 《朝鲜太宗实录》卷 1，元年正月辛巳、二月乙未。

③ 《朝鲜太宗实录》卷 1，元年二月乙未。

　　建文帝对于朝鲜同燕王发生某种联系的可能性表示深虑，强调
"毋惑于邪，毋怵于伪"，以牵制朝鲜不要被燕王所利用；并殷切希
望对中国 "益坚忠顺，以永令名"。当时，建文帝军虽然经过了两
次败战，但是，还不能说战况已到了悲观的地步，所以，还未提出
朝鲜给予积极的军事支援。好像是只希望朝鲜不要卷入中国内乱，
不要出现朝鲜军协同燕王军攻打建文帝军的情况。

　　在白沟河战败后，建文帝召回李景隆，任命左都督盛庸为火将
军。盛庸率师迎敌，于建文二年十二月在东昌之战第一次打败燕王
军，初步扭转了一直不利的战局①。这时，建文帝接到了朝鲜贺正
使禹仁烈呈交的、要求承认李芳远袭王位的呈文。建文帝欣然给予
承认，并为了授予诰印派了明使。不过听了朝鲜定宗忽患风疾，
视、听力受阻才让位于李芳远的报告，对朝鲜的形势与动向深表怀
疑。于是，决定等到当时仍在朝鲜的明使陆颐和林士英回朝，弄清
朝鲜的形势后再授诰印，召回了不久前带着诰印启程的使臣②。

　　朝鲜太宗深知获得诰印在政治上具有双重的重大效果：一形式
上完成朝鲜王朝的建立；二能确认太宗即位的合法性。于是，以带
着建文帝的诏书来到朝鲜的明使陆颐和林士英为对象，全力以赴开
展了对明外交。受到隆重礼遇的陆颐和林士英，临行前在迎宾馆接
受朝鲜文武百官送行时对朝鲜太宗说的一席话中也能看得出。他
说："至诚事大，吾将奏闻，必赐诰命矣。"③ 朝鲜太宗一面派三司
右使李稷和右军总制尹坤，陪同明使至南京，一路谢恩；一面让通
事梅原渚把五百匹好马送往辽东④。

　　建文帝没等陆颐和林士英回朝奏报朝鲜形势之前，可能已经放
弃了要辨明朝鲜王位继承妥当与否的想法。因为就在下月，奏闻使

　　① 《国榷》卷11，建文二年十二月乙卯；《明史》卷144，列传第32，盛庸；《明太宗实
录》卷7，奉天靖难事迹，二年十二月乙卯。

　　② 《朝鲜定宗实录》卷1，元年三月乙丑。

　　③ 《朝鲜太宗实录》卷1，元年二月己未。

　　④ 《朝鲜太宗实录》卷1，元年二月己未。

李詹和朴子安带回的礼部文书中，建文帝已经对朝鲜太宗的袭位说："若无亏天理悖人伦的事，任他国之主张"①。很难说由于朝鲜奏闻使的活动解除了建文帝的怀疑。陷在中国内乱旋涡中的建文帝，可能觉得同朝鲜的现政权发生摩擦是一种不够明智的做法，相反，要对朝鲜施怀柔政策才是正确的。朝鲜太宗看了李詹和朴子安带回来的礼部咨文后，立即派判三司事禹仁烈赴明谢恩②。不久，建文帝派来的通政寺丞章谨和文渊阁待诏端木礼，向朝鲜国王转达了金印和诰命等③。明使章谨和端木礼回国时，朝鲜朝廷派判门下府事赵浚和右军同知总制安瑗，向授予诰印的明朝廷谢恩④。

　　建文帝军取得东昌战役的胜利，在一定程度上扭转了战局，但于建文三年三月，在夹河同燕王军遭遇再次战败，败局渐甚⑤。也就在这个时候，奉建文帝之命，往辽东运军粮的船队，路遇大风被迫在全罗道长沙县抛锚⑥。由于内乱的长期化，以及战局渐趋不利，建文帝对朝鲜也不想掩饰其焦虑之心，派太仆寺少卿祝孟献和礼部主事陆颐，提出一万匹马的交易要求。建文帝从半年前来过朝鲜的陆颐那里得到"朝鲜产马之邦也，若以绮绢市良马，可备戎事"的提议，建文帝大喜，看准了朝鲜马的利用价值，再次派来了祝孟献和陆颐⑦。祝、陆带来的建文帝亲诏内容如下：

---

　　① 《朝鲜太宗实录》卷1，元年闰三月甲辰。

　　② 《朝鲜太宗实录》卷1，元年闰三月乙卯。

　　③ 《朝鲜太宗实录》卷1，元年五月乙卯、六月己巳。建文帝的诰命全文如下："古老哲王之为治，德穷施普，覆育万方。凡厥有邦。无问内外，罔不臣眼。爰树君长，俾乂其民人，以藩屏于夷夏。朕承大统，师古成宪。咨尔朝鲜权知国事李祎。袭父兄之传，镇绥兹土，来效职贡，率礼克诚，以未受封，祈请勤至，兹庸命尔为朝鲜国王，赐以金印，长兹东土。呜呼，天无常心，惟民是从，民无常戴，惟德是怀。尔其懋德，以承眷祐，孝友于家，忠顺于上，俾黎民受福，后昆昭式，永辅于中国，启土建家，匪德莫宜，可不敬哉。"

　　④ 《朝鲜太宗实录》卷1，元年六月丙子，赵浚至金郊驿发病，朝廷改派李舒代赵浚（《朝鲜太宗实录》卷1，元年六月壬午）。

　　⑤ 《国榷》卷11，建文三年三月辛巳、壬午；《明史》卷144，列传第32，盛庸；《明太宗实录》卷7，奉天靖难事迹三年三月壬午。

　　⑥ 《朝鲜太宗实录》卷1，元年五月戊戌。

　　⑦ 《朝鲜太宗实录》卷2，元年九月己卯。

敕朝鲜国王：前使者还，王以中国军兴乏马，特贡三千匹，兹复遣人贡良马名药纤布诸物，礼意恭顺，朕甚嘉焉。昔周盛时，内有管蔡之乱；而越裳氏万里入贡，成王周公嘉之，其事著于传记，越裳氏之名荣华至今，朕德不逮古，而朝鲜为国视越裳为大，入贡之礼有加。今特遣太仆寺少卿祝孟献礼部主事陆颐，赐王及父兄亲戚陪臣各有差以致嘉劳之怀，至可领也。[1]

建文帝把朝鲜对正在经受内乱考验的中国的贡马，同周代管蔡之乱时越裳氏的万里之贡相提并论，使人更清楚地看到：建文帝对朝鲜施以怀柔之策的姿态。尤其是以"朕德不逮古，而朝鲜为国视越裳氏为大，入贡之礼有加"之说引诱朝鲜，而且，不仅对朝鲜国王、太上王（朝鲜太祖）、上王（朝鲜定宗），连对赵浚、李居易等24名陪臣都赐以文绮绢等厚礼，确实是罕见的事。

与此同时，转交给朝鲜的兵部咨文清楚表明了建文帝的意思，即今后要做的一万匹马的交易中，为了不使朝鲜蒙受损失，按朝鲜时价进行交易[2]。朝鲜则于明使祝孟献和陆颐到来之前已经派了圣节使赵温，但收到祝孟献等带来的建文帝的赐品后，重派闵无疾前往谢恩，紧接着又任命崔有庆为贺正使派往明朝。一句话，尽管明朝内乱在继续，朝鲜则尽量抓住一切机会，频繁地派遣了各种使节[3]。

夹河之役败北，建文帝军精锐部队溃灭之后，南京处于燕王军的直接威胁之下。这时，谢恩使李舒和安瑗从南京归来，奏报朝廷说：他们亲眼目睹了建文帝亲自检阅出征部队的情景，明的形势非

①　《朝鲜太宗实录》卷2，元年九月丁亥。

②　《朝鲜太宗实录》卷2，元年九月丁亥，"凭兵部行文书教国王管事的官每知道，于官民有马之家，照依那里时价易换，将来不要亏着他"。

③　《朝鲜太宗实录》卷2，元年八月戊辰，元年九月己亥、甲寅。

常紧迫①。燕王得到一些宦官的内应，探知南京防守不严，决定攻打南京，于建文三年十二月再度率┒南下②。

正在这个时候，建文帝派遣鸿┒寺行人潘文奎，送来了前年朝鲜谢恩使李舒和安瑗请求过的、朝鲜王的冕服。建文帝在敕书中对朝鲜施以怀柔之策，说：

> 敕朝鲜国王李讳，日者陪臣来朝，屡以冕服为请。事下有司，稽诸古制以为四夷之国，虽大曰子。且朝鲜本郡王爵，宣赐以五章或七章服。朕为春秋之义，远人能自进于中国则中国之，今朝鲜固远郡也，而能自进礼义，不得待以子男礼，且其地邈在海外。非特中国之宠数，则无以令其臣民，兹特命赐以亲王九章之服，遣使者往谕朕意。呜呼！朕之于王，显宠表饰，无异于骨肉，所以示亲爱也，王其笃慎忠孝，保乃宠命，世为东藩，以补华夏，称朕意焉。③

有趣的是建文帝大方好意，他说，朝鲜国王原来相当于郡王爵，只能赐以五章服或七章服，但特给予亲王爵的待遇，赐以九章服。而且从"呜呼！朕之于王，显宠表饰，无异于骨肉，所以示亲爱也"的语句中可以看得出，怀柔朝鲜的调子愈来愈高。朝鲜太宗接到建文帝的冕服之后，又派遣参判承枢府事卢嵩，前往南京谢恩④。

---

① 《朝鲜太宗实录》卷2，元年十二月癸亥，"臣在京师见帝亲点军士，人言将以伐燕也"。

② 《国榷》卷11，建文三年十二月乙卯；《明太宗实录》卷8，奉天靖难事迹，元年十二月壬午。

③ 《朝鲜太宗实录》卷3，二年二月己卯。

④ 《朝鲜太宗实录》卷3，二年三月庚寅，二年四月乙卯、壬戌，二年五月壬寅。卢嵩在前往辽东的路途上，经过开州站时，遇到建文帝军的逃兵，所带方物及马匹全部遭抢劫，空手回国。朝鲜朝廷再次派了承枢府提学朴谆之前往，但是，也因为道路堵塞，不得不中途返回。

　　贺正使崔有庆①,于建文四年三月回国,向朝廷奏报建文帝处于绝境的情况说:"燕兵势强,乘胜远斗;帝兵虽多,势弱,战则必败。又有鞑靼兵乘间侵掠,燕辽之间,中国骚然"②。另一方面,随着建文帝军日益崩溃,从辽东逃往朝鲜的难民日益增多,他们也告诉朝鲜辽东的建文帝军惨遭失败的情况:"征燕军马逃散,不知其数"③。

　　五月,燕王军横渡淮水紧逼南京,建文帝感到形势紧迫,一面向各地派遣使臣招募勤皇兵,一面下诏承认错误。向燕王也派去使臣,以割地为条件要求罢兵,但还是遭到燕王的拒绝。六月,南京被陷,建文帝失踪,燕王登上皇帝宝座④。在这样混乱的情况下,朝鲜还是派了谢恩使朴惇之和圣节使柳龙生⑤。但朴惇之因道路堵塞未能到达南京,只带着奉天承运皇帝诏返回朝鲜⑥。这是建文帝向全国的都司、布政司、按察使、诸府卫的文武臣呼吁勤皇的诏敕中的最后一篇。

4. 燕王和朝鲜

　　由于明太祖定都南京,随之而产生的是对北方的防御问题。为了弥补这一不足,到洪武三年完成了诸子分封的方针⑦。明太祖有

　　① 《朝鲜太宗实录》为"圣节使崔有庆",但这无疑是"贺正使崔有庆"之误。因为崔有庆启程记录上是贺正使,而且,在建文年间,按常规圣节使比贺正使早一个月启程、回国,照此,崔有庆启程时、圣节使赵温已经回国。

　　② 《朝鲜太宗实录》卷3,二年三月己丑。

　　③ 《朝鲜太宗实录》卷3,二年三月丙申。

　　④ 《国榷》卷12,建文四年六月;《明史》卷5,本纪第5,成祖1;《明太宗实录》卷9,奉天靖难事迹,四年六月。

　　⑤ 《朝鲜太宗实录》卷3,二年五月壬寅,二年八月癸丑。

　　⑥ 《朝鲜太宗实录》卷3,二年八月壬子。圣节使柳龙生是谢恩使朴惇之中途返回后启程的。《朝鲜太宗实录》没有关于他后来情况的记载,但可以肯定他也没能完成使命便中途返回的。因为从当时辽东的情况来看,他的遭遇也不可能比卢嵩或朴惇之更好,而且所谓贺圣的对象建文帝已经失踪,燕王取代了皇位。

　　⑦ 《明太祖实录》卷51,洪武三年四月辛酉。

26 名皇子，其中除了皇太子和夭折的第 26 子楠而外，24 名皇子和明太祖的从孙朱守谦，共 25 名全部分封为洪武朝的亲王，其中 18 名亲王以次在各地就藩①。诸王中，以"塞王"守在长城一线的亲王们，由于同蒙古的频繁战斗，都拥有强大的军事力量。

燕王于洪武十三年就藩北平。北平不仅因为原来是元朝的国都，而且为了防御北方蒙古的南侵，是个非常重要的军事要塞。北平又是朝鲜向明朝纳贡去南京陆路的必经之地。因此，自从燕王就藩北平以来，同经由北平去南京的朝鲜使臣有了接触是很自然的②。最早关于燕王同朝鲜使臣接触的记录见于燕王就藩北平后的第九年，即建立朝鲜王朝前三年。高丽朝廷曾经于洪武二十二年六月，派遣同知密直司事安淑老向北平的燕王赠送过礼物③。安淑老不是路过北平，而是专程派去拜见燕王的。于是，燕王表示非常谨慎，向高丽送来了如下内容的回信：

> 致意署高丽国事与国人陪臣等：迩以礼物以来，安敢易纳。古人云臣子无外交之理。却之必艰人意，故留物使还，谨以状闻于父皇，以通三韩之意，必命乃报，国人陪臣等审焉。④

建立朝鲜王朝的前一年即洪武二十四年，门下赞成事赵浚以圣节使身份去南京时路过北平。

> 辛未六月，入贺圣节，道经北平府。太宗皇帝在燕邸，倾

---

①　吴辑华：《明代皇室中的洽与对立》，《中研院历史语言研究所集刊》第 37 本，上册，1967 年。

②　综观朝鲜方面的史料，燕王接见朝鲜（或高丽）使臣的记载只有 5 次。但是，这 5 次记载都有特殊的内容，即安淑老是第一次接见燕王的使臣；赵浚是最早看出燕王的野心的人；李芳远是同后来成了明成祖的燕王有深交的象征；金乙祥和金立坚因为同燕王"私交"受到了明太祖的处罚。所以，即使朝鲜王朝实录没有记载的一般使节，在来往于南京的时候，都经由了北平是毫无疑问的。

③　《高丽史·世家》卷 45，恭让王 1，二年六月庚辰。

④　《高丽史·世家》卷 45，恭让王 1，二年十一月丙午。

意待之。浚退语人曰：王有大志，其殆不在外藩乎。①

这里已经指出，燕王在发起"靖难之役"之前，早已进行了有计划的准备②。但是，只根据上述朝鲜史料，还难以说明燕王已经从洪武二十四开始如此公开地进行准备，让朝鲜使臣都能觉察出来。因为洪武二十四年离"靖难之役"还有8年时间，而且，皇太子死去、朱允炆后来的建文帝被封为皇太孙，也是一年之后的事③，说燕王已经有了举兵的决心，实在为时过早。也许考虑到将来明政局变化的各种可能性，曾设想过不很具体的期望。赵浚所说的"王有大志，其殆不在外藩乎"，可能是对充满政治野心的燕王的为人进行一般性观察的结果，并不是觉察到燕王将来要举兵的具体动向，不过，后来燕王确实当上了皇帝，赵浚的观察，成了颇有远见的预言。结果，赵浚的直觉在朝鲜很可能一度成为朝鲜议论的话题，赵浚死后，《朝鲜太宗实录》在略述他的生涯时，作为描述其为人的逸事记下了他会见燕王的场面。

建立朝鲜王朝的第三年即洪武二十七年，后来成了朝鲜太宗的李芳远，为了解决同明朝之间的悬案，带同赵胖、南在二人前往南京途中④，在北平会见了燕王，朝鲜太祖实录记载：

> 殿下过燕府，燕王（即太宗皇帝）亲见之，旁无卫士，唯一人侍立，温言礼接甚厚。因使侍立者馈酒食，极丰洁。殿下离燕，在道上，燕王乘安舆朝京师，驱马疾行。殿下下马见于路侧，燕王停驾，亟手开舆帷，温言良久乃过。⑤

---

① 《朝鲜太宗实录》卷9，五年六月辛卯；《高丽史·世家》卷46，恭让王2，三年六月丙子。

② 王崇武：《明靖难史事考证稿》，《国立中央研究院历史语言研究所专刊》25，国立中央研究院历史语言研究所，1948年。

③ 《明太祖实录》卷217，洪武二十五年四月丙子；卷221，洪武二十五年九月庚寅。

④ 《朝鲜太祖实录》卷6，三年六月己巳。

⑤ 《朝鲜太祖实录》卷6，三年十一月乙卯。

值得注目的是：燕王对赵浚不用说，对李芳远也一样，对朝鲜使臣给予了非常周全而隆重的接待。

以上概述的是燕王对朝鲜使臣的态度。另外，从朝鲜的角度来说，不仅对北平的燕王，而且对广宁的辽王、大宁的宁王等地理上接近的亲王，同样试图过谨慎的接触。辽王和宁王的就藩时间都比燕王晚，辽王是洪武二十五年，宁王是洪武二十六年。广宁和大宁是明朝面向辽东的前哨基地，当然要引起朝鲜方面的注意。辽王和宁王就藩后，朝鲜于洪武二十六年四月，向辽王府派了前密直使朴原，向宁王府派了前密直副使柳云①。后来明朝廷知道了这个情况，明太祖诘问朝鲜"既许更国号，使者回后，杳无消息。先遣人辽王宁王处行礼，称朝鲜国权知国事。一月之后，方才进表谢恩，尊卑之分，故意先后"。朝鲜对此却解释道："臣以小邦，与辽宁境壤相近，特以朝廷为重，宜当行礼。于当年四月初六，差前密直使朴原前密直副使柳云等，赴辽王宁王殿下行礼。"②

远离朝鲜的西安秦王，也曾派人来义州希望进行耕牛交易，朝鲜方面以交易之难为由婉言谢绝。③ 朝鲜方面于洪武十五年，利用使臣来往之机，曾对就藩青州的齐王有过"行礼"之举，明太祖谴责这是以行礼之名行侦察之实④。

洪武二十八年，燕王对朝鲜计禀使金乙祥说："尔国王何不送马于我"，要求给他送来马匹。朝鲜太祖听了金乙祥的奏报后，托圣节使金立坚给燕王送去了马匹。明朝廷得知此事，明

---

① 《朝鲜太祖实录》卷3，二年四月庚辰。朝鲜对辽王和宁王的就藩表现了迅速而敏感的反应，但过去同辽东都司一直有过正式的或非正式的接触。

② 《朝鲜太祖实录》卷5，三年二月己丑。

③ 《朝鲜太祖实录》卷3，二年四月庚寅、辛卯。

④ 《朝鲜太祖实录》卷5，三年二月己丑，"一款节该，近遣人至齐王处行礼。所遣之人，假为异词，自谤，彼国，意在觇王动静。钦此，前件事理，照得小邦，但凡遣使赴京，经由齐府前去，就于齐王殿下行礼。且如其间或有言辞之失，盖是承差人员之过失，非小国所知。"

太祖大怒道: "朝鲜王何得私交!" 并把金立坚一行中的通事宋希靖和押马权乙松发配到腾冲府, 以处罚朝鲜同燕王的 "私交" [1]。

从以上所举的几个例子中可以看得出, 从明太祖时期开始, 已经严格禁止了亲王接见外国使臣、要求交聘等行为 [2]。六年前燕王给朝鲜的回信中称 "臣子无外交之理", 对同朝鲜的交聘采取了消极的态度, 然而, 这时却对朝鲜使臣给予超出常规的款待, 公然要求献马等, 表现了异常积极的态度。燕王竟然与明太祖的方针背道而驰, 发展同朝鲜的 "私交", 这同后来的 "靖难之役" 不能说没有直接的联系。"靖难之役" 时, 燕王不仅有效地利用了洪武朝时期已经归附、当时布置在北方的归附蒙古军的战斗力 [3], 而且, 为了使北平背后的辽东方面的建文帝军变成孤立无援, 同北方的蒙古势力重修旧好, 有时还能进行共同作战 [4]。燕王对朝鲜关心, 归根到底是不是也应该从这样的背景去理解呢? 应该说, 燕王为了解除后顾之忧, 也有必要同朝鲜保持友好关系。换句话说, 燕王不能忽视朝鲜同辽东接壤的地理条件及其潜在的军事力量。在考察燕王同朝鲜的关系时, 这里需要考虑的最后一个问题是: 这样一种说法, 即燕王的生母不是高皇后, 而可能

①　《朝鲜太祖实录》卷8, 四年十一月丙寅。燕王向金乙祥要求献马的那一次, 金乙祥使臣一行是什么时候启程的, 没有明确记录。但金立坚是于朝鲜太祖四年六月, 以圣节使的身份出国的 (《朝鲜太祖实录》卷7, 四年六月甲戌)。

②　王崇武:《明靖难史事考证稿》,《国立中央研究院历史语言研究所专刊》25, 国立中央研究院历史语言研究所, 1948 年。

③　荻原淳平;《关于明初的北方》,《东洋史研究》1960 年第 19 卷第 2 期。荻原淳平指出: 燕王在许多不利条件下, 能够取得最后胜利, 其决定性的原因是, 一直对明太祖的华北政策表示不满的归附蒙古军同燕王的全面合作。

④　《国榷》卷11, 建文三年十一月乙酉, "北房通燕, 寇铁岭卫, 杀百户彭城。"《朝鲜太宗实录》卷3, 二年三月己丑。

是高丽出身的硕妃①。"靖难之役"前后，燕王经常主张自己是高皇后嫡子，后来经过了三次修改的《明太宗实录》也记述了燕王是高皇后所生五子中的第四子。但是，涉及这一问题的研究者中，除朱希祖以外的傅斯年、吴晗、李晋华、王崇武等，虽然论点有所不同，但一致认为明成祖的生母是硕妃，是由本来无子的高皇后收养的，只有在关于硕妃的出身问题上，吴晗保留了断言硕妃是高丽出身的结论；傅斯年和李晋华也论及硕妃有很大可能是高丽出身。

如果燕王生母高丽出身一说成立，那么，燕王款待朝鲜使臣，除了政治、军事的原因而外，还可以说，掺杂着一种非常自然的个人感情因素。"靖难之役"结束，燕王即位后，当明使俞士吉带来了皇帝诏书的时候，朝鲜太宗叙怀道：

> 我国自高皇帝时臣事朝廷，今圣上在燕都，燕近东方，故待我国人偏厚。②

这也许是朝鲜太宗对燕王的那种不可捉摸的友好态度所作的随意解释。

5. 建文政权和朝鲜的战马交易

到了"靖难之役"第二年的建文三年三月，建文帝的军队于夹

---

① 涉及明成祖生母问题的论文有：傅斯年：《明成祖生母记疑》，《国立中央研究院历史语言研究所集刊》，第 2 本，第 4 分，1932。朱希祖：《明成祖生母记疑辩》，《国立中山大学文史学研究所集刊》1933 第 2 卷第 1 期。吴晗：《明成祖生母考》，《清华学报》1935 年第 10 卷第 4 期。李晋华：《明成祖生母问题汇证》，《国立中央研究院历史语言研究所集刊》1936 年第 6 本第 1 分。傅斯年：《跋〈明成祖生母问题汇证〉并答朱希祖先生》，《国立中央研究院历史语言研究所集刊》1936 年第 6 本第 1 分。朱希祖：《再驳明成祖生母为硕妃说》，《东方杂志》1936 年第 33 卷第 12 期，王崇武：《皇明祖训与成祖继统》，《东方杂志》1947 年第 7 期（前揭《明靖难史事考证稿》所收）。

② 《朝鲜太宗实录》卷 4，二年十一月己丑。

河为燕王军所大败，以至于其主力部队遭到击溃而败况渐露。建文帝见战况不利，并且，南京已到了直接受燕王军威胁的地步，于是派遣陆颐等人到朝鲜，要求同朝鲜交易一万匹马以供作战马之用。

建文帝得到曾于六个月前到过朝鲜的陆颐 "朝鲜产马之邦也，若以绮绢市良马，可备戎事" 的建议，心中大喜，再派遣陆颐及祝孟献等赴朝鲜，并通过兵部咨文指示道："照依那里时价易换，将来不要亏着他"，以免在购入当时明朝在战争中迫切需要的战马上，因价钱而发生差错①。

继陆颐、祝孟献之后，明朝国子监监生们，用套了300头牲口的150辆车，满载着用作马价的九万余匹文绮绢、绵布及药材抵达开京，由此迅速促成战马交易②。一方面由议政府对要交易的马匹分等作价，另一方面朝鲜太宗令赵英茂负责挑选马匹送到监生们的下榻太平馆③。所交易的马匹于建文三年十月，由监生王咸运送的一千匹为始，直到南京被燕王军攻陷的一个月前的建文四年五月为止，以一千匹为一批，全部运送了大约七千匹马④。

当时朝鲜虽以 "产马之邦" 著称于中国，然而，事实上就朝鲜而言，一下子凑出一万匹马似乎也绝非易事。朝鲜太宗曾将此事情向明朝使臣说明⑤，并且，也特意派遣户曹典书吕称赴南京陈明

---

① 《朝鲜太宗实录》卷2，元年八月己卯、九月丁亥。

② 《朝鲜太宗实录》卷2，元年九月辛丑。

③ 《朝鲜太宗实录》卷2，元年十月戊午。议政府所定马价如下：

大马　上等价　常五升布　500匹　　中马　上等价　常五升布　300匹
　　　中等价　常五升布　450匹　　　　　中等价　常五升布　250匹
　　　下等价　常五升布　400匹　　　　　下等价　常五升布　200匹

明的缎子等物按下列标准同药物一起交付。

缎子　上品一匹　常五升布　90匹　　官绢　一匹　常五升布　30匹
　　　中品一匹　常五升布　80匹　　中绢　一匹　常五升布　25匹
　　　下品一匹　常五升布　70匹　　布　　一匹　常五升布　20匹

④ 《朝鲜太宗实录》卷2，元年十月庚申、辛未、癸未，十一月乙未，二年二月壬午，三月丙午，五月癸亥。

⑤ 《朝鲜太宗实录》卷2，元年十月辛未。

"本国地狭马少，难于易换"①。但是，就明朝而言，在战争进行的时候，战马交易尤为重要②。因此，明使臣祝孟献、端木智露骨地向朝鲜太宗抱怨交易迟缓③。

当第六千匹马运往辽东时，建文帝似乎已了解朝鲜的困难，于是说："易换马七千匹，今已易来。朝鲜不能充一万匹，则不可强易，使臣可回来"，表明战马交易到 7000 匹左右即使停止也无妨之意④。朝鲜朝廷接到兵部咨文当然高兴，并且，议政府、承枢府、司平府讨论，将剩余的 1000 匹都补足运去之后，就不再进行交易了⑤。

在明朝与朝鲜的战马交易中，朝鲜对于其可能供给之马的数量及马价问题虽略有争执⑥，明朝对于马的质量也有不满⑦。辽东指挥河大人，转达了祝孟献送来有关抗议马的质量的信，朝鲜太宗乃通过知申事朴锡命作如下的答复：

> 换马事我朝尽心力而为之，天使所知也。我朝择良马，次其等第，天使许之，然后作运入送。若本固老弱，则天使岂肯入送乎？予因使臣往来得闻之，草枯时，辽东馆夫粗切芦草饲之，辽东人饥饿偷食马料。故肥马日瘦，能至帝都者三分之二。我朝尽力之心安在。⑧

---

① 《朝鲜太宗实录》卷 3，二年三月丙戌。

② 《朝鲜太宗实录》卷 3，二年二月乙印，"（端木）智曰……朝廷急于易马，莫如速遣监生辽东，使之传闻也。"

③ 《朝鲜太宗实录》卷 3，二年三月辛丑，"孟献与智谓上曰：易马太缓，上答以无马。孟献曰：帝谓朝鲜多产马，今言无马何也？上曰：天使今亲见之，若有马则藏之何处？愿天陛降尺马尺寸，则能易之，不则退矣。孟献以尺寸分马大中小，故以答之。"

④ 《朝鲜太宗实录》卷 3，二年三月丁未。

⑤ 《朝鲜太宗实录》卷 3，二年三月己酉、四月癸丑、丙辰。

⑥ 《朝鲜太宗实录》卷 2，元年十二月癸亥，庚午，卷 3，二年一月己酉，二月乙卯、乙亥。

⑦ 《朝鲜太宗实录》卷 3，二年三月癸卯，"孙少卿在辽东，见易送马曰：多不中用，率皆点退。"

⑧ 《朝鲜太宗实录》卷 2，元年十二月戊辰。

　　由此可见，马匹衰弱的原因主要是起因于在运送途中的辽东地区之管理不当。但是，朝鲜的马种原来就矮小的这点，也是不能否认的事实①。

　　运送到明朝的马匹，确实都用于建文帝军与燕王军之间的战斗。因为，在要求交易这一万匹的战马之前，朝鲜另外送了 3000 匹马给明朝。而对于这 3000 匹马，建文帝曾经说过："朝鲜国多产马匹，前日国王好意思进马 3000 匹，已命辽东都司，给与官军骑坐了。"②但是，这 3000 匹马也在义州从良马被调换成驽马，由于朝鲜官员的这种不法行为，全部的马质不佳，以致建文帝军队和燕王军战斗而败退时，甚至发生了骑兵还不如步兵走得快的事态③。

　　在"靖难之役"进行期间，朝鲜大约供应了 1 万匹马给建文帝。而且，毫无疑问地，这些马匹主要也是发给辽东的官军使用于与燕王军的战斗上。但是，我们似乎不能根据这个事实来断定说：朝鲜在"靖难之役"中，曾积极支援建文帝军④。王崇武先生说："时朝鲜不特未被成祖所收买，终且积极佐助惠帝。"他提出了 1 万匹马的交易作为其观点之根据。然而，我们有必要想起，明和朝鲜（还有高丽）的马匹交易，就是在洪武年间也根据明朝的要求，无间断地进行过⑤。建文年间的马匹交易虽因"靖难之役"之故而规模稍大，不过，就其本质上来说，我们应从这样的

---

　　①　《朝鲜太宗实录》卷 3，二年一月丁未，"孟献与智言曰：朝鲜之马，无可用者，君往见之。"《朝鲜太宗实录》卷 6，三年十一月戊戌，"上语俨曰：我国所产马本小，恨不得大马献于帝庭。"《朝鲜世宗实录》卷 17，三年十一月辛巳，"我国不产大马，上国素共知也。"

　　②　《朝鲜太宗实录》卷 2，元年九月丁亥。

　　③　《朝鲜太宗实录》卷 2，元年八月戊辰，"初，俯点进献马于义州，丰海道人驽马欲易良马，俯利其余价许之。帝与燕王战不胜，战士奔北，步先骑后，以所献马驽下故也。帝命指挥择驽下者六十余匹而还之，皆俯所换也。"

　　④　王崇武：《明靖难史事考证稿》，《国立中央研究院历史语言研究所专刊》25，国立中央研究院历史语言研究所，1948 年。

　　⑤　南都泳：《丽末鲜初的马政与对明关系》，《东洋史学》1960 年第 6 辑。

一个脉络上去了解。换言之，朝鲜只是常常重视和明朝的现有政权的朝贡关系，而尊重其要求而已，并不能视为朝鲜为了使"靖难之役"的任何一方能够获得胜利，而冒险给予军事上的支援。关于这一点，我们如果从"靖难之役"的结果——建文政权败亡而永乐政权树立之后，当明成祖仍然要求交易马匹的时候，朝鲜也应其所求，进行了相当期间的马匹交易看来，就更不言自明了。

6. 朝鲜对漫散军民的政策

随着"靖难之役"的扩大，辽东地区也变成了建文帝军与燕王军的战场，因而发生了难民及残兵为避战乱而涌入朝鲜的新事态。第一个将"靖难之役"的发生通知朝鲜的人是曾隶属于辽东东宁卫，后来逃出来的朝鲜籍的逃兵[①]，而将建文二年的战况通报朝鲜说"王室大乱，燕王乘胜长驱"之人也是逃亡出来的 12 名定辽卫人[②]。但是，一到建文四年，就不是和现在一样的只是少数的逃兵，而是难民及残兵集团开始越境进入朝鲜了。有关的状况整理如下（见下页表）。

这些到朝鲜避难的流散军民，几乎全是原籍朝鲜而过去居住在辽阳等地的人[③]。朝鲜太宗将他们分别安置在各道[④]，但是，从此

---

① 《朝鲜定宗实录》卷 1，元年三月。

② 《朝鲜定宗实录》卷 6，二年九月庚辰。

③ 《朝鲜太宗实录》卷 3，二年二月丁巳，"本国人民自辽阳还者。"《朝鲜太宗实录》卷 3，二年四月癸丑，"此辈虽是本朝之民……"《朝鲜太宗实录》卷 3，二年四月乙卯，"此必追前日所纳本国人民九十余人者也。"《朝鲜太宗实录》卷 3，二年五月庚寅，"上曰：是亦本国人物，义不可还。"《朝鲜太宗实录》卷 5，三年一月壬辰，"我等本朝鲜之民，今中国兵兴，饥馑荐至，舍本国将何之？""上曰：初闻逃来者皆我国人，乃许入境，后闻者上国人亦来。"

④ 《朝鲜太宗实录》卷 3，二年二月丁巳，"上曰：安置于下三道，给初粮谷种田地，委曲庇护。"《朝鲜太宗实录》卷 3，二年三月丁酉，"分置辽东逃来人等于江原道及东北面。"《朝鲜太宗实录》卷 3，二年五月壬子，"分置漫散军于丰海道，男女老幼总八百六十九，令各官给粮。"

日 期	集团名称	到达地	人 数
2月4日	辽阳之本国人	不详	不详
3月13日	辽东军朱景等	义州	不详
3月14日	辽东逃来人	义州	男女 90 人
		泥城	民 150 户
3月26日	漫散军	江界	2000 余人
4月5日	逃军	江界	40 余人
4月16日	东宁卫千户林 八剌失里等	江界	3000 余户 10000 余人①

时开始，在朝鲜朝廷引起了关于流散军民的对策之热烈讨论②。内书舍人李之直和左正言田可植，在上疏文中主张将流散军民全部逮捕遣返，不要给予收留。但是，由于和三府及耆老们的意见相冲突，因而，这个主张未被采纳。

到了建文四年四月，曾是东宁卫千户的林八剌失里等一万余人背叛了明朝，杀伤大量的追击军，并且逃到铺州江向朝鲜表明归附之意③。就在这个时候，受辽东总兵官指挥的五千余名建文帝军仍追击他们，一直到鸭绿江边的必屯口子。并且强烈要求朝鲜不要予

---

① 《朝鲜太宗实录》卷3，二年二月丁巳，三月丙申、丁酉、己酉，四月丁巳、戊辰，于三月十三日抵达义州的辽东军朱景等人，很可能和记录上记载的十四日抵达义州，后来安置于江原道，东北面一带的九十名男女，是同一个集团。我们若从四月五日抵达江界的四十余名逃军所说的 "吾等到铺州江，置妻子，无粮，故来也" 看来，他们也可能是三月二十六日江界报告的二千余名流散军的一部分。而且，于四月十六日抵达江界的东宁卫千户林八剌失里等人虽然在五月己丑条所载为一万八千六百户，但核对几种记录来看，似乎是一万八千六百人之误。

② 《朝鲜太宗实录》卷3，二年四月癸丑，"招亡纳叛，春秋所贬。今辽沈之民，托以饥馑，亡命来附。此辈虽是本朝之民，曩既叛于我，今又背于彼，共反复难信可知也。且今臣事大国，而复纳叛，有乖事大之义，愿自今逃驱来附者，即令捉拿还遣，勿许入境。""逃来人还送事，三府耆老已曾献议，状内事宜，皆未允当。"

③ 《朝鲜太宗实录》卷3，二年四月丁巳、戊辰，"定辽卫军官皆属燕，吾等既反明，不可从燕。"

以藏匿，将他们全部遣返，使得朝鲜非常为难①。朝鲜太宗于是听
从议政府的建议，首先任命朴蔓为东北面都巡问使，派往现场，以
加强流散军民的对策②。然后召集二品以上的耆老们，讨论要不要
收容这些逃军。可是，意见分歧很大，难以取得一致。朝鲜太宗
最后根据河仑等人的意见，决定接纳林八剌失里等③，但是解除
了辽东逃军所有的武装，然后，在平壤暂时将林八剌失里等十余
名领导者逮捕下来④。朝鲜太宗再一次在三府讨论要不要将他们遣
返。由此可见，朝鲜太宗为如何处理这些流散军民问题而费尽
苦心⑤。

　　就在林八剌失里等八人从平壤抵达京城诣阙的当天，明朝左
军都督府送来了要求遣返逃军的文书⑥，然而，朝鲜最后还是不
予理会。大约过了三个月之后，明朝左军都督府要求遣返逃军
的咨文再次送到朝鲜⑦，可是，朝鲜仍旧不加理睬，并等到林八
剌失里等逃军的家族全部抵达开京后，将他们分别安置在
各道⑧。

　　朝鲜朝廷在决定接纳辽东的流散军民时，似乎是考虑了以下的
三点：

---

　　① 《朝鲜太宗实录》卷3，二年四月乙卯。对于辽东徐总兵之追击逃军，朝鲜作出如下评
论："今中朝之人，率皆如此，西有燕反，北有凶奴，间有草贼。释此不忧，惟逃军是追，辽东
徐总兵之为谋亦浅矣。"

　　② 《朝鲜太宗实录》卷3，二年四月戊午。

　　③ 《朝鲜太宗实录》卷3，二年四月戊辰，"于是，请留江边观变者二十三，请令越江分处
者十二，又令各司献可否，纷纷不一。"

　　④ 《朝鲜太宗实录》卷3，二年五月丙戌、己丑。

　　⑤ 《朝鲜太宗实录》卷3，二年五月庚寅；《朝鲜太宗实录》卷3，二年四月癸酉，"（朴）
蔓泣而进曰：今逃军多至两界，国家罔知所措。"

　　⑥ 《朝鲜太宗实录》卷3，二年五月乙未。

　　⑦ 《朝鲜太宗实录》卷4，二年八月己未。此左军都督府咨文，是在接到建文四年五月二
十日皇帝的圣旨之后送往朝鲜的，因此也就是在建文帝败亡前不到一个月所作成者。咨文是八月
八日送抵朝鲜的。这时虽是"靖难之役"已结束，燕王已即位，但朝鲜全然不知这些情况。

　　⑧ 《朝鲜太宗实录》卷4，二年九月丁酉，"分置辽东逃军林八剌失里等于诸道，八剌失里
等家小来京乃分置之。庆尚道一千二百九十七，忠清道八百五十四，左右道四百八十八，全罗道
一千五百八十五。"

第一，如果不允许流散军民入境，那么，不久他们将因粮尽而进行掠夺。如果集合军兵去加以防御的话，将会耽误农时，结果损失将更加惨重①；

第二，那些流散的军民大部分原为朝鲜人，在战乱中只为了求生存而逃来，若将他们遣送回明朝，那么，毫无疑问将被处死②；

第三，将来他们只要定居在朝鲜，有可能补充朝鲜劳动力的不足。就从这层意义来看，接纳他们绝不是损失③。

然而，我们尤其不能忽略的是，朝鲜甚至几次对明朝要求遣返流散军民置之不理，而坚持自己的方针，其背景中可以看出，建文政权在面临即将败亡之际权威的低落这一点。事实上，自三月十三日左右，朝鲜得到逃亡至义州的辽东军朱景等人提供的情报。"二月十八日，征燕军马逃散，不知其数，侵略民居，故逃还本土。"④由此知道了辽东的建文帝军已经溃败。再加上发生了被派遣为谢恩使的卢嵩，在辽东的开州站遇上了群贼，准备进献的方物及马匹全被掠夺，仅保性命而还的事件。经打听才知道，那些群贼就是建文帝军的残兵。朝鲜君臣因此为之惊愕⑤。

甚至连明使祝孟献在返国途中，到达辽东时，因路途阻塞而不得不折回⑥。辽东指挥张刚等率领军士百余名到达今音同岛，向朝鲜恳求粮食援助也是这个时候⑦。一直密切注视辽东地区形势的朝

---

① 《朝鲜太宗实录》卷3，二年四月戊辰，"若不许入，粮尽势穷，作乱不疑，聚军防御，农事失时，及至冰冻，尤为可虑。"

② 《朝鲜太宗实录》卷3，二年五月庚寅，"人自水火中出来求生活，其可忍视耶？以故既纳之矣。今以中国之追而还遣之，必杀之无疑，是亦置之于死地也。"

③ 《朝鲜太宗实录》卷3，二年二月丁巳，"此人等，移于下三道诸郡，以充驿吏官奴甚便，非祇斯民之福，亦国家之幸也。"《朝鲜太宗实录》卷5，三年五月丁卯，"初，以漫散军男女六十口，分与朝臣。"

④ 《朝鲜太宗实录》卷3，二年三月丙申。

⑤ 《朝鲜太宗实录》卷3，二年三月庚寅，四月乙卯、壬戌。

⑥ 《朝鲜太宗实录》卷3，二年三月癸卯，四月壬戌。

⑦ 《朝鲜太宗实录》卷3，二年四月辛未。

鲜，也渐渐觉察到建文政权已迫近没落①，断然收容了流散军民，并对要求遣返的咨文采取了置之不理的态度。

7. 朝鲜对永乐政权的肆应

"靖难之役"于建文四年六月，以南京被燕王军攻破而告结束②，南京失陷、建文帝自杀、燕王即位的消息，大约过了三个月后，通事康邦祐抵达平壤才传到朝鲜③。并且，当朝鲜知道明的新帝明成祖正派使臣俞士吉、汪泰等携诏书入国之事，朝鲜太宗乃即刻中止使用"建文"年号④。从这时候起，朝鲜对于此次内战的结果所产生的新政权便开始了机敏肆应。在明使还没有抵达开京之前，就为了祝贺新皇帝的即位选定河仑为贺登极使⑤。从明都察院金都御史俞士吉、鸿胪寺少卿汪泰抵开京宣读诏书的第二天起，朝鲜又开始使用"洪武"年号⑥，另一方面，派遣贺登极使河仑与贺正使赵璞一行前往南京⑦。

---

① 《朝鲜太宗实录》卷3，二年四月丁巳。"下旨于江界节制使：追军未还而逃军之数倍于所言，则不许越江；追军已返而逃军之效如其所言，则许令越江。"《朝鲜太宗实录》卷3，二年四月戊辰，"上教（崔）云曰：汝去定辽卫，但言漫散军来屯铺州等处，不知其指向。辽东人若欲领兵讨之，汝言铺州等处水山深险，大军不可往也。"

② 《明太祖实录》卷9，奉天靖难事迹，四年六月：《明史》卷5，本纪第五，成祖一。

③ 《朝鲜太宗实录》卷4，二年九月戊申。

④ 《朝鲜太宗实录》卷4，二年十月壬子。

⑤ 《朝鲜太宗实录》卷4，二年十月甲寅。

⑥ 《明太祖实录》卷11，洪武三十五年八月壬子；《朝鲜太宗实录》卷4，二年十月壬戌，明成祖的诏书如下："昔我父皇太祖高皇帝，临御天下四十年，薄海内外皆为臣妾。高皇帝弃群臣建文嗣位，权归奸慝，变乱宪章，戕害骨肉，祸几及朕。于是钦奉祖训，不得已而起兵以清憝恶。赖天地祖宗之灵将士之力，战胜攻克。然初不欲长驱，始观兵于济南，再逗留于河北，近驻淮泗，循至京畿，冀其去彼奸回悔罪改过。不期建文为奸权逼协，阖宫自焚。诸王大臣百官万姓，以朕为高皇帝正嫡，合辞劝进，继承大统。朕以宗庙社稷之重，已于洪武三十五年六月十七日即皇帝位，大赦天下，改明年为永乐元年。嘉与万方，同臻至洽，念尔朝鲜高皇帝时常效职贡，故遣使诏谕，想宜知悉。"

⑦ 《明太祖实录》卷14，洪武三十五年十一月己巳；卷16，永乐元年正月庚辰；《明朝太宗实录》卷4，二年十月癸亥，乙丑。

　　朝鲜对明朝新政权表现出如此敏捷的反应，使明成祖大悦，并不禁感叹道：“使到翌日即来矣！”① 贺登极使河仑与贺正使赵璞、李詹等，在当地商量之后，乃以“天子即位，天下更始，则吾王之爵命、印章，独不可因旧也”为理由，向礼部请求新的诰命及印章。据说，明成祖嘉赏其“识时通变”，更加款待朝鲜使臣一行②。因此，朝鲜在与永乐政权建立友好关系上，可以说有了一个成功的开端。

　　两国关系顺利地重新建立起来，最感到放心的首先是朝鲜太宗，他利用接见明使的所有机会，乱发颂扬永乐政权成立及新帝即位的外交辞令③。然而，这样的外交辞令并非发之内心。这一点我们从他后来与赵浚的以下谈话中看得很清楚。

　　　　上曰：“大抵人心怀于有仁，建文宽仁而亡，永乐多行刑杀而兴，何也？”浚对曰：“徒知宽仁而纪纲不立故也。”上然之。④

　　不但如此，当朝鲜太宗从使臣那里得到明成祖欲与朝鲜王室缔结婚姻的情报，就赶忙将其次女庆贞公主许配与赵浚之子。另外，在三个月后，连三女庆安公主也许配给权近之子。太宗这样做就是露骨地回避明成祖的婚姻政策⑤。

---

　　① 《朝鲜太宗实录》卷5，三年四月甲寅。
　　② 《朝鲜太宗实录》卷5，三年五月丁亥，“天子嘉其识时通变，宠待优厚。”
　　③ 《朝鲜太宗实录》卷4，二年十一月己丑，“我国自高皇帝时臣事朝廷，今圣上在燕都，燕近东方，故待我国人偏厚。今登宝位，但送一张诏书，犹且喜感，乃命遣金都御史鸿胪少卿内府两官人，东方臣民感祝难言。”《朝鲜太宗实录》卷5，三年二月丙辰，“况今圣天子即位，天下太平……”《朝鲜太宗实录》卷5，三年四月丙辰，“圣天子即位初，（温）全奉诏来陋邦，不胜喜感之心……”《朝鲜太宗实录》卷5，三年四月己未，“圣天子即位，命大人驰驿万里来，赐诰命印章，我子孙当与皇孙共享富贵于千万世矣。”
　　④ 《朝鲜太宗实录》卷8，四年九月己酉。
　　⑤ 《朝鲜太宗实录》卷6，三年九月辛卯，十二月辛卯，尽管赵浚之子赵大临，当时方居母丧四个月，但朝鲜太宗甘冒谏院之反对而予以起复，让他与庆贞公主成婚。

　　朝鲜太宗曾忧虑在"靖难之役"期间同建文政权保持的友好关系，会不会成为同永乐政权建立新关系的障碍。不料，明成祖不但对过去建文政权和朝鲜的关系一概不闻不问，反而汲汲于向朝鲜掩饰其由叛变而获得政权的弱点。起初，明成祖比较坦白地向朝鲜使臣河仑等人说明其发动叛变的原委：

　　　　汝等知朕即位之故乎？建文不顾皇帝之意，乃放黜叔父周王，残害骨肉，又欲害朕而起兵。朕亦畏死，不得已而起兵。然朕再欲和亲而建文不听，于是举兵欲伐其谋事之臣，建文耻于相见，阖宫自焚。周王与大臣谓：朕高皇帝嫡长，宜即帝位。不得已而即位，初岂有意于得位乎。①

　　然而，自此以后，明成祖就巧妙地对"靖难之役"加以润饰和歪曲，甚至开始向朝鲜宣传②。

　　明成祖厚待朝鲜使臣，确实出乎意料，甚至对朝鲜的几项要求也欣然予以答应③，这些特别的好意，似乎使朝鲜太宗感到惶惑。

　　　　上语近臣：予问黄俨曰：皇帝何以厚我至此极也？俨曰：新登宝位，天下诸侯未有朝者。独朝鲜遣上相进贺，帝嘉其忠

---

　　① 《朝鲜太宗实录》卷5，三年四月戊申。

　　② 《朝鲜太宗实录》卷5，三年六月甲子。朝鲜使臣李贵龄带回的，明成祖告天下之敕谕，其内容已经有相当歪曲："朕以高皇帝嫡子，奉藩于燕，高皇帝以燕地与胡虏接境，屡属以边事。后懿文太子薨，高皇帝以朕堪属大事，欲正位东宫，水固基本。不幸高皇帝宾天。允炆矫遗诏嗣位，戕害诸王骨肉，怀衅之意已甚，疑朕之心实深。即位未几，首遣奸臣围逼，如釜鱼俎兔，决无生理。朕实不得已起兵自救。初岂有心于天下哉。竟以一隅之众敌天下之兵，三四年间，大战数十，小战无算，制胜克捷，卒平祸乱，此岂人力所能为也，赖天地宗社之灵，父皇母后之祐，天命所集，人心所归，是以至此。"

　　③ 《朝鲜太宗实录》卷5，三年六月甲子；卷6，三年八月壬申。明成祖除了应允朝鲜所要求之新诰命、印章外，还允许为交易药材一并携带布匹而来的朝鲜使臣贩卖布匹。无偿地赏赐了药材十八种八十二斤八两。对于在洪武年间因表笺问题被明朝扣留的朝鲜使臣，保证予以释放。并且，朝鲜所要求之冕服及书册也允予发给。

诚，是以厚之。①

明使黄俨对于朝鲜太宗的疑问所作的明快答复，真是把明成祖对于最早承认了永乐政权的朝鲜所抱的心理状态表现得最为恰当了。

在朝鲜肆应明朝新政权——永乐政权——的过程中，"靖难之役"时朝鲜所接纳的流散军民的问题必然会再被提起来。当朝鲜只是听到永乐政权即将派使臣来，将要求遣返流散军民的传闻，立即派刑曹典书陈义贵，将林八刺失里等29人押送到辽东。但是，在中途的林畔站遇到明使，明使却让他们暂时全数返回朝鲜②。等明使辽东千户王得名及百户王迷失贴抵达开京，就展读了明成祖要求早日归还原属东宁卫之流散军民的敕书，然后转达了左军都督府的咨文，正式向朝鲜要求遣返所有的流散军民③。明使差遣林八刺失里等十余人到流散军民所住的各郡邑，督励推刷（查辑）事宜。结果，于永乐元年一月，先遣返了男女共3694名④。到三月时，朝鲜派遣黄居正赴明朝，将其余的流散军民遣还，并将统计报回。统计如下⑤。

总计　　　13641名

遣还中　　10920名

逃亡中　　2225名

病死　　　496名

---

① 《朝鲜太宗实录》卷6，三年十一月丙子。

② 《朝鲜太宗实录》，卷4，二年十二月壬戌、戊寅；卷5，三年一月壬辰。

③ 《朝鲜太宗实录》卷5，三年一月辛卯、壬辰、己亥。

④ 《朝鲜太宗实录》卷5，三年一月庚子，癸卯。

⑤ 《朝鲜太宗实录》卷5，三年三月己亥，黄居正的奏本中，虽然还有："林泉等二十九名"的记载，但核对各种状况来看，林泉分明与林八刺失里是同一个人。也许"泉"是朝鲜名字，而"八刺失里"是蒙古名字。

尽管朝鲜太宗不愿意为了流散军民的问题与永乐政权发生纠纷，几次保证将他们全部遣还，但绝对没有积极地给予协助①。因此，明朝对于在遣还时遗漏的流散军民，后来执拗地要求追加遣还。所以，朝鲜不得不继续进行相当期间小规模的遣送②。

为了颁与新诰印，都指挥高得、通政司左通政赵居任、太监黄俨等人来到朝鲜时，明兵部对于建文年间，明使祝孟献为交易 1 万匹马支付了马价，而未及领收之马匹表明了关切之意③。建文政权之所以向朝鲜要求交易 1 万匹马，其目的是为了在与燕王军的战斗中使用的，而现在"靖难之役"的结果所产生的燕王永乐政权，对于那时未及完成交易的 2193 匹马提出了要求。当然，朝鲜是无法拒绝这个要求的。所以，经朝廷议论，把欠下的马匹如数送到辽东都司④。

并且，明成祖为了使因战乱而荒废之辽东地区的农业生产尽快恢复，又向朝鲜要求交易 1 万头耕牛⑤。对此，朝鲜太宗虽然说"帝多所求"，略表抱怨，但这个交易本身没有什么坏处，而且，还要考虑将来同永乐政权的友好关系，只好如其所求，结果得到了明

---

① 《朝鲜太宗实录》，卷5，三年一月己亥，"（王）得名曰：请逃军无遗推刷。上曰：曾令各道观察使推刷，安有一名遗匿乎？得名等拜谢而退。"《朝鲜太宗实录》卷5，三年二月癸卯，"愿殿下推刷逃军无遗。上曰：此予意也，初闻人将相食，悯而收纳，散置而养之，今闻圣天子即位，皆令还送，愿大人善为闻。得名拜手而去。"《朝鲜太宗实录》卷6，三年八月癸酉，"殿下每令州府郡县，搜遗无遗。"《朝鲜太宗实录》卷5，三年三月丁卯，"上哑之曰：逃军何必枚举而与之乎，宜以录名者与之。"

② 《朝鲜太宗实录》卷5，三年四月丁卯、辛未；卷6，三年十月壬戌、十一月辛丑；卷8，四年十二月壬辰；卷9，五年三月壬子；卷11，六年四月己卯；卷12，六年八月癸卯、十二月丁未。

③ 《朝鲜太宗实录》卷5，三年四月甲寅。

④ 《朝鲜太宗实录》卷5，三年四月庚午、六月己酉、九月壬寅、十月甲子。

⑤ 《朝鲜太宗实录》卷7，四年四月戊子，"钦奉圣旨：近因建文不尊祖训，擅起兵端，军民多被扰害。如今天下太平，军民各安生业。但辽东少些牛用，朝鲜国与辽东接境，多产牛只，恁礼部便差人去说与朝鲜国王知道，着他选堪用的耕牛一万只，送付辽东都司。每一头绢一匹布四匹，着二部运去辽东与他，就着辽东都司，于镇辽千户所立市，若那里人要将物货来做买卖的，听从其便。"

成祖的答谢①。

8. 朝鲜对 "靖难之役" 的基本政策

朝鲜在 "靖难之役" 期间虽然主要从往返南京的朝鲜使臣或为避难自辽东逃来的流散军民那儿得到情报，但也有另外派遣以侦探为目的的人，经常注意着内战的发展②。因此，在 "靖难之役" 发生不到一年的建文二年五月，朝鲜的君臣们已经讨论过，假如辽东的定辽卫被燕王军打败，来朝鲜投降时的对策：

> 御经筵讲撮要：至吴孙权遣于禁求降于魏，魏主欲许之，刘晔谏之，同知经筵事全伯英问于上曰：魏主与刘晔孰是？上曰：晔之谏是矣。魏主不从其谏而许吴之诈降甚非也。今燕王举兵而中国乱矣，设有定辽卫求降于我则许之否乎？上曰：此正所深虑也，然不若不受之为愈也。知经筵事权近曰：魏主之失，唯在不从晔谏而许诈降而已，受定辽之降，有大不可者，若燕王定乱而有天下，则必问罪于我矣，其时何以对之。上曰：甚合于义。上曰：卿言是矣。③

从此，朝鲜的君臣们可说已设定了朝鲜对 "靖难之役" 所应持的基本态度。那就是：对燕王要小心谨慎，对建文帝也要保持一定的距离，以防内战中任何一方获胜者报复于朝鲜。但是，朝鲜对明朝内战的这种中立观望态度，绝不意味着连和现存的正统政权——建文政权——的基本朝贡关系也予以规避。

---

① 《朝鲜太宗实录》卷7，四年四月戊子、己丑、戊戌，五月乙巳、辛亥、丙辰、辛酉、丙寅，六月庚午、乙亥、庚辰、乙酉、辛卯，九月丙午，十一月甲辰，"敕书曰：敕朝鲜国王李祎，王遣使送耕牛一万，已至辽东，王之忠诚良可嘉尚。使回特赐王彩币，用答殷勤之意，王其领之，故牧。"

② 《朝鲜太宗实录》卷3，二年三月丙申、壬寅。

③ 《朝鲜定宗实录》卷4，二年五月辛巳。

随着明内战的激化，在朝鲜开始兴起以中止马的交易来确保马匹，以及应该准备军事物资的军备论①，故朝鲜太宗依书云观之建议，废除了外方的寺社田使归属于军资。并且，也为了确保军资，而实施东西北面田地的测量。另一方面，指示建造平壤、安州、义州、泥城及江界等五城，以对付紧急事态②。

朝鲜一面观望明的内战，一面又强化其国防态势以备急时之需。同时，和从前一样地维持与建文政权的朝贡关系以求实利。"靖难之役"前后，朝鲜从因内战而立场明显弱化的建文政权，以及战乱之后成立的永乐政权得到了几项外交上的成果。首先，朝鲜自创建王朝以来，一直无法从明太祖那里得到的朝鲜国王的诰印，却从建文政权那里获得了。当时正是朝鲜开创王朝不过九年，王朝基础仍未巩固，政局激荡，而历两次"王子之乱"后，李芳远终于获得政权，成为第三代国王的时期。建文帝接到朝鲜奏请颁予诰印后，尽管对朝鲜的王位继承感到强烈疑惑，然而，由于"靖难之役"而无暇过问③。反之，建文帝认为有必要对朝鲜施以怀柔之策。因此，不得不颁予诰印。④ 权近了解到这确实是"靖难之役"带给朝鲜的幸运：

上王传付殿下之时，适中国方有燕乱，不假生衅于外国，

---

① 《朝鲜太宗实录》卷3，二年四月癸丑。

② 《朝鲜太宗实录》卷3，二年四月甲戌，"我国今之蓄积观之，数万之兵一年之饷尚且不足，况今天下兵乱，万一兴师动众，则将何以应之？臣等窃谓虑备兵食，方今之急务也。"《朝鲜太宗实录》卷3，二年五月癸丑，"今中国兵兴，宜筑西北面城。""今中国大乱，我国无事，宜于此时筑之。"《朝鲜太宗实录》卷4，二年九月辛卯，"量田收助，欲其界面有军资也，如有不虞之变，其面之人所资以生，何惮之有哉。"

③ 《朝鲜定宗实录》卷6，二年九月庚辰，"遣判三司事禹仁烈签书李文和如京师贺正，献马三十匹兼请印诰。"《朝鲜太宗实录》卷3，元年三月乙丑，"朕甚异焉，噫李曔之以疾让弟，果出于诚心与？抑其父李旦宠其少于而易之位与，无乃其弟阴为不义与，或者尝试朝廷而有侮玩之意与，其国中有内难然与。"《朝鲜太宗实录》卷1，元年闰三月甲辰，"若无亏天理悖人伦的事，任他国中主张。"

④ 《朝鲜太宗实录》卷1，元年五月乙卯、六月己巳。

但于回咨反复致意以示其意，此皆幸而免耳，非万全之计也①。

朝鲜太宗接到明朝颁予的诰印，对当时的朝鲜而言，实在是一件具有莫大政治意义的事。从确认朝鲜王朝的建立在形式上的完成，以及太宗即位的合法性的意义来看，明王朝所颁予的诰印，在当时朝鲜动荡不安的政治环境里，成为王权确立的一个决定性的要素②。除了诰印以外，当朝鲜要求国王的冕服时，建文帝也破格赏赐明朝亲王爵的九章服，从而提升了朝鲜国王在国内的权威③。当"靖难之役"结束，新的永乐政权诞生时，朝鲜当然要奏请新的诰印。结果，从明成祖那里得到了新诰印，然后将建文政权颁予的诰印归还给礼部④。由于朝鲜迅速承认永乐政权，致使明成祖对朝鲜有了特别的好感。因此，以后当朝鲜要求冕服及书册时，除所求之物，还赏了许多的礼物⑤。朝鲜从明成祖如此友善的态度中获得了自信，于是进行要求更正皇明祖训等文献所误载之朝鲜王室系谱的"宗系辨诬"，而且得到了允予更正的肯定答复⑥。并且，当永乐政权想积极招抚辽东的女真，甚至连公崄镇以南的参散、秃鲁兀等地的女真人民也予以招谕时，朝鲜乃派遣计禀使金瞻去说明此地域领

---

① 《朝鲜太宗实录》卷12，六年八月庚戌。

② 《朝鲜太宗实录》卷1，元年六月辛酉。当朝鲜太宗准备将在"王子之乱"中失败而遭流配的李芳干再召回开京之际，议政府力谏此事，然太宗毫不犹疑地说："今皇帝赐诰印，君臣之分已定矣，何足嫌乎？"

③ 《朝鲜太宗实录》卷3，二年二月乙卯、己卯。"敕朝鲜国王李讳，日者陪臣来朝，屡以冕服为请，事下有司。稽诸古制，以为四夷之国虽大日子，且朝鲜本郡王爵，宜赐以五章或七章服。朕惟春秋之义，远人能自进于礼义，不得待以子男礼，且其地迳在海外，非特中国之宠数，则无以令其臣民，兹特命赐以亲王九章之服，遣使者往谕朕意。呜呼！朕之于王，显宠褒饰，无异于骨肉，所以示亲爱也。王其笃慎忠孝，保乃宠命，世为东藩，以补华夏，称朕意焉。"

④ 《明太宗实录》卷17，永乐元年二月甲寅；《朝鲜太宗实录》卷5，三年三月甲午，四月戊申、甲寅、丁卯。

⑤ 《朝鲜太宗实录》卷6，三年八月壬申，十月戊午、辛未。

⑥ 《朝鲜太宗实录》卷6，三年十一月己丑；卷7，四年三月戊辰，"本部尚书李至刚等，钦奉圣旨，朝鲜国王奏既不系李仁任之后，想是比先传说差了，准他改正，钦录。"

明成祖对于朝鲜的宗系辨诬，虽然简洁地答应予以改正，但实际上改正的手续繁杂。因此，到万历年间才完成改正工作。而且，也只在万历会典的记载上才改正，皇明祖训并未改正。

土问题的历史，并且成功地得到了明朝的让步①。

　　朝鲜于"靖难之役"前后，在外交上获得了几项明显的成果，其中尤其重要的是，朝鲜对"靖难之役"的明智的肆应。并且又迅速地与新政权建立、发展友好关系，因而能预防来自永乐政权的报复或侵略。至少永乐政权在对外政策方面，确实采取了不同于闭锁的洪武政权的扩张态度。对于这样的倾向，宫崎市定先生论述说：永乐政权带有回复到元代东亚共同体的强烈特性。而当我们从这样的观点来看的时候，明成祖甚至可以视为元世祖的再临②。

　　实际上，当永乐政权照样推动建文政权的削藩政策，结果在北方的国防上出现了漏洞时，明成祖亲自率领大军"五次征漠北"，借此想积极对付蒙古。这种"以攻为守"的北方政策，使永乐政权不可避免地迁都北京③。并且，永乐政权是最早开始招抚辽东女真的政权，因而这必然也会成为和朝鲜发生一段相当期间纠纷的原因。明成祖派遣郑和招谕印度洋一带。接着在永乐四年，以王位继承不当为借口，侵攻并完全占领了越南。此后二十余年，越南没能摆脱明的直接统治。从永乐政权的这种行迹来看，朝鲜迅速地与明

---

　　① 《朝鲜太宗实录》卷7，四年三月甲戌，五月己未；卷8，四年十月己巳、己卯。朝鲜声称下列十一处聚落的人民，虽是女真人，但进入朝鲜领土居住已久，并和朝鲜人通婚，在赋役上也有所贡献：

　　溪关（县城）　万户　宁马哈
　　参散（北青）　千户　李亦里不花
　　秃鲁兀（端川）　千户　佟参哈　佟阿芦
　　洪肯（洪原）　千户　王兀难
　　哈兰（咸兴）　千户　朱踏失马
　　大伸（海洋泰神）　千户　高雄
　　都夫失里（海洋）　千户　金火失帖木
　　海童　千户　董贵洞
　　阿沙（利原）　千户　朱引忽
　　斡合（明川、立岩）　千户　刘薛列
　　阿都歌　千户　崔咬纳　崔完者
　　② 宫崎市定：《从洪武到永乐——初期明朝政权的性质》，《东洋史研究》1969年第27卷第4期。
　　③ 吴晗：《明代靖难之役与国都北迁》，《清华学报》1935年第10卷第4期。

朝建立友好关系，并以朝贡关系谋取外交实利的政策，实际上是更为高明的政策。

朝鲜的对明外交显然是成功的，但是，我们也不能认为，"靖难之役"带给朝鲜只有好处。

"靖难之役"的结果产生了永乐政权。就在明成祖准备迁都北京的前后，明朝正式施展了招抚辽东女真的政策。结果，一直尚未属于明朝统治的大部分辽东地区，也全部编入了明朝的统治。权近就是对明成祖的这种女真政策、辽东政策深表忧虑的人之一。

> 殿下徒以尽忠事大之诚，而恃帝之眷遇。然帝于东隅置建州卫，是扼我咽喉，击我右臂也；外立雄藩以诱我人民，内加异宠以慼我御侮，其意固难测也。[①]

无论是迁都北京或招抚女真、经略辽东，都不是明成祖发动"靖难之役"的动机或目的，而只不过是"靖难之役"的结果。然而，朝鲜却因这一结果，在招抚辽东女真上，被明朝棋先一着。致使朝鲜王朝在国力最为强大的世宗时期，开拓疆土受到了明显的限制。

9. 结论

明太祖创建了明王朝，并建立了中国历史上史无前例的、绝对的君主独裁体制。以明太祖的死亡，结束了历时 31 年的整个"洪武"时代。继承了明太祖的建文帝政权，只存在了 4 年，葬送在燕王发动的、历时三年之久的内乱——"靖难之役"中。明成祖以武力夺取建文帝政权之后，为了使"靖难之役"自圆其说，歪曲、甚

---

① 《朝鲜太宗实录》卷 12，六年八月庚戌。

至毁灭了各种史料，给了解短短的建文朝增加了难度。

继承了洪武朝的建文帝，在对朝鲜的政策上，沿袭了明太祖的基本方针。但是，以怀柔政策取代了洪武朝时期表现得尤为突出的高压政策，可以说这是由于"靖难之役"的影响。建文帝的战况愈不利，他对朝鲜的怀柔政策愈明显。起初，建文帝的对朝鲜政策，只限于牵制朝鲜不要趁中国内乱向辽东出动军队或者同燕王携力[①]。但是，后来发展成慌忙向朝鲜提出交易 1 万匹战马的积极程度。建文帝与朝鲜的关系本来有可能继续发展下去，不料，由于燕王的奇袭，南京被陷，朝鲜把 7000 匹马送往辽东都司，建文帝与朝鲜的关系亦已结束。这里需要指出的是：明太祖为了控制朝鲜，一直抓着诰印和贡期问题不放，而建文帝则为了向朝鲜施以怀柔之策，以此为代价，轻易地做了让步。

燕王在北平就藩期间，同前往南京朝贡的朝鲜使臣有过频繁的接触。朝鲜不仅对北平的燕王、青州的齐王，而且对地理上邻接的广宁辽王和大宁宁王都试图过交聘。同朝鲜有过交往的诸亲王中，燕王对朝鲜使臣的态度，也许同后来的"靖难之役"有着一定的联系。

燕王竟敢违抗明太祖的方针，例行接见并款待了路经北平的朝鲜使臣，而且通过"私交"，为讨好朝鲜费尽了心机。这样的带动，很可能是考虑了明国内形势变化的各种可能性的结果。这一事实又使人联想起"靖难之役"期间，燕王时而同北方的蒙古势力提携的情景。看来，燕王可能是为了提防一旦发生什么事时，与辽东接壤的朝鲜不要同他发展成敌对关系，而趁早做了准备。

"靖难之役"发生到结束的三年里，据查，朝鲜向明朝派了 14 次使臣，明朝向朝鲜至少也派 6 次正式使节。朝鲜派的使臣中，最后三次是由于战乱扩大，辽东的路途阻塞，未能去成，而前 11 次

---

① 朴元熇：《朝鲜初期的辽东攻伐论争》，《韩国史研究》1976 年第 14 期。在朝鲜一直推进辽东攻伐的郑道传、南闇等势力，已于明朝发生"靖难之役"的一年前在"王子之乱"被赶出。因此，这个时候，朝鲜基本上不存在出兵辽东的任何动向。

派去的朝鲜使节都完成了任务。然而，遗憾的是现在没有一点史料
可以了解：他们在战乱中经由什么样的路程到了南京，同燕王有无
接触等情况。

对朴元熇论文的评议

北京大学历史系　教授　许大龄

明朝初期，明太祖朱元璋为了巩固朱家封建王朝的长远统治，分封诸子等为王，其中北边诸王如晋王㭎（早死）、燕王棣、宁王权等，皆授以兵权，令其防御蒙古重来，同时又在祖训中规定诸王有移文中央索取奸臣和举兵清君侧的权利。这种分封的结果，难免造成国内分裂和内乱的局面。这一点，叶伯巨上书早已指出，可惜未被采纳。

洪武三十一年（1398）朱元璋死，皇太孙朱允炆继位，用齐泰、黄子澄之谋，对诸王施以削藩政策，陆续削去部分诸王爵位。明年，即惠帝建文元年（1399）七月，燕王举兵"靖难"，战争爆发。经过前后三年，"大战数十，小战无算"，燕王兵入南京，宫中火起，史称为"靖难之役"。

韩国高丽大学朴元熇教授《明"靖难之役"与朝鲜》一文，史料翔实，论证精辟，从一个新角度来看待"靖难之役"、看待"靖难之役"与朝鲜的关系。该文对这一问题的研究具有一定的开拓性和创造性，对明清史研究者有相当多的启发，我个人也有不少感受，概括该文特点有三。

一

在朴文第三节"建文帝对朝鲜怀柔政策"一节中，作者紧紧扣住"靖难之役"战争局势发展立论，指出建文元年（1400）十月耿炳文真定之败和二年（1401）四月李景隆白沟之败后，建文帝始知战局的严重性，但还并不悲观，于是对李朝才开始使用怀柔的政策，在诏书中要求李朝要"毋惑于邪，毋惑于伪，永坚忠顺，永保令名"，意思是要李朝千万别卷入中国内乱，不要出现李朝军协同燕王攻打建文军的情况。等到进而盛庸兵在东昌打败燕王军，战局又有了转机，建文帝的怀柔政策就有可能继续加强，李朝也乘此时机向建文帝索取过去虽得明太祖支持但还没有获得的金印和诰命。这件事不但得到建文帝的允诺，而且后来还赐以冕旒，且按亲王的待遇赐以九章服。朴文在此后又指出其结果使李朝太宗在与建文帝的外交关系上取得了成功，即一方面形式上完成了朝鲜王朝的建立，同时也巩固了李朝太宗的合法性。当然这是当时李朝历史上的大事，而且也为明朝和李朝的关系和平友好地维持了二百多年。

在第四节"燕王和朝鲜"一节中，朴文根据《高丽史》之《恭让王世家》二的记录，阐述了早在洪武二十四年（1391）李朝太宗（即李芳远）和使臣赵浚到燕邸受到燕王的特殊款待，而赵浚退后曾对人说，"王有大志，其殆不在外藩乎。"朴文说当时距"靖难之役"还有 8 年，而且皇太子还未死，建文帝还没有封为皇太孙，说燕王已经有举兵的决心，实在为时过早。如果说过这样的话，也可能是对充满政治野心的燕王的为人进行一般性观察的结果，并不是已觉察到燕王要举兵的具体动向。同时也指出，"不过，后来燕王确实当上皇帝，赵浚的观察成了颇有见地的预言"。作者这个剖析，是对史料以及结合明朝当时的具体情况进行了实事求是的周密细致的构思才下此结论的，说明了作者文章研究的深度，事实上我认为燕王的为人也正是这样，他是一个阴谋家，举兵前造兵器还要以鹅鸭乱其声，如果说，作为外国的使臣，对他具体有造反的准备已经有所觉察，确实是为时过早的。

"靖难之役"给明朝东北辽东一带的军民也带来了苦难并两次若干批中小规模地逃入朝鲜，一次是在战争之初，一次是在战争即将结束之前。朴文在第六节"朝鲜对漫散军民的政策"一节中，分析了这些人口进入朝鲜的批数和原因以及如何采取了接纳他们的政策。总括接纳的原因有三：一是若不接纳，这些人将因饥荒而掠夺，派兵讨伐则又怕浪费农业劳动力。二是这些人大部分为朝鲜人，逃的原因是为求生存。三是他们也可以耕田以补充劳动力的不足。在这些政策决定之前，李朝太宗采纳的是耆老大臣们的意见，明朝建文帝曾再三派使催促遣还，他也采取了拖延态度，无一人遣还。他曾说："人自水火中来求生活，其可忽视耶？以故既纳之矣。今以中国之追而还遣之，必杀之无疑，是亦置之于死地也。"朴文对李朝太宗李芳远并未作专题评论，但李芳远在制定政策上能够纳耆老之言，并对陷于水深火热之中的劳动人民有一定程度的同情心，即关心人民死活，这样的封建帝王，在中国历史上也是罕见的。

二

在第五节"建文政权和朝鲜的战马交易"一节中，作者继续分析了建文三年（1401）三月夹河败后，局势对建文帝来说已转为显著恶化，这才对朝鲜提出贸易1万匹战马的要求。实际上建文帝只得到7000余匹战马，由明朝国子生分七批运赴辽东。这些马匹是比较衰弱的，缺乏战斗力，因而受到建文帝方面的指责。由此，作者又进一步说明，"马匹衰弱的原因主要是起因于在运送途中辽东地区之管理不当，但是朝鲜的马种原来就矮小的这点，也是不能否认的事实。"这就做到了具体史实具体分析，不片面，不夸大，只是全面辩证地看待问题。朴文又进一步指出，不能因此说朝鲜给予建文帝以军事的支援，因为从明太祖时朝鲜就进贡马匹，特别是与明成祖也进行过战马贸易，这就具有很大的说服力，而且战马贸易对朝鲜说也是被动的，很困难的。同时，作者对当年王崇武先生在《明靖难史事考证稿》一书中所说的"时朝鲜不特未被成祖所收买，终且积极佐助惠帝"，其论证就是这1万匹马的贸易，提出了不同的意见。我们认为在这问题上，真理是在朴元熇教授一边的。

在"燕王和朝鲜"一节中，朴文在处理燕王亲生之母问题上，还全面地举了过去中国学者的有关文章，即包括傅斯年、吴晗、李晋华、王崇武等人的文章，指出他们的某些论点虽有所不同，但都认为明成祖的生母不是马后而是硕妃，更深一层指出，"只有在硕妃的出身问题上，吴晗保留了断言硕妃是高丽出身的结论；傅斯年和李晋华也论及到硕妃有很大可能是高丽出身"。最后作者的归结是"如果燕王生母高丽出身一说成立，那么，燕王款待朝鲜使臣，除了政治军事的原因而外，还可以说，掺杂着一种非常自然的个人感情因素"，在对待还有存疑的问题上，这样的论断既确切，又审慎，同时又体现了作者并不轻下断语的科学态度，这是我们应当学习而又不会轻易地学习到的。

三

李朝实录中记载"靖难之役"前后事迹的情况颇多，其中包括《朝鲜太祖实录》、《朝鲜定宗实录》和《朝鲜太宗实录》，而以《朝鲜太宗实录》所记尤详。这些资料都是通过实录所载的明朝皇帝给朝鲜的诏书、敕谕、诰命、明兵部、左军都督府和礼部的咨文、朝鲜君臣们的对话、使节们的往还以及逃军逃人之口而得到的。如《朝鲜定宗实录》卷1元年三月所载："军一人自辽东逃来，本国人也，属东宁卫，以辽东役烦逃远。言燕王欲祭太祖高皇帝，率师如京，新皇帝许令单骑入城，燕王乃还，兴师以尽逐君侧之恶为名"。又如《朝鲜太宗实录》壬午二年，即明建文三年十二月载："领议政府事李舒、总制安瑗等回自京师，曰……臣在京师见帝亲点军士，人言将以伐燕也。"这都是第一手的资料，前者言燕王曾带兵赴南京吊丧，后者说明建文帝在屡败后，还在作最后的挣扎，说明朝鲜李朝实录的史料价值是很高的。

李朝实录也表现了当时朝鲜与明朝关系中如易马和逃人的某些细节。以易马言，朴文用此揭示了贡马时大马和中马的具体价值，其中又有上等价、中等价和下等价之分，每匹马又各能折合布和绢若干匹。对于逃人，文章还对逃来日期、集团名称、到达地和人数做了统计表格，并为此做了考证。

朴文借助《朝鲜太宗实录》，在第七节"朝鲜对永乐政权的适应"一节中，还反映了很多在友好外交关系方面的内幕，这是完全可以理解的。当时朝鲜要准备两手，否则对付明朝则有困难。永乐政权提出一定要遣还逃人，当然表面上要积极遣送。但朝鲜太宗李芳远则认为有名录者遣之，无名录者则不必遣。遣返的也是做到小规模的遣送，表明了并非积极支持。另外，朝鲜还在西北部加固一些城池，当然这也是防御性的。但永乐政权为了巩固本身在国内的统治，却也给了朝鲜新的诰印，并把朝鲜提出的久住朝鲜的 11 个女真部聚落居住区划归朝鲜，做了明显的让步。

朴文还根据《朝鲜太宗实录》提供的资料，对朝鲜在"靖难之役"期间多层次地细致地分析了朝鲜对"靖难之役"的基本政策，指出它是"对燕王要小心谨慎，对建文帝也要保持一定距离"，这个论断是很恰当的，也掌握了一定分寸。

最后，对李朝实录的价值，我再作一点补充。《朝鲜太宗实录》还记载了"靖难之役"前后木棉的种子由江南传入了朝鲜，同时还记载朝鲜运送 1 万头耕牛到辽东，由明朝军士屯田耕作。前者参考《吴晗史学论著选集》第三卷《木棉的广泛种植和传入朝鲜》，后者在《朝鲜太宗实录》和明《永乐实录》中也有记录，朴文在引文中也提到过。这都说明了李朝和明朝人民生产的发展和生活水平的提高，这也是当时的另一件大事，加重这笔，想必朴元熇先生也是同意的。

明、清时代绅士层研究的诸问题

汉城大学　教授　吴金成

序　言

在近代以前的中国社会的发展过程里，各个时代都存在着使国家权力得以控制社会的阶层。在明，清时代，绅士担当了这种角色。作为概括地把握明、清时代的统治形态与社会结构的重要指标，重视绅士的多种角色与存在形态的理由就是如此。

全球中国史学界里，重视明、清时代的绅士层始自 20 世纪 40 年代。在六七十年代则作了最集中的研究①。至于最先重视这个问题，此后也最活跃地进行研究的是日本学术界。在日本，学术界认为，第一，虽是同为异族的征服王朝，但不同于元代，清代的汉族官僚能大显其身的现象，可视为"乡绅层"在政治方面明显其独自的存在与地位的过程。第二，土地制度（地主制、生产关系）、社

---

① 闵斗基：《清代"生监层"的性格——尤以其阶层的个别性为中心》，《亚细亚研究》20，1965（同氏，《中国近代史研究——绅士层的思想与行动》，一潮阁，汉城，1973 重载）；重田德：《乡绅历史の性格をめぐつて乡绅观の系谱——》，《人文研究》22—4，1971（简称1971a）；森正夫：《いいゅる"乡绅士的土地所有"论をめぐつて》，《历史评论》304，1975；同氏，《日本的明清时代史研究におけゐ乡绅论について》，《历史评论》308，312，314，1975—76；吴金成：《对于在日本的中国明清时代绅士层研究》，《东亚文化》15，1978；滨岛敦俊：《中国の乡绅》，《历史研究の新しい波》，东京，1989。以后，在前所引的论著将简称如"闵斗基，1965"。

会结构、赋役制度等三方面均出现变化的明末清初正与"乡绅层的形成期"同一，并在此看法下继续着绅士层研究。在欧美，学术界关于绅士层的政治、社会动向与社会移动，则以清代为主要对象来研究。在中国，这个问题曾由40年代的先驱学者尝试，一时停止。最近则又开始着，其研究的方向与问题意识仍以赋役制度和生产关系等社会经济方面为重点。在韩国，是以"绅士"而不是中国的"缙绅"、日本的"乡绅"、欧美的"Gentry"或"Elite"的概念来提倡，也有相当的事例研究①。

　　在这篇论稿里，将重新检讨至今世界明清史学界的绅士层研究中关于概念问题与地主制（＝生产关系）的变化问题，进而按作者之意整理明清国家权力与绅士的力学关系，最后再提出所剩下的几个问题。至于"绅士"，则将用作包括以科举制、学校制、捐纳制等为媒介而出现的"官职经历者"（＝现职、休职、退职官僚，包括进士）与"未入士学位所持者"（＝举人、贡生、监生、生员等"官位渴望者"）在内的，总称（＝泛称）政治及社会上的统治阶层的概念②。

一　绅士的用词与概念

　　综观全世界对中国史学的研究，注重明清时代的绅士层，也已将近半个世纪，但之所以尚未找到相同的观点，问题之一就是所谓的"绅士"的用词与概念问题。这是因为对于在本文中所要称为"绅士"的社会阶层，在中国称为官绅，缙绅、绅衿、绅士、士绅、士大夫，在韩国则作士大夫、绅士，乡绅，于日本则

---

　　①　吴金成：《韩国の明·清时代史研究の现状と课题》，《中国——社会と文化》4，1989（简称1989a）。

　　②　虽是现任官僚，若不是行使自己的职责，而是对自己的家乡事发言或行动，那么，因他是在行使身为官职经历者的地位与影响力，所以可看为是绅士。在官职经历者的范畴里，也包含了未入流官。其理由请参考吴金成《中国近世社会经济史研究——明代绅士层的形成与社会经济角色——》，一潮阁，汉城，1986（日文版释为《明代社会经济史研究》），第71—72页。

为乡绅、绅士、士大夫，欧美则用 Gentry、Scholar Official，Elite
等，不仅其称呼众多，就是在使用同一名称的学者之间，其概念
也不尽相同。

以中国来讲，首先注意到绅士问题的是吴晗①，他虽以官僚、
士大夫、绅士为异名同体，却称高官经历者为大绅士，小官经历
者为小绅士，有时还把进士以至生员（＝秀才）皆包括在绅士里
头。认为给予的整体印象是，把绅士与士大夫看为同一概念，其
范围则自官职经历者至生员。因此，可以说这只是考虑到"绅士"
的同质性，还未达到对"绅"、"士"个别性的认识。李华、伍丹
戈、刘志琴、张显清、李洵和林丽月②等研究者，至今还以多种
用词称呼"绅士"。但上面所指的六种用词所包含的概念大体上
仍类似本文所用的概念，即泛称官职经历者与未入仕学位所持
者。只是，"绅衿"的概念虽定义如上，但在使用"绅衿地主"
的用词时，包括"皇室、藩王、贵戚、勋臣"甚至"宦官、胥
吏"在内（1983）而引起混淆。又最近，经君健③称官职经历者
为"官僚缙绅"，举人、贡生、监生和生员则称为"绅衿"。绅衿
则又分为举人与贡生、监生、生员。虽然如此，却又不仅不清楚
地分别"官僚缙绅"与"绅衿"，还作"绅衿属于民的范畴"（类
似在美国的何柄棣的理论④），以至让读者分辨不清。

在韩国，正以士大夫、乡绅、绅士三个用词使用着。士大夫主
要用作意识形态及文化概念，或作包含官职经历者与未入仕学位层

---

①　吴晗：《论绅权》，《时与文》3—1，1948；同氏，《明代的科举情况和绅士特权》，
《光明日报》1959 年 8 月 26（《灯下集》，北京，1960 重载）。

②　李华：《康熙对汉族士大夫的政策》，《社会科学辑刊》1980—3；伍丹戈，《明代绅衿
地主的形式》，《抖擞》47，1981；同上，《明代绅衿地主的发展》，《明史研究论丛》2，
1983；刘志琴：《城市民变与士大夫》，《中国农民战争史论丛》4，1982；张显清：《明代缙坤
地主浅论》，《中国史研究》1984—2；李洵：《论明代江南地区士大夫势力的兴衰》，《史学集
刊》1987—4；林丽月；《闽南士绅与嘉靖年间的海上走私贸易》，《明史研究论丛》2，1979。

③　经君健：《论清代社会的等级结构》，《中国社会科学院经济研究所集刊》3，1981。

④　参见 Ho, Ping-ti（何炳棣），The Ladder of Success in Imperial China；Aspects of Social
Mobility, 1368—1911（明清史会论），New York，1962，pp. 17–41。

的用词。使用乡绅的事例则逐渐消失着①。在韩国，"绅士"一语由闵斗基②作为替代日本学术界的"乡绅"一词最先使用。以后当讲到社会阶层时，大体上渐以"绅士"一词统一。这"绅士"一致于本文所用的概念与范畴，同时，它是考虑到作为单一集团的"绅士"与个别集团的"绅"、"士"的概念而使用的。

　　在日本，乡绅、绅士、士大夫等用词皆用于今天，但最普遍使用的是"乡绅"③。20 世纪 40 年代初期，曾用绅士、豪绅、士大夫等用词，但其概念内不仅包括他们的子孙，甚至包括地方名家或商人及以高利贷为业者中的有力者，有许多模糊之处。在日本，以如今的严格的阶层概念首先使用"乡绅"一词的人是酒井忠夫④。于 1952 年，酒井提倡把"乡绅"限为官职经历者，举人以下的未入仕学位层则称为"士人"，但没有得到学术界的反响。1953 年，宫崎市定⑤把官职经历者以至生员放在"士大夫"的范畴里，考察了有明苏松一带其存在形态。"乡绅"问题在日本真正成为学问的主题，是在 1961 年由田中正俊提倡把这个问题同国家论与土地所有制（＝地主制）乃至生产关系结合在一起来研究之后⑥。只是，他自己却没有提出关于"乡绅"的具体的概念或范畴。从此，直到 70 年代，"乡绅"问题成了日本的明清史研究里最重要的主题。在这过程中，奥崎裕司（1978）则加上"限以有明至清初"的条件，

---

　　① 吴金成，1989a。

　　② 闵斗基，1965。

　　③ 重田德，1971a；森正夫，1975，1975—76；奥崎裕司：《中国乡绅地主の研究》，东京，1978，序章；斋藤史范：《明清时代の"乡绅"に关する学说史的检讨》，《史丛》40，1987；滨岛敦俊，1989。

　　④ 酒井忠夫：《乡绅について》，——《史潮》49，1952（同氏，《中国善书の研究》，东京，1960 重载）。

　　⑤ 宫崎市定：《明末苏松地方の士大夫と民众——明代史素描の试の——》，《史林》37—3，1953（同上，《アジア史研究》五，京都，1975 重载）。

　　⑥ 吴金成，1978。

继承了酒井的"乡绅"与"士人"的概念。至于滨岛敦俊[1]，基本上跟随酒井的"乡绅"概念的说法（1982）。最狭义则视自进士以上，广义则自举人以上（1989b）。另外，小山正明、重田德、森正夫、川胜守、寺田隆信[2]及其他众多研究者则大致将官职经历者与未入仕学位所持者皆放在同一范畴里来使用"乡绅"一词。当然，把"乡绅"只认作"同质的阶层"时，得到学术界的共鸣而如此称呼是无妨的。但是，当论到上、下为异质分子的个别性时，只以"乡绅"称呼是不能满足的。发觉到这一点的小山正明虽分为"上层乡绅"与"下层乡绅"，但仍嫌不足；至于森正夫，把"乡绅"分为"经世济民型"与"升官发财型"，也仍难接受[3]。另外，在70年代后半期，山根幸夫不但把载有闵斗基等作的关于"绅士"论的韩国论文译为日文而载于自己尽心尽力发行的《明代史研究》（现在发行至18号）[4]上，他自己也使用着替代"乡绅"的"绅士"一词而贡献于对"绅士"的同质性以及"绅"与"士"的个别性的研究成果[5]。但是山根虽区分进士以上的官僚为上层绅士（＝乡绅），举人以下为下层绅士（＝士），却包含八品以下的官僚

① 滨岛敦俊：《明代江南农村社会的研究》，东京，1982；同氏，《明末江南乡绅の具体像——南浔庄氏について》，岩见宏：《明末清初期の研究》，京都，1989（简称1989b）。

② 小山正明：《中国社会的变容とその展开》，《东洋史入门》，东京，1967（简称1967a）；重田德：《乡绅支配の成立と构造》，《岩波讲座世界历史》12（简称197lb；同氏，《清代社会经济史研究》，东京，1975重载），森正夫，1975，1975—1976；同氏，《明代の乡绅——士大夫ど地域社会どの关连についての觉书一》，《名古屋大学文学部研究论集》77，1980；川胜守：《中国封建国家の支配构造——明清赋役制度史の研究——》，东京，1980，寺田隆信：《"乡绅"について》，《文化》54—1，2，1981。

③ 参考吴金成，1986，第278页。

④ 闵斗基的1965载于《明代史研究》4，6号（1976，1977）；吴金成的1978则载于7号（1979），1979分载于8，9号（1980，1981）。

⑤ 山根幸夫：《明·清初の华北市集ど绅士·豪民》，《中山八郎教授颂寿纪念明清史论丛》，东京，1977；同氏，《河南省南城县の绅士层の存在形态》，《东洋史研究》40—42，1981年；同氏，《明末农民反乱と绅士层の对应》，《中岛敏先生古稀纪念论集》下，东京，1981，同氏，《大西政权と绅士层の对应》，《明清时代の政治と社会》，京都，1983；同氏，《清代山东市集の绅士层——曲阜县阙义集を中心として——》，《东洋学报》，65·66合集，1985；同氏，《明代社会の研究——绅士层の问题を中心として》，东京女大大东洋史研究室，1986。

于下层绅士而仍存在着混淆。最近，因受山根与国外影响，在新进的学者中间采用"绅士"为"学术用词"的研究者渐渐增多①。至于伊原弘介②，在使用的"绅士"的概念里，"绅"中包含官职经历者以至进士、举人、监生，"士"中则只含有生员，这是源于忽略了在明清举人与监生的身份与概念演变的事实。另外，大部分的研究者并没有清楚地指出自己的概念，就是指出也是异辞纷纭。就是为此，日本的中国史学界在明清社会经济史方面虽累积了那么多的研究成果，却仍未整理出"乡绅"的概念。③

在欧美使用着 Gentry（绅士），Elitc（名士），Scholar Official（官人阶层）等用词，以清代为对象，张仲礼④根据绅士构成分子的实际功能，把 Gentry 分为上层绅士（Upper Gentry）与下层绅士（Lower Gentry）。前者是谈官僚到贡生，后者则包含例贡生、监生和生员。瞿同祖⑤也以清代为对象称为 Gentry，按传统分法分作"官人绅士"（Offial Gentry）与"学人绅士"（Scholar Gentry）。前者包含官职经历者，后者包括举、贡、监、生。至于何炳棣⑥，虽没有称作"绅士"，在问题的思维上却也参与了有关绅士的研究。他把明清两代放入视野里，根据绅士构成分子的社会角色与实情，设定了"官人阶层"（Official Class）来包含官职经历者以下至进士、举人、贡生、例贡生，下面又设定了"士民阶层"

　　① 夫马进：《明末反地方官士变》，《东方学报》1980 年第 52 期；和田正广：《明末清初以降的绅士身分に关する——考察》，《明代史研究》1981 年第 9 期。

　　② 伊原弘介，《清朝国家の农民统治と绅士身分》；今掘诚二：《中国人へのアプローチ》，东京，1983。

　　③ 闵斗基，1965；Waltner, Ann "Bulding on the Ladder of Success: The Ladder of Sucess in Imperial China and Recent Work on Social Mobility", Ming Studies 17, 1983。

　　④ Chang, Chung—Li（张仲礼），The Chinese Gentry; Studies on their Role in Nineteenth Century Chinese Society（绅士研究），Seattle, 1955, pp. 12 - 137。

　　⑤ Ch'u, T'ung - tsu（瞿同祖），local Government in China under the Ch'ing, HUP, 1952, pp. 169 - 173。

　　⑥ Ho, Ping - ti（何炳棣），The Ladder of Success in Imperial China; Aspects of Social Mobility, 1368 - 1911（明清史会论），New York, 1962, pp. 17 - 41。

（Scholar Commoners）来包含生员与清代的例监生，把他们看为是平民中的指导集团。在最近所研究的明清史著作里，也多次用到Elite 一词①。

自从研究有关"绅士"以来，累积的成果是可观的。但是如上所查考，对于"何谓绅士"，从某一角度可说是处理这个问题时最根本的命题，至今尚未解决。然而，当整理到如今的有关明清绅士的累积的结果时，想也能得到几个见解的共分母。以后，还需要以此为基础来整理出统一的用词与概念。

二　绅士层的形成

1. 明初学位层的成立

在明清时代的绅士层中，绅层（＝官职经历者）因自前代开始就成为政治、社会上的统治阶层，彼此间存在着强有力的同类意识与使命感。至于士层（＝未入仕学位所持者），是至明代才形成了完整的社会阶层②。国家权力方面或平民把这两个阶层总称为绅士或是绅衿。又在广义区分民时，分为士大夫（＝绅士）和齐民（＝编氓）。现在将整理入明以来生员、监生、举人等未入仕学位所持者层，亦即士层的成立过程③。这是因为全球学术界在讨论"绅士"问题的时候，却意外地忽略了这个问题。首先，生员可入国子监成为监生，或参加乡试而成为举人。因此，生员是位于学校系统（生员→监生→官僚）与科举系统（生员→举人→进士→官僚，或是生员→举人→官僚）的第一阶段的学位所持者。自洪武年间

---

① Beattie, Hilary J. , Land and Lincage in China; A Study of T'ung Cheng County, Anhwei in the Ming ang Ch'ing Dynasties, Cambridge U. P. , 1979.

② 参考吴金成，1986，第一编第一章《明初学位层的成立》。高桥芳郎在《宋代の士大夫身分について》（《史林》69—3，1986）说到"士大夫在宋代已获得了社会身份，役法与刑法上的特权难以限于一部分，但终身被保证"。这种一部分变成全面的，限制的变为完全的保障正是始于明初。

③ 以下关于"明代绅士层的形成"，若无别注，请参考吴金成，1986，第12—86页。

（1368—1398），生员从国家得到相当于（准于）九品官的终身特权。其中最具历史之重要意义的是徭役优免特权。这优免权不仅给生员提供了经济上的利益，也提供了社会地位的上升。结果，生员虽只是学位所持者，自明初却上升为异于平民的另一特权身份者。为此，不但生员自以为是士大夫，社会上也把他们看作士大夫的一分子。明清生员的社会特性不同于宋代，得以升为社会上的特权身份者，其原因就是在此。

监生是明初大多数的生员升学的第二阶级的学位所持者。自明初，监生可单凭其资格就入仕（学校系统），或参加乡试而成为举人（科举系统）。他们从国家得到终身徭役优免等生员以上的特权。明清时代的监生（明中叶以后含贡生、例监生）的社会特性不同于宋代的太学生，上升为特权身份的原因乃是在此。另外，自明初即异于宋代举人，可只凭其资格就入仕，也可以多次参加会试，且从国家终身得到徭役优免等犹如监生的特权。明清时代举人的社会特性不同于前代，得以上升为社会的特权身份之原因在此。

2. 学位层的膨胀与阶层的固定化

自明初官职经历者（他们从前代以来正是特权阶层）与未入仕学位所持者从国家所受的身份的地位与特权，虽在量的一面其后有过一点变化，但在质的一面及历史和实际的意义上，到清末为止大致类同。换句话说，自明初以来科举制度与学校制度的社会功能已异于宋元而演变。但是在明初，不论是国家或社会都没有把他们认为是"绅士"。那是因为纵然那些学位所持者于明初已实际地存在于社会，但在社会上还未显出而融合在里甲制秩序里头，其原因是：（1）在明初，在里甲制秩序之下乡村的再生产功能能维持一定程度；（2）在明初，生员人数虽比中叶以后少1/5至1/10，入国子监的人数反而增多。

但是自15世纪中叶情况大大改变了。首先，政治与社会秩序

大大动摇，随之里甲制秩序也渐分解①。在明初只有 3 万至 6 万左
右的生员（全人口的 0.1% 弱），到 16 世纪增至 31 万余，明末则至
50 余万（全人口的 0.33% 强）。结果，明中叶以后使生员的贡生竞
争率从明初的 40：1 增至 300：1 或至 400：1。在同一期间，乡试
的竞争率也从 59：1 激增至 300：1。为此 60%—70% 的生员只能
以断代生员终结其生涯。而几无可能于阶层上升的绝大多数的生员
就在乡村着落为只是利用国家所保障的特权追逐私利的"保身家"
的一伙。

另外，洪武年间在官吏选拔方面，监生反比进士优待，且因许
多政治事件②，官职缺员较多而监生的上升也随着加快。但是，自
15 世纪中叶以来，每年选拔的官僚人数比起国初反而减少，而监
生人数因有例监生的产生增为两倍。为此，监生在等 20 多年之后
才得入仕成为常例。结果有 12500—22500 左右的监生不能得到入
仕的机会而定住（＝固定化）于乡村。至此，在明中叶以后监生也
以"保身家"的分子固定于乡村。又，举人也经历了监生层在
"仕宦之途"所经验的类似问题。结果，自 15 世纪后期约有
4000—5000 左右的举人固定于乡村。

于是，自明初因着科举制度与学校制度相结合而存在的未入仕
学位所持者在数量方面逐渐壅滞，而固定为一种独自的社会阶层，
亦即学位层。这个分期，就是 15 世纪中叶。

3. 绅士层的同类意识的形成

如上所述，在乡村固定下来的生员、监生、举人等未入仕学位
所持者们的社会活动、生活样式或世界观等几乎是雷同的。明中叶

---

①　吴金成：《明末·清初社会变化》，《讲座中国史 IV——帝国秩序的完成》，汉城，1989
（简称 1989b），第 92—96 页；同氏，《明·清时代的国家权力与绅士》，《讲座中国史 IV》（简称
1989c），第 217—221 页。

②　吴晗，1949；檀上宽；《明王朝成立期の轨迹——洪武朝疑狱事件と京师问题——》，
《东洋史研究》第 37—3，1978。

以来，为了个人或共同的利害关系，他们所引起的整体行动是不胜枚举的①。换句话说，明中叶以后在这些未入仕学位层之间，存在着如身为士大夫的自我意识或发自共同的利害关系的阶层保护意志等广泛的同类意识。对于这样以同类意识相结合而活动的未入仕学位所持者，自明中叶以来则被认为是称作"士"的一个"独立的社会阶层"。

那么，在他们中间能够存在同类意识的契机是什么呢？他们是亲身经得儒家的教养与理念的人，或所公认的士大夫，也是从国家授予准于九品官的特权阶层。既然如此，事实上当时的他们几乎无法上升为官僚阶层，其社会地位也与官职经历者清楚地划分。然而，他们却不是平民②。他们在乡村所表示的如"保身家"的行动，或强烈的同类意识，就是出自他们对现实之敏锐的自觉。因此，当考虑到未入仕学位所持者们的制度上及实际的地位和同类意识并行动样式时，可规定明代的学位层为中国社会中独特的"中间阶层"（Intermediate Stratum）③。

明末未入仕学位所持者层（＝学位层）的特性虽如上面所述，明中叶以后，某些情况下，官职经历者与学位层有时却被认为是一个阶层。在当时的史料中常见到"绅衿"或"绅士"一词，而其概念里则包含着绅（＝官职经历者）层与士（学位）层。那么，"绅"与"士"被并称为"绅士"的契机又是什么呢？可略分为下列几点。（1）在理念方面来看，绅、士都是亲身经得儒家理念，以与天子分治及实现大义为理想的士大夫；（2）自古相传的座主门生传统于明代也将考官与录取者，或者师弟之间结为深厚的纽带关系；（3）参与明中叶以来所盛行的书院的讲会的官职经历者与学位

---

① 夫马进，1980；吴金成，1986，第55—70页。

② 他们虽有时也有加入平民一方的行动［参考田中正俊《民变·抗租奴变》，《世界历史》11，东京，1961（简称1961a）；川胜守，1980；滨岛敦俊，1982等］，但那却不是为了平民，乃只是个要借着那种行动来确认身为士大夫的自我存在的公意识的露出。

③ 闵斗基，1965，第130页。

层相以"同志意识"与"朋友的情谊"结合起来；（4）同样在明中叶以后活跃的诗社、文社、同年等文学同人活动也发生了作用；（5）出于同乡意识；（6）也可假定是公、私方面利害一致时。个人认为，是以上的种种因素相复合作用之后，在明中叶以来"绅"与"士"得以借"绅士"具有阶层的一体感，亦即阶层意识。但是这几种因素在明中叶以后能朝着"绅士"相结合的方向集中作用的背景是因为：（1）他们都是得到终身资格的特权身份者；（2）学校制度与科举制度互相结合；（3）自里甲制秩序渐渐分解以来，他们增进了维持乡村秩序的领导角色；（4）自此以来，社会始把这两个阶层认为是一个阶层等，在前代无法见到的条件成熟。明末的东林、复社运动等表示"绅士"已确立为一个阶层，嘉靖（1522—1566）以后，明朝权力所采取的如税役制度的改革，书院的封锁、党社运动的制裁等一连串的政策则是为了对付已形成为完整的社会阶层的绅士层所进行的。

三　地主制度的演变与绅士

1. "乡绅的土地所有"论

为了维持作为国本的乡村秩序，自明初所施行的里甲制度是一面尽可能地保留向来的两税法体系与共同体遗制，一面以能自给自足的 110 户为单位编成的。但是自明中叶以后，在各方面出现了社会矛盾，而里甲制度也就随之瓦解。明、清两个朝代则在经历各种的施行错误中，尝试着维持及重编乡村秩序。在这样的过程里，利用绅士的社会控制力量是不可避免的[①]。

明中叶起至清初，里甲制秩序已渐瓦解，重编的过程里，土地所有形态也有所改变。在日本学术界里，认为在明末清初推展了"乡绅"利用其特权集中大土地的土地所有形态，而好比为"乡绅

---

① 吴金成，1989b，第 92—102 页。

的土地所有"。这是在进行明清时代土地所有制的研究过程中所显出的，且它特被作为"明末清初划期"论的一个根据而提出。另外，在中国学术界里，也指出明中叶以后，绅士制用其特权集中了大片土地，而结果引起广泛的社会矛盾[①]。但到目前为止，还没有累积出很多的研究。尤其伍丹戈主张因为明代的"绅衿地主"在明末清初几乎消灭，所以清代新出现的"绅衿地主"的特性当与明代有所区别。但是个人认为，纵然认定明末清初的变化，明清时代地主制的改变也当连续地了解，才更能接近它的实相。因为日本学术界的研究倾向正是如此，下面将暂且介绍日本学术界的倾向。

　　首先，北村敬直[②]主张江南地方的地主制从明初的"乡居地主"形态于明末清初变为不在地主的"城居地主形态"。佐伯有一[③]则指出明清时代的大土地所有以"官绅的土地所有"形态展开。酒井忠夫[④]则如前面所述，在定义了"乡绅"的清楚的概念之后，提出明中叶以后的土地问题当和"乡绅"的社会角色连在一起来把握的重要见解，但并未受到学术界的重视。1961 年，田中正俊[⑤]在一个座谈会上指出，在从"乡居"往"城居"不在地主化的过程里，因为"乡绅"自农村社会的再生产过程中游离出来，所以，明末清初地方社会中的"乡绅"的角色也随之改变。同年，安野省三[⑥]在采纳田中意见的基础上，修改了北村的论点之后，论证了如何从明初的"乡居地主"于明末清初演变为城居不在地主的"乡绅地主"，这是个很重要的发言。它甚至在此后引发了所谓的"乡绅的土地所有"论于日本。但是，那时的安野还停留在只把

---

　　①　伍丹戈，1981，1983；张显清，1984。

　　②　北村敬直：《明末清初における地主について》，《历史学研究》140，1949（同氏，《清代社会经济史研究》，京都，1978 重载）。

　　③　佐伯有一：《明末の董氏の变——所谓"奴变"の性格に关连して——》，《东洋史研究》16—，1957。

　　④　酒井忠夫，1952。

　　⑤　田中正俊：《座谈会，中国の近代化》，《世界の历史》11，东京，1961。

　　⑥　安野省三：《明末清初，扬子江中流域の大土地所に关 する——考察汉川尧寀场合中心をして——》，《东洋学报》44—3，1961。

"乡绅"理解为"商业的地居地主",乃至"地主的总称"的水平,尚未能定出"乡绅"的概念。又根据他的主张,表示 16、17 世纪的中国农村社会被极化为城居的"乡绅地主"和居住乡村的佃户。对于这点,曾有很多不同的看法被提出[①],到 1967 年,小山正明[②]则提出,(1)明末清初成立了"由于乡绅的土地所有";(2)不同于北村敬直和安野省三的方程式,"上层乡绅"居于都市,"下层乡绅"居于农村的假设。终于借着十段法的研究[③],把"由于乡绅的土地所有"的成立时期追溯到 16 世纪中叶的嘉靖年间,并且首次称这种土地所有形态为"乡绅的土地所有"。在这以后,小山也仍从很多角度继续了研究,得出明末清初时期为"中国封建制体制的确立期"的结论。但是,对于他的理论构造有否正确地了解明清史一点,反而招致学术界的很多批评[④]。

"乡绅的土地所有"论在其接近方法或目标上,虽然有些差别,但在 70 年代以后却成为日本明清史研究的主流。其代表性的学者有总结江南三角地带的水利问题与均田均役法研究的滨岛敦俊[⑤]与研究跟滨岛几乎相同的主题和土地丈量问题的川胜守[⑥]等,他们都在实证明末清初期是"乡绅的土地所有"成立期。但是个人认为"乡绅的土地所有"论在下列方面仍有研究的余地。亦即,(1)不备有含蓄中国所有地区的事例研究;(2)对于 16 至 18 世纪的社会并不一定极化为"乡绅"与佃户的许多批判,需要更实际的答复;(3)问题如设定中国史上的土地所有形态在发展过程中的位置等还待解决[⑦]。

---

① 吴金成,1978。

② 小山正明,1967a。

③ 小山正明:《明代の十段法について》(一),《前近代アジァの法と社会》,东京,1967(简称1967b);同氏,《明代の十段法について》(二),《文化科学纪要》10,1958。

④ 吴金成,1978。

⑤ 滨岛敦俊,1982。

⑥ 川胜守,1980。

⑦ 吴金成,1978。

2. "乡绅支配"论

前面所讲的"乡绅的土地所有"论无非是社会的"两极分化"论。因此，在这个理论里常忽略即或是地主、佃户制度在深固，事实上仍然存在了多数的自耕农，因而国家的根基也仍是这些小土地所有者（＝自耕农、中小地主）。欲将此问题有条理地说明的是日本学术界的"乡绅支配"论。

这个理论是为了将国家权力和地主、自耕农、佃户概括地了解，首先由重田德提倡①。下面的理论即是根据他的解释。亦即，因着过重的赋役处在没落危机中的中小地主阶层，透过投献、诡寄等的方法把土地寄托于特权阶层的"乡绅"，而"乡绅"们接受并加以保护，所以他们——"乡绅"——不但能支配着直接隶属于他们的佃户，并且能支配到包括自耕农的中小地主阶层。自此，"乡绅"不以只是支配自己的佃户的特权地主结束，他们也可能于"不将基础放在土地所有的广域的支配"，进而也能"以王朝权力所保有的支配的正当性为媒介使之对一般农民的支配也合法化"②。他说"乡绅"的如此的社会支配是为"乡绅支配"，而它成立于明末清初，是在中国史上具有固有特性的支配形态。

"乡绅支配"在最初是私自形成的。与一君万民的王朝支配的理念是背道而驰的。但是自地主的城居化倾向深固，佃户的自立化带来频繁的抗租，以至于地主的"佃户支配"（＝地代的实现）逐渐困难之际，地主就邀请了国家权力的庇护。至于国家权力，为了确保赋之所入，基于"赋出于租（＝地代）"的道理，保障了地主征收其租。这样一来，围绕着佃户的支配，国家权力与"乡绅"所起的竞争关系不但消除，反而因着他们的利害关系

---

① 重田德，1971b。

② 其可能性则有高利贷，靠自由买卖的土地集中，市场的垄断支配，透过子弟或僮仆的暴力支配，与官衙相勾结的支配，行使乡村的裁判权，掌握水利等的再生产机构，推行慈善及救济事业等。

根本一致，而成立了国家权力与"乡绅"的附着关系。那么，从此国家权力就只偏袒地主的利益而"地主政权"化。曰其显例，就是地丁银制度。

对于如上的重田的"乡绅支配"论，有人提出了几种批评与疑问。亦即，（1）"乡绅支配"权力发源基础的不明确性；（2）可谓"乡绅支配"之根源及核心的优免特权的非固有性（＝通时代性）；（3）官人与"乡绅"的本质上的差异的不明确性；（4）保有官僚身份者的土地集中现象的非固有性（＝通时代性）；（5）清朝权力不是单靠地主的"地主政权"，乃是仍然以"小土地所有者"为其权力的基础的；（6）"乡绅支配"的体制化的条理化也还未充分；（7）所分析的对象只限于江南三角地带①。另外，在这个论调上，"继续着不断的分解与再生产而终存续"的自耕农的存在占着很重要的比重，却无对于他的考虑。其实，重田自己也在说到"各个论点的实证与总括将在此后的别稿里加深"之后就离世，所以这还没有超出提问范畴。但是，此后日本的学术界里，却积极地收敛重田的"乡绅支配"论而应用于明清史研究。

四　国家权力与绅士

1. 明朝权力与绅士

明太祖洪武帝（1368—1398）是由于在元末的动乱期大量包容了江南地方的士大夫们，才得以建立明朝的。为此，在建国初期，他就恢复了科举制度与学校制度，利用科举制来优待士大夫与地主势力②。但是，当内外政势渐趋安定之时，对他们却开始采取了两面政策。暂停科举制、兴起四大疑狱事件、附课重赋于江南地方及

---

① 吴金成，1978。

② 吴晗：《朱元璋传》，北京，1949；山根幸夫：《元末の叛乱と明朝支配の确立》，《岩波讲座世界历史》12，1971；吴金成：《对于明代绅士层的社会移动》，《省谷论丛》13，1982。

迁徙富豪、兴文字狱等来管制言论等一连串的政策①。无不是为了管制社会的支配阶层。另一方面，再次恢复科举制度而将科举与学校相联结，赐予特权给生员、监生、举人等未入仕学位所持者而使之上升为支配阶层的，则是对于他们的怀柔和包容政策②。

　　原则上，学校与科举制的门户是开放给万民的。但是在实际上，却多为地主的子弟们所入，其趋势也越演越重。因此，透过学校与科举制度，得到学位的地主子弟们，不但拥有经济上的影响力，又合法地上升为特权阶层，所以在乡村的支配力越加牢固。自明中叶以来，这些未入仕学位层就与一向是社会的支配阶层的官职经历者，被合称为"绅士"或是"绅衿"。

　　在明初，乡村秩序凭借着里甲制秩序维持下去，官职经历者与学位层（中叶以后的绅士）也皆融合于此里甲制秩序里头。但是自15世纪中叶以后，有了政治及社会上的改变③。政治上，显出了南倭北虏、军力的衰微、内阁与宦官的纠葛和横行、政治纲纪的松懈等症状。在这种情形里，社会、经济上同时进行了两种相反的现象。一方面。农业与手工业有所发展，各地的许多中小都市有了成长，商品生产也起了地域性的分工而形成全国性的流通网。银经济深入了农村，税、役也渐为纳银。另一方面，农田渐渐为少数的绅士或势豪所有，而中小地主与自耕农的税、役因着他们的脱逸，步步加重。为此，不只是自耕农和中小地主，就是连部分的大地主没落的事例也越来越多④。结果，开始了全国性的广泛的人口

---

①　吴晗，1949；丁易：《明代特务政治》，北京，1950；伍丹戈：《明代土地制度和赋役制度的发展》，福建人民出版社，1982；山根幸夫，1971；檀上宽，1978；森正夫：《明代江南土地制度の研究》，京都，1988。

②　林丽月：《明代的国子监生》，台北，1978；吴金成，1982；同氏，1986，第12—37页。

③　关于这个问题若无别注，请参考吴金成，1989b及1989c，第217—221页。

④　但是，如果从长远的眼光来看整个中国，并不是如一部分学者所主张的，由于大部分的中小农民没落而由少数的绅士、大地主或商人集中了广大土地，社会就分化为少数的大地主与大多数的佃户两极。从整个社会来看，事实上反复了没落与再上升。如前所述，在日本学术界出现"乡绅支配"论，是为此因。

流动①。这就是里甲制秩序的分解现象。

　　就在这种时刻，未入仕学位层的人数急增，而社会上把他们与官职经历者一并称为绅士。那些非特权地主们则为了避免过重的税、役负担，透过捐纳等可行的方法欲以成为学位层以上的绅士。若不如意，则借着诡寄、投献等把田地委托给绅士。其结果，本质上以儒家修养为媒介而出现的社会阶层，亦即绅士，同时兼有了特权大地主的特性。并且在有力的绅士中常有搬到都市而成为不在地主之例，嘉靖年间（1521—1566）以后，这种现象被认为是严重的社会问题②。

　　为了应付明中叶以后所进行的如上的社会变化，明朝国家权力尝试了几种政策。重编里甲及奖励乡约与保甲制度，即此。明中叶以后，明清两朝相继推行的税、役的纳银化、十段法、一条鞭法、均田均役法、顺庄编里法、地丁银制等一连串的改革，亦属此。但是，这种改革也不过是国家权力在表面上加以限制绅士的特权，而在内里却是容认绅士在乡村的实有的支配力，欲利用其力量以维持国家的控制和社会秩序的，是象征性的无可奈何的权宜表现。换句话说，就是形成国家权力依靠绅士的社会支配力，绅士们则借此愈加巩固他们的支配力，两者相依为命的附着结构。

2. 明末清初动乱期的绅士

　　自 16 世纪起，明朝面临着前所未有的内忧外患，③ 与宦官派对立的东林、复社运动和由此导致的国论的分裂，宫中的以确保财政为名分的"矿监税使的派遣"和由此招来的全国性的民变、民乱，来自东北地方的满族的掩袭，三饷的赋课，趁中央统治力的不及而

---

　　① 人口移动的主要方向，可分为（1）先进经济地区→落后地区；（2）农村地区→禁山区域；（3）农村→都市、手工业地区等类型。

　　② 中国学术界的"绅衿地主的发展"论与日本学术界的"乡绅的土地所有"论就是指上面这些现象。

　　③ 关于这个问题若无别注，请参考吴金成，1989b 及 1989c，第 224—228 页。

横行残暴的绅士、势豪、胥吏、无赖等，一并出现。为此，民心远离了明朝，趁此，李自成攻陷了北京（1644）。

就在这种时候，满清仗着八旗军与吴三桂的兵力，较容易地入了北京城。但是，此后在征服战线的扩大过程中，却遭遇了不少的难关。为了对付李自成与张献忠的反叛势力，南明政权与绅士的勤王起兵势力，定不着方向而散在各地的绅士的自卫势力，及破坏占领区的治安秩序的流寇、土贼等，需要更多的军事力量和兵饷。而为了解决这个问题，则非常需要在各地方的民生的安定与羽翼势力的确保。摄政王多尔衮挂出"为明雪耻"的名分，在顺治帝即位诏（1644，10，10）与各省恩诏里，屡次阐明仍沿袭科举、学校等的明代制度，优待绅士，废止三饷等，就是为此。结果，清朝能借着投诚的明地方官与绅士、投降的明军与叛军及绅士的自卫军等的力量，扩大战线，并确保地方秩序[1]。

但是，这时中国各地的条件并非一致。在河北与山东，因着李自成军和清军的相继入侵及流寇与土贼的活动，绅士们面临着非常的危机。就在此时，清朝提出了保障及优待绅士的特权之约。因此，在这个地区成立了清朝权力与绅士互相依赖的关系。另外，在江南的苏、浙地方，在初期的大规模反清抗争[2]以后，至少在表面上看来安定。至于江西、福建、两广、湖广地方，南明军兵，李自成与张献忠叛军的残兵，以复明为名分的绅士的勤王起兵军，流寇与土贼等在抵挡清军的前进。初时，较之他们，清军反处于劣势。但因为他们没能统一其势力，终为清军征服[3]。在这种明→南明→

---

① 谢国桢：《南明史略》，上海，1957；李成珪：《清初地方统治的确立过程与乡绅——以顺治年间的山东地方为中心——》，《汉城大学东洋史学科论集》1，1977；吴金成：《睿亲王摄政期的清朝的绅士政策》，《韩沽劢博士停年纪念史学论丛》，汉城，1981；Struve, Lynn A., The Southern Ming 1644－1662, Yale U. P., 1984。

② 谢国桢，1957；Struve, Lynn A., 1984；Dennerline, Jerry, The Chia—ting Loyalists: Confucian Leadership and Social Change in Seventeenth-Century China. Yale U. P., 1981。

③ Struve, Lynn A., 1984；吴金成：《明末·清初江西南部的社会与绅士——清朝权力的地方浸透过程と关联して——》；《山根幸夫教授退休纪念明代史论丛》，东京，1990。

清军之入→治安不在的空洞社会→清之征服的过程中，在明末清初的动乱期里，这些地方的情况也是非常悲惨。不同于较早被清征服的山东或江南，清朝权力在这些地方的渗透并没有那么容易，为此，处在更是困境中的这些地方的绅士，也迫切需要强而有力的保护者。而当时进军到这些地方的清军也非处于绝对优势。在华南地方，双方结合的背景就在于此。顺治年间（1644—1661）华南地方的社会秩序的恢复，也曾多靠这些投诚的绅士们的效力。

3. 清朝权力与绅士

清初，当社会渐趋安定之时，重现了明末的社会现象。就是绅士的社会支配与对国家统治力的离心趋向，由于其他社会矛盾引发的农民阶层的分化，由此导致的国家财政的紧迫等。这种现象尤其明显的地方是如同明代之时的南地方。[①] 入关之后，多尔衮也充分明白绅士的这种存在形态与其带来的副作用，但为了早日结束征服战争及确保治安，战略上包容、优待了绅士。

但是在顺治的亲政期（1651—1661），随着中国内地逐渐安定，加强了对绅士的管制政策[②]。首先，禁止了明末一度尝试的结社、书院讲学等，并引起科场案来管制绅士。在此当儿，于顺治十六年发生了郑成功军攻击南京的事件。清朝明白了东南沿海一带的绅士或协助郑军、或成为潜在的支持势力。自此，满清所剩下的课题就是征服郑成功的势力和江南绅士的完全的羽翼化。顺治末年到康熙初（1662—1722）所发生的金坛狱案、苏州哭庙案、江南奏销案、庄氏史案等，一连串的事件就是满清为管制江南绅士的政策之一。

这时的满清对江南绅士的政策，在外形上，或可被看为是"异

---

① 明洪武帝也曾镇压过这一地区的势豪家。明末时，张居正与魏忠贤也想镇压然而未能成功。参考谢国桢《明清之际党社运动考》，台北，1968。

② 小野和子：《清初の思想统制をめぐつて》，《东洋史研究》18—3，1959；Kessler, Lawrence D., "Chinese Scholars and the Early Manchu State", HJAS 31, 1971；Oxnam, Robert B., "Pilicies and Institutions of the Obol Regency 1661 - 1669", JAS32—2, 1973；吴金成：《顺治亲政期的清朝权力与江南绅士》，《历史学报》122，1989（简称1989d）。

族的满洲王朝对汉人绅士的制裁"。但是，这时满清所采取的对付
江南绅士的相继制裁措施，不论在其强度或质的一面，不如明初洪
武帝的四大疑狱事件或明末魏忠贤的镇压东林党派，而且满清的制
裁也不是在完全否定作为羽翼的绅士的前提下进行的。因此，这时
对绅士的政策，在长远的眼光来看，应当在对于直至威胁了国家统
治力的江南绅士的政治、经济、社会影响力，海瑞、张居正、魏忠
贤、温体仁等所试图的，明末以来的国家权力对付江南绅士的政策
的延长线上理解及评价。

　　满清的这种绅士政策，在发生三藩之乱（1633—1681）之时，
也不能不有所改变①。在清朝，至少不要让绅士加入三藩方面，更
有必要使之羽翼化。对于因奏销案剥夺资格的绅士们准以捐纳为条
件而恢复资格，推行博学宏词科等，就是为了招抚绅士的。对于绅
士而言，既然所有的地位和特权是出自皇帝，那么在享有同于明朝
的权力情形之下，倾向清廷也是很自然的。自此，清朝权力与绅士
双方在一定的水平里，彼此维持了自己抑制和协助。康熙、雍正、
乾隆，三代的长久的社会安定可说就是其结果。

　　但是，自 18 世纪末以来，由于政治秩序的松懈，财政的恶化，
人口的剧增②，开垦耕地的萎靡不振③，绅士的急增④等，清朝走向
下坡。白莲教之乱（1796—1805）是由此结果所发生的⑤。那时，
清廷的八旗与绿营是在几乎失去战斗能力的情况之下。但，无异元
末的士大夫加入叛乱集团来驱逐元朝，这时的绅士却协力于清廷，
组织了乡勇而大大贡献于镇压叛乱。在 19 世纪中叶的太平天国运

---

　　① Kessler, Lawrence D. , 1971; Idem, K'ang－hsi and the Consolidation of Ch'ing Rule 1661
－1684, The University of Chicago P. , 1976, pp. 74－111.

　　② Ho, Ping－ti, Studies on the Population in China, 1368—1968, Chicago, 1969.

　　③ Wang, Yeh—chien（王业键）, Land Taxation in Imperial China. 1750－1911. HUP. , 1973,
pp. 24－25。

　　④ Chang, Chung—li, 1955.

　　⑤ 铃木中正:《清朝中期史研究》，东京，1952; Jones, Susan M. and Khun, Philip A. ,
"Dynastic Decline and the Roots of Rebellion", The Cambridge History of China, Vol. 10, Late Ch'ina,
1800—1911, Partl, ed. by Fairbank, John K. , Cambridge U. P. , 1978。

动期间（1850—1864），绅士们组织了乡勇以协助清廷[①]，在 19 世纪后半段的仇教（反基督教）运动里，也有不少的绅士参与其中[②]。在发生革命运动前的中国，绅士们因着合作于承认他们的特权地位的清廷，把自己的特权地位与清朝的命运视为一体。

五　绅士的社会经济角色

　　自从明朝的政治秩序松懈、里甲制秩序分解的时候起，绅士始被社会视为是支配阶层。换句话说，自明中叶开始，到了没有绅士的合作就很难维持乡村秩序的地步。从这个时候，绅士开始担当了维持和治理乡村的多种功能之一。明朝国家权力依赖绅士的社会支配力，绅士则以此为背景更将自己的支配力合理化及巩固化的相互依存结构，就这么形成了。

　　明中叶以后，在乡村的绅士的社会经济角色，大致上可分为下面的三种类型[③]。第一是维持秩序的角色。对来自流寇、土贼的乡村防卫，对村内大小纠纷的裁判与调停，插入地方行政单位的诉讼，乡约与保甲的经营，发生灾害或疾病时的救济活动，义仓、义田、义庄、善堂的设置与经营等，皆属于此。这是发自绅士的公意识与危机意识。第二是经济角色。新耕地的开垦，大土地的集中，徭役的滥免，水利利用的霸占，道路、桥梁、渡场的开设与私占等，属于此。甚至还开设、霸占地域市场，操纵牙行，行高利贷，提供资本给客商，密卖私监，参与海上的秘密贸易，干涉手工业经营等，支配了商品流通系统。在史料上常见的 "把持官府""武断

---

① Khu. Philip A. , Reblion and its Enemies in Late Imperial China, Militarization and Social Structure 1796 – 1864, HUP. , 1970.

② 吕实强：《中国官绅反教的原因》，台北，1966；Cohen, Paul a. , China and Christianity：the Missionary Movement and the Growth of Chine se Antiforeignism, 1860 – 1870, HUP. , 1963。

③ 参考伍丹戈，1981，1983；林丽月，1978—1979；张显清，1984；闵斗基，1965；吴金成，1986，第二编；酒井忠夫，1960；重田德，1971；森正夫，1975—1976，1980；川胜守，1980；夫马进，1980；滨岛敦俊，1982；山根幸夫，同注 178 页注④。

乡曲""乡绅之横""士人之横"，都是指绅士的这类活动。第三是文化角色。他们透过在书院里的讲学，或刊行日用类书及善书，担当了乡村教化，且主导了乡论（＝乡村舆论）。在史料中所见的"乡绅公议""士人公议""绅士公议"等，是指此①。

　　事实上，上面所指的绅士角色的三个类型，紧密混合到很难划分的程度。譬如绅士对公共部门的大事，插手（1）建议；（2）助言；（3）唤醒乡村舆论；（4）传达乡村舆论给官员；（5）凑出必需的劳动力或经费；（6）监督必要的工程；（7）调停上、下官厅间的异见等的问题或行使影响力。其中（1）—（6）是曾由明初以来的里甲制度下的里长或里老人，多少执行过的。但是虽然明中叶以后的社会越趋多彩又复杂，政治秩序却衰弱，官人数目被固定。因此，明廷不得不把维持乡村秩序等的一部分官治辅助功能委任给绅士②。农民也将那种功能的一部分诉诸绅士。由绅士代行过往透过里甲体制行使（1）—（6）功能的背景，就在此。不仅如此，比起里老人，绅士们更有力且广泛地行使了其角色，进而履行了新的（7）的角色。这么一来，绅士得由公、私双向来支配乡村。

　　至于绅士在乡村扮演的这样的社会经济角色与如此存在形态，虽然有程度的差别，却不论经济发展的先后差异，社会发展的质的差异，及自明代经过明末清初的动乱期至清末的时期的先后，是在有绅士存在的中国的整个地域，所有时代几乎普遍出现的现象。换句话说，明清时代的绅士同时扮演了对于国家及社会的顺功能与逆功能。

---

　　①　绅士在地方官的留任或放逐，增县等地方行政机构的改编，税役减免（清末的情形是均赋、减赋），水利设施、津、梁、道路等的修筑与惯行的改革，各种救济等问题上主导了乡村的舆论。

　　②　举例来说，明代的人口至明末已从明初的6500万增加到1.5亿（Ho，Pin—ti，1959，第277页），县数于明末则从洪武四年（1371）的1013增加到1171（吴金成，1986，第39页），于是一县的平均人口从明初的64166人增加到明末的128096人，但是官人的数额大致固定为2.5万左右，一个只有知县一人与辅佐官一二人被差遣。以此人数是不可能负责治安与征税的。

结论：明清时代绅士的阶层性格

士阶层（＝未入仕学位所持者）是自明初凭着科举制度与学校制度相结合的结果出现，实际地存在，而于 15 世纪中叶开始形成一个社会阶层的。从此，社会就将他们合在向来是社会的支配阶层的绅层（＝官职经历者）里，合称为"绅士（＝绅衿）"。又以广义来区别民的时候，分为士大夫（＝绅士）与齐民（＝编氓）。

在明清时代，绅士就如此被认为是一个具有特权的社会阶层或支配阶层。但是从里面一看，绅士层却是非常多彩的实体。自前代以来，绅层之间存在着很强的同类意识，而士层在他们之间也形成了很强的同类意识，另外，士层在事实上是个不同于绅层与平民的"中间层"，有时还与绅层发生纠葛[1]反而加入平民方面来行动[2]。但又因事而异，也有绅与士以同类意识相结合而采取共同行动的事例。换句话说，他们共有着身为"绅士"的性格比为"绅"、"士"的性格。正因此，不当称他们作"乡绅"，乃要称为"绅士"。以绅士各个人而言，反复了上升与没落。但从阶层方面来看，却不断有新血的注入而恒以一个阶层存在。

明清时代中国在社会，经济上规模越加庞大及多样化，但官员的数目却没有相对增加，为此，需要着官治行政的辅佐角色。而国家权力将此角色委任给了绅士。在平民立场上，也不得不将地方统治的空白部分诉诸绅士，在这种国家权力与平民的共同期待之下，绅士行使了诸般角色，以至（1）上与官府的关系更加密切；（2）对于乡村社会则维持及扩大了身为士大夫的支配力量；（3）私人方面还保护了个人的利益。换言之，绅士在私人方面，追

---

[1]　这并不是由于他们否定了绅层的存在，乃因为当时彼此同有了利害冲突。随利害关系的不同，绅层之间或士层之间也发生过纷争与纠葛。

[2]　对于这种行动性格，请参考注 183 页注②。按着情况，也有许多绅加入平民一方的事例，其性格仍如士的情况。

求个人私利的行动也不少。但在公的一面，担当了（1）国家统治的辅佐角色于乡村社会：担当了（2）乡村舆论的代言者角色于国家权力；并且有时还担当了（3）国家权力与乡村利害的调停者等多种角色。绅士是个持着公私两面性而同时扮演出顺功能与逆功能于明清社会的实体。

以士大夫（＝是受儒家教育的知识人，大体上是地主）为支配阶层的社会结构，是从宋代确立以来，本质上没有改变地持续到将近1000年的清末。但是明清时代的绅士的阶层性格当与宋代典型的士大人（是特权支配阶层，又是天子的百僚＝官人层）分别开来。在持有对天下的公意识等的理念及思想方面，以及在个人或集体的行动模式与存在形态方面，绅士类似宋代的士大人。但是，（1）在地方根据性的有无乃至强弱方面，两者有差异。（2）被国家所保障的特权之数目上也有很大的分别。宋代典型的士大夫（＝古人）数只有二万四五千左右。但是明清时代的绅士，除了2.5万左右的绅层之外，明初有此数字二三倍，明末则二十多倍，清末则50至60倍的士层附加。（3）其结果，绅士层比宋代的士大夫担当了更多样又广泛的角色。因此，在（1）制度的内容；（2）那么多的人员所扮演的角色的多形与它给多社会的影响方面看来，宋代的士大夫与明清时代的绅士不同于阶层的性质。为了比较宋代的士大夫与明清时代的绅士，当在概括地考虑到自宋至清末过程中的人口的增加情况，生产力的发展，土地与水利开发的进展，地域特性的分化，远距离流通构造的成立，对外关系的扩大，由此伴随的社会结构的改变等因素之后，再加以讨论。

至此，以"国家权力与绅士的力学关系"为中心，整理了绅士层研究的现况与问题。其结果，发见对于绅士阶层仍有许多要研究的空白部分。因此，觉得真正的研究乃是从现在以后。换句话说，（1）在政治、法律、社会经济及文化方面，且面对各地区的特性或时代演变，当时绅士的阶层角色或个别绅士的角色进行更积极的事例研究；（2）为了完整地了解绅士的存在形态与生活模式，当一并研究中国传统的村落制度，家族、宗族制度，宗族集团与婚姻关系等；（3）为综合地理解绅士所支配的乡村社会、地域社会的实底乃至地方行政的实底，研究与绅士阶层建有很深关系的胥吏与无赖阶层也是必需的。

对吴金成论文的评议

中国社会科学院历史研究所　教授　刘重日

　　明、清两代是中国封建社会经历了漫长发展之后进入末期的时代，其内部的社会经济、政治、阶级与阶层的结构，在许多方面都出现裂痕或异化现象。数十年来，世界各国研究中国史的学者们，为了揭示这些变化与根源而潜心探讨。在很多问题上虽然歧见纷纭，但硕果累累，引人入胜。

　　关于明清两代"缙绅""士绅"的研究，就是封建社会末期阶级、阶层结构讨论的重要课题之一。对于这个问题，我本人缺乏专门研究，但读史所及，也看了不少这方面的文章，大都各抒己见或各执一偏，很少有像吴金成先生的文章这样，立足于个人系列研究基础之上，对数十年间世界各国论述明清士绅问题中的得失利弊及其存在的问题，进行了全面地总结与检讨，这本身就是一件有益的工作，无疑是必要和重要的。它能够使读者洞悉以往而启迪来者，便于引导对明清绅士研究更加深入的展开，因此，吴先生文章的选题本身，首先就具有重要性和现实意义。

　　吴金成教授的大作《明、清时代绅士层研究的诸问题》一文，详细地检讨与论述了涉及绅、士和绅士层研究中的各个方面，诸如缙绅、乡绅、绅衿、士绅、绅士等的用词与概念、绅与士的区别、绅士作为阶层的形成、演变，在各个不同时期与背景条件下之状况以及在社会政治、经济领域里担当的角色、表现和作用，等等，都给以系统、翔实和具体的讨论。值得称道的是，吴先生的分析不是机械唯物主义地把论题当作孤立静止的现象加以罗列，而是在唯物史观的角度上，从历史的延续性中在纵、横两个方面进行解剖。即从其发生、形成、发展与变化中，论证和把握它的真谛。如果我的理解不谬的话，可以看出，吴先生是赞成日本学者田中正俊的观点与方法的。即士绅问题之深入探讨，应"同国家权力结构与土地所有制乃至生产关系结合在一起来研究"。从文章里看，吴先生也论及了这些重要方面，探讨了明清社会经济的演进，土地关系之更迁，赋役制度的变革以及里甲制度的松弛，等等。特别是以"国家权力与绅士的力学关系为中心"，透视了他们之间的矛盾与统一，及其在不同的历史时期和不同的社会背景与经济条件之下的权力消长、势态兴衰。从而论述了它们"两者相依为命的附着结构"，揭示出其间所存在的共性与各不相同的个性。

正因为有这种多方面的探讨与分析，使吴先生的文章论据充实，看法精到，结论显得明确而具有说服力。由于文字翻译和理解的限制，我试图归结吴先生的论断如下：

1. 在考察与整理了世界各国研究乡绅问题的差异之后，吴先生分析利弊，依据历史实际，将纷乱的概念沉淀于"绅士（＝绅衿）"一词之中，认为不当称"乡绅"或其他。

2. 士人（未入仕之学位持有者）和士阶层是明代科举制度与学校制度相结合的产物。明代中叶以后，由于社会、政治、经济的演化，学位层的膨胀，人数的急遽增加，使之成为客观存在的实体在他们之间"也形成了很强的同类意识"，变为一个阶层。

3. 因为特权和利益的一致性，在此后的发展中与向来占社会支配阶层的绅层（官职经历者），被合称为"绅士"（＝绅衿）。从此，明、清两代均被视作是一个具有特权的社会阶层或支配阶层。

4. 明清时代的"绅士层"是个"非常多彩的实体"。作为绅与士的结合层，具有绅士层共通的"同类意识"，但也存在各自不同的强烈同类意识。这种共性与个性的差异，在某些情况与场合下，往往发生分歧与纠葛，出现绅层与士层的"意识反向"，表现于政治、社会乃至经济领域中的不同行为，以至使士人与平民接近或"反而加入平民方面的行列"。所以，绅士阶层中的士层，"事实上是不同于绅层与平民的'中间层'"。

5. 绅与士作为个人来说，荣与辱，"上升与没落"，兴衰无常，但作为一个绅士阶层，"却不断有新血液注入"而始终存在于明清时期。这个具有支配阶层的"社会结构"，虽自宋代确立，由来已久，但在特权待遇、人数多寡、势力强弱、在社会经济，政治中扮演的角色及其能量与作用，等等，都不能和明清两代的绅士阶层相提并论。

6. 绅士层作为"社会实体"，存在于明末至清末中国的整个地域。它与国家权力"相依为命"，即"绅权靠国家权力加固，而国家借助绅士在乡村的支配力统治地方"，稳定秩序。同时，两者之间，又在利益与权力冲突时，排斥、限制和斗争，反映了绅士阶层特有的"公私两面性"，因而具有着对国家及社会的顺、逆"双向功能"。

如果我的归纳和概括没有歪曲吴先生的原意，那么，这许多对绅、士及绅士阶层的从正名到内涵的全面分析与认识，已经揭示出了他们的本来面目。同时也在一定程度上清理了世界各国绅衿研究中的一些歧见与模糊不清的问题，使这一专题研究达到了新的高峰。从而对推进这个问题更深层的探讨，开辟了新的起点和更广阔的视野。

吴金成先生在绅衿问题的研究中所作的贡献，是有目共睹的，一部洋洋大作——《中国近世社会经济史研究》就是明证。所以，我在前边为了便于说明问题而作的简单概括，是在吴先生详细全面地分析论证的基础之上的，因而他的每一个结论，都是经过了大量史实为依据的论证之后得出的，既不是泛论，也不是臆断。

正因为吴先生对士绅和绅士层有功底扎实的研究，所以，他在"整理了绅士层研究的现况与问题"之后，在文章的结尾，指出需要研究的空白部分是：

1. 在政治、法律、社会经济及文化方面，且面对各地区的特性或时代演变，当对绅士的阶层角色或个别绅士的角色进行更积极的事例研究；

2. 为了完整地了解绅士的存在形态与生活模式，当一并研究中国传统的村落制度、家族、宗族制度，宗族集团与婚姻关系等；

3. 为了综合地理解绅士所支配的乡村社会、地域社会的实底乃至地方行政的实底，研究与绅士层建有很深关系的胥史与无赖阶层。

吴先生所提这些尚未开拓的问题，的确是中肯而必要的，它是深化研究的一条新途径，应当得到重视。因为中国的绅士与绅士阶层在明清时代乃至近代中国，已经膨胀到了无以复加的地步，它的触觉伸到了社会的所有机体之中，腐蚀或催化着历史的进程，要彻底地认识和解剖它，就应该从它的每一根神经开刀。

我个人十分欣赏和赞扬吴金成先生的研究与文章，包括他所取得的成就。我也完全同意他经过认真研究所得出的关于绅士与绅衿阶层的重要结论，当然，这不等于说在某些细节上没有可以商榷的不同看法。譬如，绅士与绅士层在地方上所扮演的角色，所起的作用中，便有值得商量的余地。另如，绅士阶层中的举人，在我看来似乎应归于绅层而不应归于士更恰当些，如果说士层是处于绅层与平民的“中间层”，那么举人也是介于绅与士的“中性人”。因为明清举人异于前代，“即会试不第、亦不必再应乡试，而并可依科就选”，“遂与进士分甲乙科，而举人并可入仕，是以举人另成一名目也”。所以，史书记载中举后的威风和势焰，是贡监生员们所望尘莫及的，立即可以改换门庭，成为“拥膏腴”，“娇妻富仆趋跄”的势豪。中乙科，只要愿意就可入仕，只是明中叶后“仕途重甲第”，举子们不愿受睚眦之辱，才奔竞于礼闱之途罢了。

当然，像此类意见还有，但都是些末节的细小问题，无伤吴先生综论之大雅。我期待吴先生在这方面的研究取得更大的成就，读到吴先生更多的文章，以卓越的贡献期于再会。

不当之处，尚希赐教。

近代中国的改革与革命

汉城大学　教授　闵斗基

一

　　在韩国的有关 19 世纪末改革运动与 20 世纪初革命运动的研究，比较偏重于前者。至于后者的研究，则在步入 20 世纪 80 年代后才渐渐活跃。其最大的理由，是由于 20 世纪 50 年代以来，韩国和中国众所周知的特殊关系，在韩国很难找到中国刊行的资料与研究文献。

　　就以在韩国较早开始近代史研究的本人为例，于 1980 年，因得到美国朋友的帮助才求得 1957 年刊行的中国近代史资料丛刊《辛亥革命》。1962 年出版的《辛亥革命五十周年纪念论文集》，则在 1968 年旅日时才觅得。就是在中国台湾刊印的《"中华民国"开国五十年文献》，也是在 1967 年的中国台湾旅途中得见。

　　我自己对于中国的改革运动与对康有为、梁启超的关心，是起于直至 20 世纪 50 年代为止的关于中国近代史的一般的理解模式，只停留在西方的冲击（Wastern lmpact）或侵略，导致旧中国的崩溃或抵抗的单纯的二元的评价，而对于中国的内在构造却很少关心。也就是认为，西方的冲击或侵略即使再大，若没有理解受冲击的对象的内在构造，绝不能确切地了解其对外来冲击或侵略的对应现象。我的清代绅士层的构造分析研究与改革、革命运动的分析研究，之所以在相同时期、在同一关心的脉络里作成，就是为此。
1973 年出版的《中国近代史研究绅士层的思想与行动》（一潮阁
刊，第 500 页）和 1985 年出版的《中国近代改革运动研究——康
有为中心的 1898 年改革运动》，是如此研究关心的成果。于 1984
年，发表《康有为的改革运动与孔教——康为何至终固执孔教》和
《清末湖南省的改革运动（1895—1898）——民权、平等论为中
心》①，作为对于改革运动研究的一个小结之后，则将研究关注移于
革命运动。我个人对于革命运动的关心，始于从绅士层研究的延长
线上所研究的《清末江浙铁路纠纷（1905—1911）与辛亥革命前夕
绅士层的动向》（《东亚文化》第 11 号，1972）之后，就以《中国
国民党的改进与改组——试论第一次国共合作中"改进"阶段的性
质》（《东方杂志》第 33 辑，1982）②，具体地从事了有关革命的研
究。接着以《民国革命试论——兼了解作为现代史起点的"辛亥革
命"性质》，参与了东洋史学会的中国国民革命共同研究（《中国
国民革命的分析的研究》，知识产业社 1985 年版）。以后则主要从
事于对于国民革命的研究——如陈公博研究、反基督教运动、徐谦
研究等③。现在则正赶着关于辛亥革命的专书。

　　在这篇文章里，将首先重点介绍集中研究 1898 年的改革运动，
即上面所提的《中国近代改革运动研究》，然后介绍虽然尚未集中
研究，却已在陆续发表着充实的论文的辛亥革命研究成果。

----

　　①　后者曾口头发表于 1984 年 2 月在中国台湾新竹召开的中国思想史国际研讨会中后来，
改作 Late Chinq Reformists（1895—1898）and Rousseau：Min ChuanVersus PoPulan Sovereignity，发
表于《清华学报》1985 第 17 卷第 12 期。

　　②　这篇论文在补充了新的材料后，曾以 An lnquirg into the Nature of 1923 Renovation of the
KMT 为题，口头发表于 1983 年 8 月在台北召开的中华民国初期史研讨会，载于 1984 年中研院近
代史研究所出版的《中华民国初期史研讨会论文集》。

　　③　前二者收录于闵斗基编《中国国民革命指导者的思想与行动》（知识产业社 1988 年版）
及闵斗基编《中国国民革命运动的构造分析》（知识产业社 1990 年版）。至于徐谦研究，发表于
《东洋史学研究》1990 年第 32 辑。

二

《中国近代改革运动研究》的第一章是"中体西用论考"。所以把它放在这本书的最前面，乃是为了批判那种把戊戌变法运动与洋务运动视为对立关系，而设定前者为思想背景乃是缺乏制度改革的片段的改革论的中体西用论的向来见解。阐明了在观念上，不论是洋务运动或戊戌变法，相同于都是以意欲在中国的传统基础上导入西方文化，制度的思维构造的中体西用论为根柢。作为阐明中国的中体西用论特征的手段，把它和日本的"东洋道德西洋艺术论"对比、考察之后，所得的结论是两者在构造上毫无差别。又不单单止于其构造相同，发现了中国的中体西用论比东洋道德西洋艺术论更有系统及具有严密的理论。纵然如此，前者被认为是中国近代化的败因，后者却被评为是近代化成功的主要原因，是由于思想史研究方法上的错误的分析方法。是在强调有的思想的理论构造，与其以它纯粹的形态作用于社会，反倒与既有的社会、政治条件相结合，而发生社会及政治方面的影响。

在比较分析过那向来被误认为是中体西用论的洋务派的洋务论与改革派的改革论之后，所得的结论是，两者皆具有指向制度改革的理论构造。在中西紧张关系的理解上，也得到冯桂芬或康有为都没有特别差异于其基本结构的结论。都以同一中体西用论为根柢的洋务论与变法论的历史作用的差异，并不在于其理论构造本身，乃是在它是否成功于政治力化。

和如上所述的关于中体西用论的考察，具有密切关系的是《戊戌改革运动与清流派、洋务派的关系》。这篇论文是在论证改革派（变法派）与洋务派不但在思想构造及政治面上不能明确地区别，就是与在思维构造及政治面上不能明确地区别，就是与在思维构造及人脉等极力反对洋务的清流派也彼此相接。也就是说，改革派综合及继承了清流派的强调主体性的原则论的一面以及洋务派的关心实务及侧重制度改革的一面，又把它推向新的形态。

考察作为戊戌变法运动的前哨战的湖南的改革运动的《戊戌改革前夕湖南省的危机意识与改革运动》，是在追溯为何唯有在湖南省由绅士层主领的改革运动能那么活泼地展开。在这篇论文里，指出湖南的绅士如谭嗣同、唐才常视当时的政治及社会的危机为亡国，思考在亡国之后绅士层如何维持其社会的支配体系——至少在湖南一地——之余，导致改革必要的认识。至于让这般湖南的绅士们严肃地思考亡国后的情况的最直接的原因是，作为哥老会根据地的湖南农村里的"乱民"的威胁。湖南的开明绅士们想到，万一亡国而拆毁了统治秩序，乱民必将兴起而危害绅士的支配地位。因此，意即就是为了要免除那种情况，至少在湖南也当进行改革。

《戊戌改革运动与上海的商人集团》是在论证，19世纪90年代的上海存在着以经元善、郑观应为中心的倾向改革并主张商业活动的专业性的商人集团以及他们在积极地援助梁启超、康有为等改革派在上海的活动。这些上海的商人的改革论是以全国的利益比地区的利益更为优先的国民主义的立场，和意识到政治上的改革与工商业的发达有密切关系的近代资产阶级的改革观念为基础。

康有为在戊戌年间的关于工商业方面的改革政策里，反映着很多与上海的商人集团联系而得到的见识，且有意让经元善等参与新的工商业振兴活动。另外，在查考和上海商人集团的关系时也发现到康有为的工商观念从传统的末利观转向近代的实业观的过程。

《戊戌改革时期的改革与革命》是在论证标榜改革的康有为方面的改革指向的立场，不仅是不赞成革命（推翻王朝、建立民主共和制），也对立于当时革命派里也尚未明显地表明作为社会主义指向努力的以实践"均贫富"为目标的革命，他们急所需要的是开发富源。康等的改革派对守旧派、孙文派，以及当时在欧洲被主张的社会主义理念与方法皆采取对立的立场。改革派的这种立场乃是来自应当以成就能阻挡西方的经济侵略的中国之富强为第一义的时代认识。这与此后的孙文的民生主义的进行过程相通是不必多言的。

《康有为改革运动（1898）的基本方向——其志向与挫折》是再次全盘地检讨 1898 年康有为的改革运动过程，分析了康有为接近皇帝的尝试与成功、在皇帝的政策决定中行使影响力的过程，以及改革目标的各阶段的性格等。在进行改革的过程里，康有为一贯关心的是筹备改革方案和设置专门负责进行改革的机构。事实上，康希望在设置或以制度局、或以议政处、懋勤殿等多种名称称呼着的议政而非行政的机构之后，能由他去掌管。

在接近皇帝的过程里曾扮演重要角色的翁同龢与康有为之间的不和，是因为翁感到需要牵制康欲借着主导保国会的组成而另立一个政治组织的"民主的"企图。为此，翁与康之间产生了政治领导权纷争。而翁与皇帝的关系也因此而断绝。

作为显示戊戌年改革运动目标的各阶段的差异，看重了七月二十七日的《改图百度诏》。因这与四月二十三日的《国是诏》，在各方面有很大的分别。就是在不以圣贤义理之学为根柢在西学中只取切于时务者的《国是诏》，《改图百度诏》里规定"西国政治之学是欲无限地推广凡生人所当享受的利益"一点上也显明了两者的分别。这《改图百度诏》可以看为是将七月十三日起的皇帝的激进策理论的系统化。至于两者的差异也明显地诏敕对象的不同。比照《国是诏》是以中外大小诸臣为对象，《改图百度诏》清楚地表明除了士大大之外还包括直至"山谷扶杖之民"，并强调也要他们"家喻户晓"新政谕旨。这种的民众关联性，可视为是康有为的提议（上奏）的反映，成为看出戊戌改革运动的性格变化与康有为政治意识变化的尺度。

本文也分析了在政变过程中不需等候袁世凯的告密而它已发生以及改革派想透过中、日、英、美的共管中国来除去保守派并维持其政权的过程。而从前的戊戌改革研究里却忽略了这一点。这共管中国的建议是根据当时的两大对立势力的英、俄已发起战争的（错误的）情报而提起的。它是在假定英国的胜利，欲以共同管理维持改革政权，并保持最低限度的中国的发言权。这样的与外国势力的联盟加深了保守派的危机意识。且让他们并不等待裁判结果就处决了包括四个军机章京在内的六名改革派人。

《戊戌改革运动的国际环境》是篇综合分析了如上所述的至终提起共管中国的改革运动的国际环境，管窥联英日论、合邦论等的改革派的主张与日本及英国方面的动向的论文。在此，论到在戊戌以前就在改革派里被主张的联英日论是在认识到依存强大的势力或将招来危害的根柢上，以认为与英日结盟的危害轻于与俄国联盟的极端状况为前提而提及的。

到了戊戌政变前夕，这联英日论则以合邦论为名而再次被强烈地主张，而它是以支援改革运动为前提的与英国或日本的联邦案，或者共同管理中国案为内容的。这种主张都是在中国灭亡、改革运动全盘受挫折的前提之下，作为最后的手段而提及的。因此，不能把它单纯地看为只是改革派对帝国主义（者）的幻想。我也透过分析改革派出版的《大东合邦新义》，论证了合邦论受到当时在改革派中间被阅读的日本人樽井藤吉的《大东合邦论》的很大影响。

关于戊戌改革运动的思想性格，有《改革运动中的民权论、平等论》和《康有为的改革运动（1898）与孔教》两篇论文。在前篇里借着分析湖南的民权论、平等论，指出它是以被认为是构成代替君臣秩序的横面组织之群的实体"民"观为基础。因此，这"民"不包含以各个人的基本自由权为基础之个别的主体性概念。又指出了这"民"的实质的、具体的表现是绅，刻画出这时候的民权论、平等论的时代特性。并且特别指出，这时候的民权主张者几乎没有提到严复已提出的"自由"，提出了了解"民权"概念的另一根据。

《康有为的改革运动与孔教》是为了答复为何康有为那么坚持在进行改革运动过程中作为攻击目标的他的孔教论的疑问。康有为的孔教思想是大同的平等指向论，作为现实改革理论根据的改制思想与宗教形态的孔子教主论是彼此复合的。而开创（再解释）这一切的人是康有为。因此认同这种孔教论的核心者，就不得不以康有为为中心地凝聚。在以康有为为中心的改革指向集团内的康之强有力的领导地位是以此凝聚原理为根据而形成的。因此，放弃孔教，或许会暂时减低对康的攻击，但相反地，它会使之失去作为康有为政治力量之基础的改革派集团的向心力，亦就是失去康有为的领导地位。是故，康是至终无法放弃孔教的。孔教虽然强化了康有为集团的凝聚力，但是它却也成了扩充其集团势力的限制因素。它无法吸收那些认同康的政治改革，却不愿因认同孔教论而编入康有为集团内部的人士来发展。而那些人就是戊戌变法后，自辛丑新政时期到辛亥革命的国内立宪派，即"新党"。至于康的孔教论所以能作为改革论的根据，是因为它被认为是能形成发自中国的文化主体的危机意识而模仿基督教之存在模式的，上下一体的近代"国民"。

另外，也介绍了为研究戊戌变法而收集史料时，在日本国会图书馆所藏的伊藤博文文书里发掘的两篇资料。就是戊戌年间由盛宣怀所作献给皇帝的《练兵说帖》和政变以后言及彼政变的荣禄的《致伊藤书》。在前篇可见到关于戊戌当时的袁世凯评价之重要意义，在后篇则含有可供了解戊戌改革运动的"急进性"之参考内容。

三

在前面的《康有为的改革运动与孔教》里曾提到那些虽然没有积极参与戊戌年的改革运动，却认同于改革理念的人们，构成了辛丑新政以后的国内立宪派，即"新党"。收录于闵斗基《中国近代史研究——绅士层的思想与行动》（一潮阁，1973）的《清廷封建论的近代演变——清末地方自治论之倾斜与绅士层》《清末谘议局的开设与其性质》两篇则是从清代封建论的近代演变观点上，考察中国国内立宪派的动向的。在前篇以自光绪十四年之康有为的第一次上书，戊戌改革期多人的地方自治论，及光绪三十年多人的地方自治论为内容，看到顾炎武以来的清代封建论一直被认为是由绅士主导的反官权的"地方自治论"，但是后来却发现是与西方的近代政治体制里的中央议会制度密切连接的地方自治论之后，就把前者之意投射到后者的形式，当作立宪运动的一个重要的部分来推展，如此的清代地方自治论，在 1909 年终于以各省咨议局的设置结出其成果。《清末谘议局的开设与其性质》就是把这么成立的各省谘议局的具体设置过程和其性质连在一起考察的。

在这篇论文里，借着具体地考察自 1900—1907 年的咨议局设置主张，来论证它在新党的立宪运动中占着非常重要的位置。论文指出这种差异，亦即在清末筹备立宪过程中，清政府指向中央集权而对地方自治也看重了辅助官治的一面，但绅士层却指向地方分权而认为它是牵制官权的差别，有助于了解辛亥革命的性质。在分析谘议局的设置过程时，发现当时的官吏们对于地方自治（议会）的严重无知，与少数开明绅士们的角色成为显著对比。这些开明的绅士们不但主导了开设谘议局的整个过程，又以议员资格投身于谘议局，把谘议局推向反官、反中央集权的方向。于是乎绅士层就设立了清初以来绅士们作为参与政治的手段的地方自治制度，而主导了其经营。又在分析议员的性质时，应当比上下层的分别更重视其开明程度。至于在这些开明的绅士里，和学术界、报界发生关系的人很多的一点，可说是绅士层的形态转化的一种表现。

四

关系了解辛亥革命的性质，和清末绅士层的活动连在一起分析的闵斗基的《清末江浙铁路纠纷（1905—1911）和辛亥革命前夕的绅士层去向》也收录于前述的《中国近代史研究》里。这是分析了清末绅士层的国民主义的权利回收运动与地方分权的指向相结合，而想由绅士层自己建设、经营苏州—上海—杭州—宁波线铁路干线的动向与英国方面的利害关系发生冲突，继而又发展为和以铁路国有政策为根本政策的清朝权力相冲突的过程。江浙一带的绅士，一方面展开了国会速开运动，另一方面展开了铁路建设运动。
而终于使他们与清朝权力决战的是由于浙江绅士领袖汤寿潜的铁路
总理革职事件。主持汤寿潜革职的盛宣怀是个代表中央政府的中央
集权论者，也是铁路国有化的中心人物。在江浙积极参加铁路斗争
问题的人们成了于 1909 年设立的浙江与江苏省谘议局的领导势力。
而在这种江浙绅士与中央政府造成对立关系的情况里，发生了由于
新军的革命，以谘议局为中心的绅士们就几无犹豫地响应了革命。
若没有了解绅士层的这样的反中央态度，就不能确切地了解辛亥革
命的"成功"。

　　对于辛亥革命过程所作的先锋研究，有郑世铉的《近代中国民
族运动史研究》（一志社，1977）。它收录了集中地考察孙文的反清
革命与会党关系的 10 篇论文。郑世铉的这本著作不拘资料的限制，
整理了兴中会，自立军，惠州起义，广州起义，萍浏醴起义，湖
南、浙江起义的各个过程。

　　更进一步的研究有金衡钟的《在上海的辛亥革命之展开过
程——革命政权与各政治势力的对应》（《东洋史学研究》1984 年
第 20 辑，第 12 页）。上海独立政权即沪军都督府是在以维持地方
秩序并追踪时势为背景的工商阶层的支持上成立的。以江苏全体的
支配权为根据而虎视中央政权化的江苏立宪派，和对于都督府的庞
大军费支援感到极限的工商阶层，从起初的同盟关系演变为后来的
牵制关系。因此，由于外在压力上海政权的根基减弱了，而另一方
向，由于领导力的有限，即对于当时是大众的支持根基的学生、中
小商人、工人不能展开积极的联系，内部也衰弱下去了。金衡钟的
另一篇论文《在辛亥革命的反帝问题之认识与实践——革命瓜分论
与革命派的对应》（《东洋史学研究》第 30 辑，1989 年 5 月），分
析了在辛亥革命的进展过程中，成为改良派与革命派之间最重要的
论战的革命瓜分论在实际上具有何种功能。革命派也准备好对抗革
命瓜分论的理论，且认为它能透过进化为与列强的均势相连的国民
意志及井然有序的革命，来阻止列强的干涉与瓜分。但是这个对应

理论本身是在承认革命瓜分论的基本构造之基础上展开的，并有对于列强势力抱着幻想及乐观见解的局限。因此，在当前的现实目标里，不得不以保留为名排除反帝的课题。替代它所提出的则只能是作为反帝先决课题的反满。但是事实上，在武昌起义以后的过程，亦即在达成反满目标之后，却也仍然排除了反帝的课题。这次则根基于"反帝保留（犹豫）论"上。就是说在和列强的友好关系里达成富强，那么反帝的问题就会自然排除掉。

　　研究关于辛亥革命人物的有尹惠英的《袁世凯与辛亥革命》（《高柄翊先生回甲纪念史学论丛》，1984，Hanwool）。尹惠英重新检讨了那可称为是对袁世凯之匪党（恶党）史观的过往评估，欲根据史实来阐明袁世凯在辛亥革命里的位相。尹惠英的结论是，在革命期，民军或列强并没有把他看作一个谄媚的人，袁之参与覆清毕竟可看为是反帝行为，当指出视清朝退位与建立共和政府为革命之成功条件的革命派意见也在袁的当权里起了作用，又革命派在全体民军内处在微弱地位的一点也当和袁之掌握大局连在一起来考虑。

　　关于辛亥革命的领袖之一宋教仁，有尹世哲的借着分析宋的社会主义观导出其政治思想特质的研究专文《宋教仁与社会主义》（《高柄翊先生回甲纪念史学论丛》）。宋教仁之所以批评社会主义，并对民生主义采取保留之态，乃是因他认为革命的当前目标在于建立强有力的共和政府。而到革命的那时，民生主义在事实上仍为有效的理论，却没能以具体的形态提出其实践方法，故不为宋所重视。要建立强有力之共和政府，则必须先建立强有力的国家政权，所以宋保持了对于现存社会问题也欲以国家权力来解决的国家社会主义立场。因此，对宋而言，社会主义与其说是民族主义或民主主义的相对理念，毋宁说是补助理念。

　　作为阐明辛亥革命在近代史上之位相的一个尝试，闵斗基发表了《民国革命试论》，该文载于《中国国民革命的分析的研究》。在这篇论文里建议与其仅仅分析及评估辛亥革命本身而看它是失败的革命，宁可了解为它是一个开始，亦即20世纪20年代国民革命前一阶段的革命之演变的一部分。因此，就以从拒俄运动到所谓辛亥革命为第一阶段，对于辛亥革命所设定的方向里忠实的五四运动为第二阶段，而把这第一阶段与第二阶段一起看为是"民国革命"。在这篇论文里虽然尝试了对第一阶段辛亥革命的性质分析，但因为那当以相等比重一同分析的五四运动性质仍推迟于后，所以为使闵斗基的民国革命论具有更强的说服力，则需有闵自我的五四运动性质阐明论问世。

　　虽然辛亥革命的研究为数不多，但为了作为以后的发展基础，金衡钟在《辛亥革命的展开》里，把到如今的国内外研究成果很得要领地整理一番，它已收录于汉城大学东洋史学研究室编《讲座中国史》第六卷（知识产业社 1989 年版）。

对闵斗基论文的评议

中国社会科学院历史研究所　教授　王戎笙

　　我和闵斗基教授虽然是第一次见面，但我们之间却是神交已久。10 年前，由美国学者孔飞力（Philip Kuhu）转赠闵斗基教授所著《中国近代史研究——绅士层的思想与行动》。1989 年，由哈佛大学出版社转赠闵斗基教授所著英文本《国家政体与地方权力——中华帝国末期的变化》（National Polity and Local Power，The Transformation of Late lmperial China）。1990 年，闵斗基教授从汉城寄给我他撰写的《中国近代改革运动研究》。可惜由于语言方面的障碍，我不能读懂这些著作。但这种学术交流还是十分必要的，我能从这些著作中的大量汉字，了解韩国学者对中国近代史的基本看法。最近又读到闵斗基教授所写的《近代中国的改革与革命》一文，并有机会欢聚一堂交换各自的看法，我感到十分高兴。

　　闵斗基教授擅长多种语言，除自己的母语外，还掌握汉语、日语和英语。语言上的这种优势，是研究工作取得重大成果的必备条件。虽然如闵斗基教授所说，由于人所共知的政治原因，不容易获得中国大陆出版的书刊，但他仍然坚持不懈地从各种不同的渠道，获得尽可能多的中文资料。所以闵斗基教授出版的几部著作给人以资料丰富，立论有据的感觉。这对于一位研究中国历史的外国学者来说，是难能可贵的。

　　如果我没有弄错的话，闵斗基教授主张中国近代史始于明清之际，止于清朝灭亡，而把辛亥革命作为中国现代史的起点。对此我想介绍一下中国学者的看法。

中国近代史起于何时，止于何时，不仅在国际学术界看法不同，在中国学者中也有不同意见。中国大陆学者一致认为，鸦片战争开始了中国近代史，而在台湾地区和香港地区则有两种不同的看法。一部分学者主张起于明清之际，这以萧一山为代表，胡秋原、沈云龙、黄大受等都持这一观点。另一部分学者主张起于鸦片战争，这以郭廷以为代表，中研院近代史研究所的研究人员多持这一观点。中国近代史起于何时之所以众说纷纭，主要是由于各家对"近代"的含义及造成"近代"的变因有不同的看法。

中国大陆学者认为，所谓"近代"是指由于西方殖民主义、帝国主义对中国的侵略，迫使清政府签订一系列不平等条约，割地赔款，使中国逐步成为半殖民地半封建社会，国家的独立和主权逐步丧失，财政经济命脉和政治军事力量都受到侵略势力的控制。由于外国资本主义的侵入，使封建社会的自给自足的自然经济逐渐被破坏，萌芽状态的资本主义经济逐渐发展，一些军需和民用的新式工矿企业在各地兴建起来。但资本主义的因素比较软弱，封建剥削制度的根基——地主对农民的剥削依然存在，并和买办资本和高利贷资本的剥削相结合，在社会经济生活中占有较大的优势，因而呈现出一种半封建状态。所谓近代中国，就是半殖民地半封建的中国，因此，中国近代史的下限自然是反帝反封建民主革命完成之日。中华人民共和国的成立，标志着半殖民地半封建社会的结束，也就是中国近代史的结束，中国现代史的开始。

台湾和香港地区学者的观点不一样，尽管他们中有很多人主张鸦片战争是中国近代史的起点，但反对把中国近代社会定性为半殖民地半封建社会，他们认为这是为"反帝反封建"的纲领作依据。

还有部分学者主张中国近代史起于明清之际。萧一山最著名的一句话就是："一部清史，就是一部中国近代史。"在60年代初修订出版的《清代通史》的导言中又重申了这一主张。萧一山说：

"清代既属于近世，亦可称为中国近代史。今人常有以近百年史名近代史者，意谓吾国自鸦片战争以后，始受帝国主义之压迫、自强维新革命诸运动，不过欲救亡图存，建设一近代国家，正如李鸿章所云：'二千年未有之一大变局'，故应划为一时代也。殊不知就世界大势与中国历史观之，三百年以前，方为此'大变局'之开端。殆无论西洋之近代文明，乃始于十六七世纪，既就欧亚通航与西力东渐而言，岂非由于明清之际乎？丰臣秀吉之遣将西征，哥萨克骑兵之东下远征，与夫葡萄牙人之租占澳门，已为后来日俄及西洋诸国之侵略，启其序幕。"胡秋原更以激愤的情绪谈论中国近代史之开始，他说："试问明朝正德年间到中国的葡萄牙人，明末到中国的利玛窦，与郑成功在台湾作战的揆一，派教士来到康熙宫廷的路易十四，见乾隆的英使马戛尔尼，是否是'近代人'？如果是的，何以王阳明、徐光启、郑成功、康熙、乾隆就不算近代人呢？必须外国人将中国人打败以后才算中国近代史的开始吗？"

还有一种观点，既赞成鸦片战争作为中国近代史的起点，同时把鸦片战争以前的两百多年，看作中国初期近代史。台湾中研院近代史研究所专门主办了"近代中国初期历史研讨会"。会上一些学者认为，中国人在 16 世纪已领略了西方舰坚炮利，这主要是指明正德年间葡萄牙的舰队船体庞大，炮火猛烈而言。并且也和鸦片战争以后一样，除了惊奇之外，也注意仿制购买这种西洋火炮用于战争。西方的国际冲突也延展到中国，西方的科学技术也传到中国。中国已被卷入世界性军事政治旋涡中。美洲作物的引进，给予中国以深远的影响。就东西贸易而言，中国也是已经纳入世界贸易体系之中。葡、西、荷、英东来之后，满剌加，爪哇、吕宋、马来亚、新加坡相继沦为殖民地，而中国也面临着前所未有的威胁。张存武教授说："故葡人之东来，才是中国数千年来未有之变局。由此而论，治鸦片战争而后之中国近代史者，实不宜忽略 1511 年至鸦片战争这段近代中国初期历史。"（张存武，《中国初期近代史要义，1511—1839》）

　　上述几种观点，虽然对中国近代史起于何时解释不一，但在划分中国近代史的标准上又是相同的。他们一致认为，由于西方列强的入侵，引起了中国社会的大变动，从而开始了中国的近代史。至于"大变动"的程度，各家的看法不一样。这种"大变动"是否引起中国社会性质的变化，即是否变为殖民地半封建社会，分歧就更大了。这种分歧主要存在于海峡两岸的学者之间。

　　我国大陆和台湾两地学者虽然对中国近代史的起止时间有不同的看法，但不妨碍我们之间进行学术交流。我们和台湾地区学者间的学术交流日益活跃，这有利于沟通彼此的看法，促进相互的了解。基于同样的理由，我们和外国学者之间，尽管也存在着不同的见解，但不影响我们开展各种形式的学术交流。

　　闵斗基教授早在50年代便反对对中国近代史的一般理解模式。我们赞赏这种挑战精神。历史现象是错综复杂的，用一种固定的模式去解释，就不可能揭示历史的真相。闵斗基教授所说的关于中国近代史的一般的理解模式。是指的对中国近代史的解释，只停留在西方的冲击或侵略，导致旧中国的崩溃或抵抗的单纯的二元的评价，而不注意中国社会内部的结构。若没有理解受冲击对象的内部结构，绝不能准确地了解对西方冲击的反应。闵斗基教授在这里所说的是长期统治西方学术界的"刺激—反应"模式。这种模式的中心思想是，近代中国发生变革的一切根源都在于西方列强的刺激，中国只是在对列强刺激作出本能反应的过程中取得历史的进展。这种解释模式只着眼于中国近代化的外部动因。正如闵斗基教授所说："西方的冲击或侵略即或再大，若没有理解受冲击的对象的内在构造，绝不能适切地了解其对外来冲击或侵略的对应现象。"所以，他的研究工作便从中国社会内部结构入手，第一部专著《中国近代史研究》就是从中国社会内部结构入手，这部书的副题是"绅士层的思想和行动"，其中包括"清代统治秩序的诸特性""传统理念的变化与发展""清代绅士的近代变貌"，中国学者也不赞成"刺激—反应"模式，认为这种模式和"传统—现代化"模式一样都是以西方为中心解释中国近代史的模式，都是把西方的刺激或列强的入侵作为中国近代化的动因。这是一种外因决定论。中国大陆学者对中国近代化历程的研究起步较晚，长期以来我们是用"侵略—反侵略"的模式，观察的主线不是近代化。对中国近代化的推进与延误，它的内因与外因，都还没有进行深入细致的研究，只是最近几年才引起学者们的重视。台湾地区的一批学者从70年代开始，进行了一项关于中国区域近代化研究的大规模计划，把沿江沿海分成十个区域进行研究，目的在于"探讨我国近代化的历程，分析其成败得失"。

　　闵斗基教授在他的著作中把洋务运动和戊戌变法加以比较，尤其是把中国的"中学为体，西学为用"和日本的"东洋道德，西洋技艺"加以比较研究，这也是中国学者近来很感兴趣的课题。我很赞成闵斗基教授的意见，不能把洋务运动和戊戌变法视为对立的关系。我认为两者都是改革运动，其目的都是谋求中国的富强，两者都是"师夷之长"或者叫作向西方学习，所不同的是戊戌变法涉及封建政治体制的改革。维新派认为只有从政体上学习西方，倡新学、变成法、兴民权、开议院，实行君主立宪，进行自上而下的全面改革，才能挽救中国的危亡。因而触怒了保守势力。张之洞的《劝学篇》正是在这样的背景下问世的，此书把"中学为体，西学为用"的思想发展成完备的严密的体系。

　　"中体西用"论并非张之洞首创。在他之前，有冯桂芬的"以中国之伦常名教为原本，辅以诸国富强之术。"（《校邠庐抗议》卷下，《采西学议》）有郑观应的"中学其本也，西学其末也；立以中学，辅以西学。"（《盛世危言》）有蒋同寅的"当以中学为纲，而以西学为目。"（《格致书院课艺丁亥课艺》）有薛福成的"取西人器数之学以卫吾尧舜禹汤文武周孔之道。"（《筹洋刍议》）这种论调之所以不断出现，是因为在当时向西方学习已形成一股浪潮，卫道士们唯恐这种浪潮危及封建君主专制制度，所以感到有必要把向西方学习的范围加以限制，摆正中学与西学的关系。其基本宗旨在于维护封建政治制度以及与之相适应的三纲五常伦理道德观念。学习和应用西方的近代科学技术只是为维护封建统治秩序的一种手段。张之洞就曾毫不掩饰地说："三纲为中国神圣相传之至教，礼政之原本，人禽之大防也。"（《劝学篇·序》）中体西用论者也主张改革，提倡向西方学习，创办新兴工矿企业，办报纸，改革教育，派遣留学生，以求富国、强兵、安民、御侮，但严密防范西学损害封建统治秩序，选择西学中有利于加强封建统治的部分，"择西学之可以补吾缺者用之，西政之可以起吾疾者取之。斯其有益而无害。"（《劝学篇·循序》）张之洞是君主专制制度的维护者，把有关"民权"的种种议论攻击为"召乱之言"，他说："民权之说，无一益而有百害。"（《劝学篇·正权》）

闵斗基教授在他的两部著作中都把"中体西用"作为研究的重点，并把"中学为体，西学为用"和日本明治维新时期的"东洋道德，西洋技艺"加以比较，认为两者在语言结构上和思维逻辑上都是相同的，都是强调本民族的价值，也赞成学习西方。但结果不一样。闵斗基教授指出：日本人在接受西方知识时，不注重划分什么是西方的和什么是自己的两者间的区别，而在中国，直到五四运动期间，还没有从怎样划分中学和西学的争辩中摆脱出来，这是很有意义的见解。

我觉得，日本的"洋才和魂"和中国的"中体西用"，确有很多共同之点，但两者之间的区别也是很大的。就以两个代表人物为例，福泽谕吉提倡学习西方要比张之洞开放得多。两人的代表作都取名《劝学篇》。福泽谕吉的《劝学篇》第一篇的第一句话就是："天不生人上之人，也不生人下之人，即天生的人一律平等，不是生来就有贵贱上下之别的。"这种离经叛道的言论，是任何一个"中体西用"论者所绝对不能容忍的。福泽谕吉公然主张"以西洋文明为目标"，甚至认为应该超过西洋文明。他说："文明的发展是无境的，不应满足于目前的西洋文明"。他没有以体用、本末、主次去规定怎样对待东西文明，而只注意学习欧洲文明何者为难何者为易，而且主张先难后易。他说："文明的外形易取而文明的精神难求"，"仿效西洋建筑铁桥洋房就容易，而改革政治法律却难"，"汲取欧洲文明，必须先其难者而后其易者，首先变革人心，然后改革政令。"（以上所引均见福泽谕吉《文明论概略》，商务印书馆1959年版，第11—14页）

中日两国同时学习西方，结果一成一败，我觉得从这里可以找到部分答案。

20 世纪初期中国知识分子的理念之分歧与实践问题

——以文化理念为中心

岭南大学　教授　李炳柱

一　前言

20 世纪初期①，中国历史的一大特征，乃是政治的、思想的分裂与挣扎。这时期的政治的、思想的分裂与挣扎有以下诸性格。

第一，当时之政治上、思想上的分裂与挣扎是 2000 年以来，一直以君主专制与儒家思想持续的传统中国在进行全面的、急速的崩溃时所带来的必然现象。并且这又是传统中国走向现代化之社会的历史转换时期里所产生的过渡性的性格。

第二，可说是上述性格的必然之归结（Corollary），就是说，当时政治的，思想的分裂与挣扎具有两方面的条件。其一是长久以来传统中国之历史的惰性（inertia）；其二是导致传统中国解体之直接原因，即近代西洋文化之影响。在政治上，自辛亥革命到南京政府时代，中国社会所追寻的政治体系基本上是西洋的共和制或其变

---

① 这里所指的 20 世纪初期乃是指 1910—1930 年而言。

形（例如说五院政府）①；而在此时间呈现在思想上的分裂及挣扎，主要是传统与西洋思想，及一些西洋之不同理念之间的问题。前述的两个原因就是引发这种分裂、挣扎的主要因素。

第三，从当时在政治与思想所呈现的现象里可知二者有辩证的、活泼的相关关系。也就是说，20 世纪初期在中国社会产生的多歧之理念与期间之斗争，是当时对政治现象的反映与结果，更是挫折感之产物。同时，这也是盼望在将来的中国，创出更有生命力的政治、社会体系的一种追寻历程②。

第四，20 世纪初期，在中国历史中，借 1919 年的"五四"事件，文化问题被政治问题渐渐取代，政治问题成了主要问题，而文化问题成了次要问题。但文化问题却成了包含政治问题之更广阔的问题，而且又与中国现代化问题牵连在一起有待解决。

由以上的观点出发，本稿针对 20 世纪初期，在中国社会所产生的文化理念之分歧与实践问题，借当时在文化、思想界里扮演领导角色的代表性知识分子之思想分析去作深层之了解。

正如前述可知，20 世纪初期，在中国之政治理念与文化理念的分歧，彼此有密切之关系，所以对这些之整体研究，使我们了解当时中国有益匪浅。但本稿仅以文化理念为主来讨论，且范围也仅以代表性的文化，思想界之理念为限。至于中国国民党与中国共产党的文化观在此从略。

本稿所论及的代表性的知识分子与他们所属之集团如下：20 世纪 20 年代，持文化保持主义立场之梅光迪等的学衡派与梁漱溟；持反对立场之急进文化革命主义者《新青年》杂志的陈独秀与胡适。本稿以当时理念之分歧的重要主题（isstle）即

---

① 五院政府是指西洋共和制的行政、立法、司法加上传统中国的监察制、考试制，即成为五院所组之政府而言。

② 有关辛亥革命以后至南京政府时代为止，摸索适合中国社会之政治形态方面的问题可参考 Jack Gray（ed.），Modern China's Search For a Political Form（Oxford Univ. Press，1969）。笔者认为这种摸索过程，至今尚未结束。

传统与西洋文化之接纳问题为中心来探究他们的思想，并以巨
视的立场作比较与检讨，巨视的立场是指因当时的理念的分歧
是社会状况之反映，也是以后政局展开的预表，所以以现今的
角度去探讨而言。

二　保守的文化理念

20 世纪初期，特别是在 1910—1920 年间，中国之知识界为中
国文化之走向问题，分成保守与进步（或急进）两个阵容，并呈现
出激烈的挣扎。在那个时代开启系统性、明显性的保守主义之文化
活动的发起人是以章炳麟为中心的国粹学派（1904 年组织成立），
而康有为、梁启超、严复等清末之改革家也站在文化保守主义的立
场。这些第一代近代知识分子①，在旧中国的解体状况及大量传入
中国的西洋文化、思想的冲击中，为了不丧失中国传统文化与民族
之整体性并警诫中国文化被西洋文化所浸淫，力辩保守中国之传统
文化。而康有为则主张孔学之国教化。

但是这些初期之文化保守主义者为保卫中国传统文化所做的努
力受到陈独秀、胡适等人所倡导之新文化运动的严重的打击②。虽
然所受打击是严重的，但重视中国传统文化价值的保守主义的理念
并没有消灭。接后有第二代近代知识分子兴起，在新的情况中力求
适应并继承。他们在 20 世纪 30 年代里与一些文化革命论者呈尖锐
的思想对立，而在中国思想界里成为一主要的思潮。代表他们的知

---

　　①　"中国第一代近代知识分子"一词乃是借自林毓生教授所著的《中国意识的危机》。而林
教授直接称之为第一代知识分子，在这里称第一代知识分子之原因乃是他们虽然受传统教育，但他
们比同时代的人对西洋近代文物极早觉悟，并且在中国社会之中倡导过西洋近代文化与思想的传播
以及中国制度之现代化改革运动者而言，有关"第一代知识分子"一词可参考 Lin Yu‐sheng 著
（李炳柱译）《中国意识的危机》（汉城，1990）（The Crisis of Chinese Consciousness. Univ. of WiSCon-
sin Press，1978），第 42 页。

　　②　有关国粹学派与康有为等对传统文化与价值保守之努力，并新文化运动对此努力之反应
可参考拙稿《中国近现代史初期保守主义与进步主义的性格》，《历史中的保守与进步》（第 33
回全国历史学大会发表论文要旨）（历史学会，汉城，1990），第 31—34 页。

识分子是《学衡》杂志的编辑人及梁漱溟等新传统主义者。所以，在此先介绍他们这些新保守主义之文化理论，并与新文化运动的代表人物即陈独秀、胡适的主张作比较。

1. 学衡派：儒家传统中心之人文主义

"学衡"派的名称来源于南京之东南大学教授即梅光迪、吴宓，刘伯明、胡先骕等人发刊的《学衡》杂志（1922 年 1 月创刊），而他们的主张也多以此杂志发表而得其名。《学衡》之主要编辑人大多数是留学美国，特别是留学哈佛大学之教授，他们也多出自 20 世纪初期美国新人文主义之鸿儒巴比特（Irving Babbit）门下，并在年龄上也是与新文化运动家相似之第二代近代知识分子。他们虽然有此背景，但他们却反对新文化运动而提出不同的文化观并为此力辩。新文化运动家整体的拒绝中国传统而主张"全盘西化"，但这些学衡派却强调传统文化与价值之现代化的继承，并以东西文化精髓之融合为其理想。《学衡》杂志的发刊目的乃在"阐扬旧学、灌输新知"①。这是说明，他们愿意继承衰落之传统旧学并普及近代西洋之新知的立场。

学衡派一方面研究国学，另一方面介绍希腊、罗马之古典文化之有机性进化论，以及巴比特、阿诺（Matthew Arnold）之文化史观②等西洋学问。他们援用西洋学问来鼓吹保守传统，也对新文化运动进行具体的攻击。因此，学衡派在当时之急进思潮流行的环境中，被一些年轻知识分子认为是时代之反潮，成了嘲笑之对象。但是学衡派的立场不像第一代保守派如章炳麟等之国粹学派，流入极

---

① 梅光迪：《九年后之回忆》，《梅光迪文录》（以下简称《文录》），中华书局 1926 年版，第 30 页。

② 阿诺是 19 世纪中期之英国文学家。他把文化以道德的基准，而且把文学当作打开道德之器皿来看，深信文学可作人生的批判机能可促进人类的融合。林丽月：《梅光迪与新文化运动》，《五四研究论文集》（汪荣祖编），台北，1983 年，第 387 页。

端之顽固。在拥护传统之观念及对西洋文化之观念上有一些差异①。

首先，学衡派对传统所持之立场是，一切现今的事都是从传统里出来，所以他们认为观古而可知今。就是说要具备融会贯通上下古今之眼光与批判能力，才可以建设新文化。梅光迪在《我们世代之任务》（The Task of our Generation）英文文章中说，当时所需要的不仅是要与这一时代精神相契合，更要与所有的时代精神相契合，而此契合也需经受时间考验成为一切的真善美才可②。所以，梅氏所重视的传统乃是指经受时间考验而有价值的传统而言。吴宓也在《论新文化运动》一文中指出，"论学、论人、论事都不应拘泥于新旧，'旧者不必是，新者未必非，然反是则尤不可……'"③这样也就是说，他主张对传统与现代都要以批判性的态度去检讨，采纳才可，所以学衡派就以此观点对新文化运动家轻视传统并全然地拒绝传统之态度来进行批判与反对。

梅氏指出当时的新文化运动，仅以打倒传统偶像为满足，不管玉石之分，都在毁坏④。学衡派对中国之传统，最重视儒家的传统，所以梅氏说，新文化运动对儒家思想及伦理之抨击，不仅是孔子一人的厄运，更是中国民族文化的厄运⑤。学衡派以儒家传统，特别是对孔子的"仁"思想为恒久不变的价值。

学衡派对西洋文化持选择的采纳态度。因他们是早年在美国接受教育，所以认定在西洋文化中有不少部分是可以接纳的。但他们却认为接纳别的文化应该是使自己文化更加丰富才可，所以要彻底地研究、明确地判断，并也要经过正常的次序才可。梅氏对接纳西

---

① 美国学者史耐德（L. A. Schneider）也认为学衡派是拥护传统并与国粹学派人士交游为例来理解为国粹派之一系统。但这种见解是没有详细分析学衡派主张而产生的。

Laurence A. Schneider，"National Essence and the New Intelleigent sia，" The Limits of Change (ed.)，Charotte Furth（Harvard Univ. Press，1976），pp. 79 – 89.

② Mei Kuang－ti，"The Task of Our Generation，" Chinese Students Monthly，Xll，3（Jan，1917），pp. 155 –156.

③ 吴宓：《论新文化运动》，《学衡》第 5 期，第 3 页。

④ 林丽月，前揭论文，第 396 页。

⑤ 梅光迪：《孔子之风度》文录，第 24 页。

洋文化一事提出两方面的基础。其一是，其本体有正当之价值，而此本体之价值，当取决于少数贤哲，不当以众人之好尚为归。其二是，须适用于我国，即与我国固有文化之精神不相背驰，或为我国向所缺乏，可截长以补短，或能救吾国之弊而为革新改进之助者[①]。梅氏之说即表明学衡派对西洋文化之态度。

吴宓对接纳西洋文化亦表示主张，认为需多读西方好书，旁征博引，以取其精髓，洞见西洋文化全体之真相才可[②]。其实吴氏之观点也是梅氏之观点。

由此观来，学衡派对新文化运动家的诸主张都给予批判。第一，他们对"文学革命"提出异议。虽然梅光迪等学衡派也认为中国文学需要改革，但以他们尊重传统的态度来看，他们却反对胡适等人所主张之废文言古字。梅氏等人认定古字的价值，并大力主张应注意字义的正确性。另外，主张文言文与白话文应该并存，不应专注重白话文而废弃文言文[③]。他们对文学革命所主张之民间文学及文学之大众普及之事，即所谓"平民文学"也表示反对。梅光迪在批判胡适的平民文学之言论中指出，因人的知能差异及文学的专门性之缘故，胡适之主张不仅是一理想，更是"急功近利"的态度，且这样会导致文学水平的低落。梅氏又指出，文学与学术界的使命乃在依靠少数学者来提高多数大众的程度，并非依靠多数的大众，使少数学者的水平降低[④]。

第二，学衡派对新文化运动家的全盘西化论也给予激烈的攻击。首先，指控新文化运动家所说的西洋诸思想，也只不过是西洋众学派思想之一部分而已。并且没有什么广博精粹的研究，只去寻找稀奇而新颖的，不是在创新而是在模仿，所获得的也只是西洋文

---

① 《梅光迪文录》，第 14、15 页。
② 林丽月，前揭论文，自第 395 页引用。
③ 同上书，第 388—389 页。
④ 同上书，第 389—390、394 页。

化的糟粕而已①。所以梅氏指出，像陈独秀、胡适、钱玄同等人不是思想家，是诡辩家；不是学者，是功名之士；不是教育家，是政客。他甚至说新文化运动家的西化主张是"伪西化"，并忧虑国家教育所遭受的弊害②。所以可说，学衡派对西洋文化的立场乃是，不应急促地、盲从地接受，应该在接纳之前，先应有彻底的研究。并对西洋文化给予中国文化的影响等问题要有严格的批判才可。

由上可知，学衡派的思想渊源乃是儒家的慎思明辨及主诚主敬的功夫思想，及巴比特影响下的西洋理性主义③。所以，他们无论是古今传统，东西文化，都以冷静的理性判断来选各种文化的精髓，并融合而建立"世界性人文主义"文化为其目标④。他们放宽了对中国与西洋文化之视界，以人文主义（Humanism）与世界主义之共同特征为基础来融合并创造一个新的伟大文化。但他们所看重的中西文化的精粹乃是中国的传统儒家思想并西洋之古典的、形而上的传统（例如，亚里士多德、尼采、但丁、伏尔泰等的哲学及文学传统）。而把 20 世纪的进步思想如自由主义、实验主义、马克思列宁主义视作偏激的思想来反对，由此看来，他们有明显的保守主义之性格⑤。

2. 梁漱溟：中国文明本位之乡建思想

自五四时期（1915—1921）后期开始，在中国之思想界里成为新文化运动之基础的自由主义渐渐失去力量，而马克思列宁主义得势抬头。更借第一次世界大战的结果，对西洋文明的不信的呼声也增加不少。另外，国民政府成立后，在南京时代（1928—1937）国民政府趋向右倾，内战与外侵不息，政治、社会的分裂深化，现代

---

① 林丽月，前揭论文，第 390、394 页。
② 同上书，第 390 页。
③ 同上书，第 398 页。
④ 同上书，第 401 页。
⑤ 前揭拙稿，《中国近现代史初期的保守主义与进步主义》，第 32 页。

化政策之实施不振等。在这种历史的背景之下，符合社会之需要的保守主义思想，即所谓的新传统主义儒学派（Neo - tradi—tional Confucianists）思想在此产生①。属于这一系派的学者有梁漱溟、冯友兰、熊十力、牟宗三等。但其中就反响及实践的影响层次来说，最具力量的乃是梁漱溟的思想。在这里以可代表新儒家思想的梁氏为中心来探讨。

梁漱溟的思想是透过东西文明的比较，来发展他独特的对中国文化及社会的见解。而这一种见解也是在 1910—1930 年中对所谓之"中国问题"提出来的一种社会改革理论。梁氏在 20 世纪 30 年代，借"乡村建设运动"来直接实践他的理论亦是家喻户晓的事。所以，把梁氏之思想大体可分成以东西文明比较论的立场之中同文化、社会观以及乡村建设理论两种，并且以此来说明较为简便。

（1）中国文化、社会观

梁氏对中国文化及社会的见解是他乡建理论的前提性背景理论，而且也是他自 20 世纪 20 年代初到 40 年代为止，借各种著作、讲演，持续地在反复并具体化的见解②。

首先，在 20 年代初，梁氏对中国文化及社会的见解，从他对"意欲"与文化之关系的独特解释为始。他说，所有人类生活的根底里都有一种要成就的"意欲"，而文化就是将这种"意欲"表现在生活中的一方法。所以文化的异同就是由"意欲"之差异而产生的③。梁氏就以此观点，以人对人生的各种问题，即物质的或周围环境、别人及有关自己的问题，所反应出的"意欲"的形态，把世

---

① 新传统主义儒家派之名称乃因包括在这一范畴之思想都是以宋明的性理学即主知主义的朱子学或强调心、直观、内在修养、知行合一的王阳明的思想为根据并为了方便起见而得其名。

② 梁漱溟的主要著作有《东西文化及其哲学》（以下简称《哲学》）（上海，1922；台北，1968 再版），《中国民族自救运动之最后觉悟》（以下简称《觉悟》）（上海，1932；台北，1971 再版），《中国文化要义》（以下简称《要义》）（上海，1949）、《乡村建设理论》（以下简称《理论》）（邹平，1937）等，除此之外也有数十篇的论文。有关梁漱溟之详细研究著作有 Guy S. Alitto，The Last Confucian，Liang Shu - ming and the Chinese Dilemma of Moderni ty，（Univ. of California Press，1979）。

③ 梁漱溟：《哲学》，第 28—200 页，Passim；Guy Alitto，前揭书，Chap. V。

界的文化分成三种类型，即西洋近代文化、中国传统文化、印度文化三种。而他又把这三种文化，按着它们对人生各种问题的态度分成第一路向、第二路向、第三路向，各个之特色如下。

①第一路向是西洋文化对人生的态度，即"意欲的向前要求"。就是把客观环境改造来满足基本的欲望，是以积极的意志与态度作为其基本精神。西洋文化就因以此为精神之基础，所以有征服自然、科学、民主主义等的特征①。

②第二路向是中国文化的路向，即"意欲自己变换、调和、持中"。为了达到自己的欲望，不改变其环境，反而去适应它。也就是说以自己与环境调和。融合的方法作为其基本精神。所以中国文化的特征乃是安分、知足、寡欲、摄生、与自然融合、游乐的态度等，都是来满足内心方面的②。

③第三路向是印度文化的路向，即"意欲的反身向后要求"。把现世的欲望与追求，都看作为无用的，并且以否定自己，回避现世及欲望来达到解脱的地步。所以以内在满足为其基本精神。也就因此，在印度文化中，精神生活与宗教呈畸形发展，而人们也不以物质的幸福、知足来获取内心之平安，仅以征服欲望来达到解脱之努力为其特征③。

具以上之特征的三种文化中，梁氏也承认在当时最具优势，并有统治形态的是西洋文化。但是他相信，若满足人类欲望之一种的文化形式完成了它的使命时，为了满足另一欲望，必须要转移到下一阶段的文化类型才可。所以，梁氏看世界历史的发展方向是：从西洋文化到中国文化，而中国文化则转移到印度文化那里。并且梁氏认为，借一些征兆可知，西洋文化转移到中国文化的关键在第一次世界大战④。

---

① 梁漱溟：《哲学》，第 24、25—455 页。
② 同上书，第 65 页。
③ 同上书，第 55、66 页。
④ 梁漱溟：《觉悟》，第 168—176 页。

那么，继承西洋文化而成为世界文化主角之中国文化之情况是怎样呢？梁氏承认，比较近代西洋来看，中国社会在物质的进步上，特别是在科学与民主上，确实不如西洋。但他不因此而认为中国文化就落后于西洋文化，却认为两个文化是互相不同类型的文化。梁氏在以此来说明中国文化状况时，提出两个基本观点。第一是，中国文化早熟论。梁氏认为世界文化是由以人与物的关系为主的第一路向转移到以人与人的关系为主的第二路向，然后再转移到以人与自己（灵魂）关系为重的第三路向。而历史的进步乃在依次进入较高的文化阶段而言。梁氏的中国文化早熟论是说，中国文化没有经过人与物的关系为主的第一路向，即没有充分地解决物质的问题而直接进入人与人关系为主的第二路向，所以先达到早熟文化①。在中国社会中，虽孔子的思想很早就成为所有方面的基本哲学，但因没有西洋文化的鲜明性，所以近代科学及民主制度没有发达。另外，因为中国文化与西洋文化是不同类型的文化，若中国文化没有相遇西洋文化，中国则会走完全不同的路，并且也不会出现科学及民主制度、工业等产物。

梁氏对中国文化提出之第二个基本观点是对中国近代史的观点。他说，三种文化的本质与方向虽然相异，但因交通与通信的发达，在近代各文化不能孤立存在。所以，中国文化就遇到以富与力量向世界扩展其势力的西洋文化，接触之结果，在富与力量方面居劣势之中国文化导致崩溃是不可避免之事。在这种过程中，中国人接纳了许多西洋的因素（例如，自洋务运动到变法改革，又到五四时期新文化运动的全盘西化等），但所有的这些努力均遭失败的原因，乃是中国文化的基础与西洋文化相异所导致的②。另外，梁氏虽认定近代西洋文化的长处与贡献乃在知识（以科学为主）与经济发达所带来的生活之富饶及安舒，但总以为西洋文化不是理想。这

---

① 梁漱溟：《觉悟》，第 200 页。
② 梁漱溟：《哲学》，第 4—5、8—9 页。

是因为西洋文化在基本上是以利己与满足意欲为主，并使人产生竞争与斗争，疏远感等，而这些又使"人的本性"渐渐破坏，带给人一些痛苦而已①。

除此之外，梁氏又把西洋文化与中国文化以二分法的特性来划分。即西洋文化是理智发达并宗教占重要角色的文化，并以集体生活与个人主义为基础，以法律来规定人的关系，是阶级社会。而中国文化是重理性超过重理智，重道德超过重宗教，伦理取代法律，是以伦理统治的伦理本位社会，家族关系取代了集体生活及个人主义，不是阶级社会而是以职业分立为其特征②。就因这些相异的社会、文化之特征，在中国不像西洋一样有政治、社会、经济等方面的革命，因此中国社会不发生社会的变革，继续以乡村社会的形态存在着③。

（2）乡村建设理论

一直主张中国文化与社会在本质上与西洋相异的梁漱溟，在20世纪30年代时，因中国农村问题越来越严重，再加上中共在农村已急速地展开势力范围后，为了要解决中国问题，就把一些提案理论化并提示出来了。他的以中国文化、社会观为基础的乡村建设理论就是这时提出来的。梁氏宣布他的理论乃是解决中国问题的唯一并最后的途径，进而献身参与乡村建设运动。他所以要建设乡村有三方面的当为性。

第一，在中国，西洋方法之不通用说。这是指中国的社会与文化，在本质上与西洋相异，所以解决中国问题的方法，不应依靠西洋，而西洋的方法也不适合中国。在过去的80年之间，为了解决中国之问题所尝试的诸运动，即洋务运动、变法运动、辛亥革命、五四运动、国民革命，以及诸如此类的各项运动均遭失败，而这正说明，模仿西洋的一些方法在中国是行不通的。另外，这些运动不

---

① 梁漱溟；《哲学》，第63、181页。

② 梁漱溟：《要义》，第293页。

③ 同上。

但没有解决中国之问题，反而更加远离了中国文化的根，导致社会结构的破坏及无秩序。而且在这种结局之下，所受弊害最多的地方是乡村。乡村被战场化，土匪的抢夺与扰乱，因帝国主义之经济侵略导致乡村手工业的破产及农作物被世界市场所隶属，移农现象带来的乡村荒废化，等等，都使乡村受到严重的打击摧残。也就是说，西洋的方法不但不适合中国社会，反而破坏了乡村，打击了工商业，增加了不少的痛苦①。

第二，中国问题的核心乃在"文化失调"现象。在 20—30 年代之中国社会中，对中国的问题有两种不同之见解。一个是，中国之问题核心在于帝国主义及封建、军阀势力等的政治社会问题，另一个是，胡适所说的以"五大魔"（贫穷、疾病、愚昧、贪污、扰乱）② 为代表的文化问题。虽然梁氏的文化失调说与胡适有所不同，但两种见解中，梁氏对胡适表示"相对的同意"③。

梁氏对帝国主义之侵袭所带来之弊害不是不认定，但他更认为在帝国主义侵袭之前，中国社会及文化已呈硬化而失去固有的生命，已衰残不堪，而帝国主义的侵袭乃是因内部情况所招致的。不仅如此，帝国主义之外侵使中国，唤起整顿、改造内部问题的要求，同时也遭受在外部世界的旋涡里所产生的新问题。这样帝国主义担任了双重的角色。

除此之外，梁氏认为封建势力与军阀等的问题，亦并非是中国社会之根本问题而是旧秩序解体，新秩序产生之过渡时期的产物所以这两大问题也会因中国的内部（即文化）问题解决而自动地被克服④，梁氏看来，解决中国问题的核心问题乃在于，如何改造西洋

---

① 梁漱溟：《理论》，第 6、359—364 页。

② 胡适：《我们走那一条路》，《胡适文存》1—4 集（台北，1953）第 4 集，第 429—444 页；同文又见胡适、李济、毛子水：《胡适与中西文化》（台北，1980），第 84、94 页。

③ 这是指胡适对帝国主义及封建势力的区别问题太轻视，对"自觉的改革"亦没有说出具体的内容。而梁氏的见解是包括政治、经济的广阔的文化概念，参见梁漱溟《理论》，第 17—22、208—209 页。

④ 梁漱溟：《理论》，第 17—22、208—209 页；《觉悟》，第 205—207 页。

近代文化进入中国之前已先崩溃的中国文化，并创造以中国文化固有性为基础，同时不受西洋近代文化弊害之新文化。这才是真正的问题。

第三，把中国社会视作为乡村社会，把中国问题视作为乡村建设问题。正如前面所说，梁氏把中国视作为以乡村为根、以乡村为主体之乡村国家①。并且也把此当作中国文化与社会的本质，不但是现今甚至在未来也是不变的，但从西洋近代文化侵袭以来，受严重破坏的乃是中国社会之基础，并占大部分之乡村。所以，乡村之破坏也代表中国社会的破坏，而要使中国起死回生、发展的话，除了以民族自觉为立足点建设乡村以外，没有别的途径。因此，梁氏宣布乡建运动乃是中国之唯一也是最后可取之途径，梁氏自 1930 年以后全力投身此工作的原因也在此。

梁漱溟的中国文化、社会观与学衡派比较起来，学衡派以文学及哲学为主，在文化的层次上力辩保守传统的重要性，而梁氏则以比较文明的角度强调中国文化的类型上之独特性，进而言明以第一次世界大战为关键，中国文化会变成世界文化的主角，而西洋也应该学习以儒家哲学为基础的生活样式。另外，梁氏主张中国文化从历史的文化发展阶段上看比西洋文化占上位，并展开乐观的中国文化本位论。从此来看，梁氏持较彻底的民族主义的文化保守主义思想。

梁氏的思想是对五四时期新文化运动之胡适的"全盘西化论"及 20 世纪 20 年代以后在思想、政治努力上急速发展的马克思列宁主义所提出来的一种对应。并且在内容上它是从文化、社会观来解决"中国问题"之一提案，而以儒家的伦理观为基础并输入西洋的科学、技术，同时也应用如合作社之组织等，试图要补助中国文化之缺陷来建立乡村。由此可知，梁氏之思想是具现实性、实践性的

① 许莹琏、李竞西、段继李编：《全国乡村建设运动概况》（山东乡村建设研究院，邹平，1935），附录，第28—29页。

社会改革观念，更是一种具广阔性的文化思想。

三　急进的文化理念

急进的文化理念是指，在五四时期主导新文化运动的一些《新青年》杂志编辑人所主张并传布出去的文化革命思想而言。文化革命的意思，正如字面的意思一样，是对现有文化实行全面的变革而说的。这对当时来说，是全面性地、更是整体性地来否定中国传统文化（全盘性反传统主义）①，并全盘性地接纳以民主、科学为中心的西洋近代文化。这种对中国传统文化的否定并对西洋文化的急速倾倒，却是第二代中国知识分子，对旧中国之无力与对辛亥革命后的政治情况产生严重的挫折感，并盼望中国及早现代化的一种复杂的反映。虽然有程度上与立场上的差别，但新文化运动的主导人物一直以打破旧的传统文化并改换一新的西洋文化为主张，同时得到很多年轻知识分子的响应。但是，文化革命的风潮不到几年便出现退潮现象，反而政治革命问题渐渐在中国社会中抬头、浮上，最后以民主、科学为口号的新文化运动也终告消逝。在这里，仅以文化革命的代表人物陈独秀与胡适为主来简略分析其对传统与西洋文化的论说，并借此了解当时文化革命之一性格。

1. 陈独秀：全盘性反传统主义

众所周知，举起新文化运动火把的乃是陈独秀所创刊之《新青年》杂志②。《新青年》的目的是借青年及中国人的基本思想变化，特别是道德的变化，来促进文化改革。另外，也宣布杂志的目的非属政治性。陈氏所以这样宣布，乃是因为自辛亥革命以后中国的政治情况，即政派的纷立与争斗，袁世凯的专制与帝制企图，南北之

---

① 这名词乃借自于林毓生教授前揭拙译《中国意识的危机》，第 18 页注 8。
② 创刊时（1915 年 9 月 15 日）杂志名为《青年杂志》，但一年后（即 1916 年 9 月 15 日）的 2 卷 1 期开始改称为《新青年》。

间的武力冲突等导致的共和政治的失败，对政治界产生高度之不信
所致。除此之外，陈氏又认为当时中国之国力衰弱与政治、社会的
落后，最主要原因乃在中国人民持有传统的旧思想。他在《新青
年》创刊号中说："国人思想倘未有根本之觉悟，直无非难执政之
理由，年来政象所趋无一非……"① 陈氏在北京的神州学会一讲演
中谈论到革命后共和制失败的原因时说："袁世凯要做皇帝，也不
是妄想，他实在见得多数民意相信帝制，不相信共和，就是反对帝
制的人，大半是反对袁世凯作皇帝，不是真心从根本上反对帝
制……如今要巩固共和，非先将国民脑子里所有反对共和的旧思
想，一一洗刷干净不可。"② 陈氏在这里指出根本原因乃在国民意识
与思想，即陈氏非常确信在当时的社会里，最要紧的是国民的文化
与思想的变化，并且他认为若没有文化、思想的改革不能达到政
治、社会的改革，进而也不能维持政治、社会。其实这就是陈氏所
下的结论。所以在《新青年》的刊物中多次攻击中国传统文化与制
度（儒家、道家、佛教、政治制度、家庭制度等），其中对儒家的
攻击最为激烈。

在《新青年》编辑当中，陈独秀对儒家的反对最为激烈。他之
所以如此反对，乃是因中国人一直不能摆脱旧思想的基本根基在儒
家之故③。

在儒家思想中，陈氏对基本教义和精华之伦理体系，即三纲与
礼教之攻击是占主要的。在陈氏之《宪法与孔教》一文中指出，强
调忠、孝、从（三从）并划定礼行的三纲及礼教是宗法社会与封建
社会的阶级之伦理体系，也是仅存在于中国文化与儒家中的独特的
东西，但现今中国追求以西洋的独立、平等为基础的共和政体之新
国家、新社会，而儒家思想与共和政体是相冲突的，所以一定要废

---

① 陈独秀致王庸功之回信，《新青年》1 卷 1 号（1915 年 9 月 15 日）通信部分第 2 页。
② 陈独秀：《旧思想与国体问题》，《独秀文存》（上海，1922）卷 1，第 148—149 页。
③ 《宪法与孔教》，《独秀文存》卷 1，第 112 页。

弃才可①。

在《孔子的道与现代生活》一文中指出，孔子的教导是属于封建时代的道德，是为少数君主与贵族的权力与名誉，而不是为大多数的人民幸福的。另外，不认定子弟，妇女的个人人权与财产权，而将其隶属在父兄、丈夫之下，禁止男女交往等。这些儒家伦理在所有的政治、经济、社会等部分上有碍于使人过以个人独立、平等人权为根基的现代生活②。陈氏对此给予猛烈的抨击。

陈氏对儒家以外的中国传统文化及思想也给予攻击，其原因是因民族主义所引发的。第一，他与当时的一些爱国知识分子一样，对中国民族与国家命运有很深刻之忧虑与关心。他深信压抑个人的中国传统文化与社会制度是使民族、国家生存与繁荣的最基本的障碍因素。陈氏说，"……集人成国，个人之人格高，斯国家之人格亦高，个人之权巩固，斯国家之权亦巩固……"③ 也就是说，个人的解放与国家、民族的解放、繁荣有直接的关系。

第二，陈氏否定中国传统文化，乃是因它剥夺了中国人的抵抗力，而屈服在西洋列强之下。他在《抵抗力》一文中指出，"……吾人所第一痛心者，乃在抵抗力薄弱之贤人君子。……然一遇艰难，辄自沮丧，上者愤世自杀，次者厌世逃掸，又其次者，嫉俗隐遁，又其次者，酒博自沈……老尚雌退，儒崇礼让，佛说空无。……充塞吾民精神界者，无一强梁敢进之思。"④

第三，陈氏认为，传统的中国文化使中国民族陷入虚空之形式主义与非实用主义之中。他说，当时的社会制度与人心思想，都是接续周汉两代的，并且周汉以来社会准则与宗教仪式强调虚空的形式主义，悠久的伦理规范又与实际的生活有所背驰，所以不能带给

---

① 《宪法与孔教》，《独秀文存》卷 1，第 108—112 页。

② 《孔子之道与现代生活》，《独秀文存》卷 1，第 117—124 页，其中有关经济、社会之重要部分参考，前揭拙译《中国意识的危机》，第 99 页。

③ 《1916 年》，《独秀文存》卷 1，第 44—45 页。

④ 《抵抗力》，《独秀文存》卷 1，第 31—32、33 页。

个人、社会的新生活有益的形式主义虽然是先祖的遗产、圣徒的教导，这也是无用的①。

陈氏一面反对儒家及中国传统文化，另一方面提出采纳西洋文化的方案。他深信这对于中国的生存是必需的。这种信念在他所写的《东西民族根本思想之差异》② 一文中可以知道。并且这又基于他的东西文化观。在此文中，陈氏找出东西思想不同的三个特点。

第一，西洋是好战的、斗争的。东洋民族则较消极，安息本位。

第二，西洋民族尊重个人的独立、平等之权利与自由，是个人本位的。东洋民族却轻视个人的权利，重视家庭，以封建时代宗法社会所传下来的家庭为其本位。

第三，西洋民族是以法治及实利为本位，东洋民族却以情感及虚文为本位。

由以上的特点可知，东西民族的根本思想差异使西洋民族居霸者的地位，而东洋民族却退居在被征服之羞耻地位。在家庭与社会上，前者是先享受个人自由，权利、福分，然后再使社会繁荣。而后者则个人被隶属、压抑，人权被剥夺并怠惰，家族间之爱情仅以表面上互相接连等，结果导致社会贫瘠、经济虚弱。陈氏的这种东西文化观，当然主张要破坏中国的传统而由西洋文化所取代。不仅如此，他的东西文化取代论是排除两个文化间的折中、融合，而主张二分法的文化整体观，这是需要注目的。陈氏在《新青年》之回答读者书信的《答佩剑青年》一文中宣布，"吾人倘以新输入之欧化为是，则不得不以旧有之孔教为非。倘以旧有之孔教为是，则不得不以新输入之欧化为非。新旧之间，绝无调和两存之余地③"。由

---

① 《敬告青年》，《独秀文存》卷1，第8页。

② 《东西民族根本思想之差异》，《独秀文存》卷1，第35—40页。

③ 陈独秀：《答佩剑青年，（二）答书》，《独秀文存》卷3，通信，第48页；《宪法与孔教》，《独秀文存》卷1，第111—112页；《本志罪案之答辩书》，《新青年》6卷，1号(1919.1)，第10—11页；《复辟与尊孔》，《独秀文存》1卷，第161—168页。

此看来，虽然陈氏并不是主唱"全盘西化"的人①，但他也是一个强力的赞同者②。

最后，陈氏为了破坏以儒家为中心的中国传统，并建立以平等与人权为基础的西洋典型的新国家、新社会，就以民主主义与科学为武器。"德先生"与"赛先生"是民主与科学的别号，而此二项是带领西洋人从黑暗走向光明的主要力量。同时陈氏也相信这两项可使中国之所有政治、伦理、学问、思想等每一部分，从黑暗走向光明③。所以，对民主与科学的拥护与强调，促使新文化运动就以此作为他们的口号以及中心目标。

陈氏对传统的攻击主要是以儒家以及礼教、伦理为对象，但除此之外，对"旧政治、旧艺术、旧宗教"等④整个传统也给予攻击，所以可以说是"全盘性反传统主义"⑤。并且，否定传统而提出的方案也是以全面的接纳西洋文化为其内容。陈氏的思想之动机也在爱国主义及民族主义。另外，陈氏的主张因具功利主义的色彩，所以对中国传统及儒家的攻击是缺乏哲学的分析与批判的⑥。除此之外，他虽主张打破传统，接受西洋文化，但对所接受的西洋文化没有进一步在文章中说出，在中国的环境中应如何消化、发展，也没有提示什么方法论。也就是说，陈氏虽呼吁清除传统，但等到传统被打破之后对所剩下的空白，应如何，并用什么新思想及制度去填补等问题，看来也没有什么答案⑦。所以，陈氏虽有打击无用的传统及保守思想并倡导中国年轻人的思想之觉悟等功劳，但他因以单纯地并一团地接受如实证主义、实用主义、达尔文主义、自由主

---

① 主张全盘西化的乃是胡适。

② 《宪法与孔教》，《独秀文存》卷1，第111—112页。

③ 前揭，《本志罪案之答辩书》，第10—11页。

④ 同上。

⑤ 有关陈独秀的全盘性及传统主义观点从林镜生教授的学说受益不少，前揭拙译；《中国意识的危机》，第99—102页。

⑥ 同上书，第100页。

⑦ Thomas Kuo，《陈独秀评传》，权永彬译，汉城民音社1985年版，第89页。

义、社会主义等新思想，所以也免不了别人批评他为单纯地接受一团新思想①。

2. 胡适：文化民族主义的全盘西化主义

胡适是与陈独秀一起被推举为新文化运动的另一代表性人物。他倡导文学革命（较正确意义来说应该是白话运动）并提倡所谓的"全盘西化"（Wholesale Westernization）②。他与当时的其他《新青年》编辑，一起全面的攻击中国传统，因此也以他为偶像的反传统主义者。

把胡适看作全盘性反传统主义者，也有其充分的理由。1918 年 10 月 15 日，胡适同陈独秀在《新青年》的通信栏中，回答名叫易宗夔的读者的信简中说，"旧文学、旧政治、旧伦理本是一家眷属，故不得去此而取彼。"③ 胡适在为《吴虞文录》写序的时候，赞扬吴为"'四川省只手打孔家店'的老英雄"，并继续说，"正因二千年吃人的礼教、法制，都挂署孔丘的招牌，故这块孔丘的招牌——无论是老店，是冒牌——不能不拿下来、捶碎、烧去"④。也就是说，胡适与陈独秀一样，认为过去 2000 年间的中国之礼法、法律、制度，都是来自孔子本身之教义，所以要打倒以儒家为中心的传统，是一件很明显的事。他又看到在《独立评论》刊登的寿生之文章，于是便反驳寿生所说的"当中国固有文化，相当丰富的时候，个性很强，而接受外来文化的速度也比较缓慢"的说法，并说明，

---

① 在以上诸思想中，达尔文的生物进化论、自由主义（个人主义与人权论），社会主义是陈氏思想的源流，而陈氏又赞扬法国的民主制度。参考《法兰西与近世文明》，《独秀文存》卷 1，第 11—15 页；孙思白：《陈独秀前期的思想解剖》，《陈独秀评论选编》，河南人民出版社 1982 年版，第 166 页。

② 胡适在 "Conflict of Culture"（China Christian Yearbook 1929, Shanghai, 1930, pp. 112—121）之中，对西洋文人以 "Wholesale Acceptance（全盘受容）" 与 "Wholehearted Acceptance（全心受容）" 二词混用。而他在此第一次把 "全盘西化" 一词流行广用。

③ 《答易宗夔〈论新青年之主张〉》，《独秀文存》卷 3，通信，第 209 页。

④ 吴虞：《吴虞文录》（上海，1929），序文，第Ⅶ页；《胡适文存》，第一次选集第 4 集，第 259 页。

当比较中国古代文化与西洋的希腊、罗马文化时，就可知中国的文化因为太落后，而不能作比较。胡适就举出在雕刻、文学、科学，政治、美术、算学等方面之例子说明。然后，他指出中国的传统文化之代表性的事并说，"至于我们所独有的宝贝，骈文，律诗，八股，小脚，太监，姨太太，五世同居的大家庭，贞节牌坊，地狱活现如监狱，廷杖板子夹棍的法庭……"① 他继续说，"即如寿生先生指出的'那更光辉万丈'的宋、明理学，说起来也真正可怜：讲了七八百年的理学，没有一个理学圣贤起来指出裹小脚是不人道的野蛮行为，只见大家崇信，'饿死事极小、失节事极大'的吃人礼教"。②

胡适认为，中国传统的本性，不但邪恶，思想也与本性一样，对一些非人道的恶习毫无关心。所以，他把中国传统文化，都看作是邪恶的，是废掉的对象。在其他的文章里也可看出胡适的这种见解。例如，在《再论信心与反省》一文中，胡适指出，中国人都在反省自己以及祖先深重的罪，并认定中国千数百年的固有文化是没有值得留恋，亦不能提高人民的水平，所以先要解除祖先的罪（传统文化）然后才能让后代建设新的文化。这就是中国人的责任。③

但是，胡适在他晚年时，却对中国文化给予相当部分之肯定，这是与先前所不同的立场。在胡适所著《中国古代政治思想史的一看法》④，《中国哲学里的科学精神与方法》⑤ 以及《中国传统与将来》⑥ 等文章中就可以看到这种不同的胡适立场。在这些论文中，

---

① 《信心与反省》，胡适、李济、毛子水著：《胡适与中西文化》，台北，1977，第 106—107 页。

② 同上书，第 107 页。

③ 《再论信心与反省》，前揭《胡适与中西文化》，第 116—117 页。

④ 《中国古代政治思想史的一看法》，原载《自由中国》10 卷 7 期（1954，4，1，台北）；前揭，《胡适与中西文化》转载，第 199—213 页。

⑤ 《中国哲学里的科学精神与方法》，原载《新时代》1964 年 4 卷，8、9 期（1963，8，9）；同上书，第 215—244 页转载。

⑥ 《中国传统与将来》1960 年在"中英学术会议"演讲译文，原载《大陆杂志》1964 年 28 卷 6 期（1964，3，台北）。

胡适指出老子的无为自然思想是自然主义与西洋的自由放任主义的先驱①，孔子（包括儒家）的思想，使我们想起"苏格拉底"传统的爱知，自主的独立思想并鼓励怀疑，尊重人的价值的人本主义哲学②。这两种思想是每当中国陷入反理性、迷信、脱离世俗时，联合起来，使中国从昏睡当中救拔出来。进一步，胡适更称孔子的思想为自由思想及个人主义思想③。另外，在 1958 年的一次对淡中，胡适指出，很多人都以为他是反儒家主义者，虽然他自己也承认，过去在许多方面批评儒家，但是他也在文章中对孔子及其弟子，以及朱熹表示过敬意，如此看来，胡适自己表示自己不是反儒家主义者④。

以上胡适对中国传统的评价，有前后不同的态度。这种暧昧的态度，也呈现在胡适对西洋文化所采取的态度上。正如上述，他在 1929 年，以提倡"全盘西化"驰名。但是，潘光旦教授在《中国评论周报》（China Critic Weekly）的一篇书评中，指摘胡适所用的"全盘西化"名词不太合适而加以反对，并赞同"一心一意的现代化"此说法后，胡适也承认自己对用词使用太忽略，并说原来是指"充分世界化"而言。最后胡适即修订成"充分世界化"⑤。可是，这里所说的"充分世界化"，具体来说，是指近代西洋文化的最新工具（特别是科学与技术）与方法，由此看来，他对中国的西化立场没有太大的变化⑥。在许多文章中，他继续主张西洋近代文明比东洋文明优越。例如，他说，西洋近代文明是重视人的物质享受，

---

① 《中国古代政治思想史的一个看法》，前揭《胡适与中西文化》，第 198—199 页；《中国哲学里的科学精神与方法》，《胡适与中西文化》，第 222—223 页。

② 《中国古代政治思想史的一个看法》，第 199—200 页；《中国哲学里时科学精神与方法》，第 221—224 页；《中国传统与将来》，《胡适与中西文化》，第 246—247 页。

③ 《中国古代政治思想史的一个看法》，第 199—205 页。

④ 前揭拙译，《中国意识的危机》，第 131 页。

⑤ 《充分世界化与全盘西化》，《胡适与小西文化》1935 年第 6 期，第 140 页。

⑥ 徐高阮：《胡适之与全盘西化》，同上书，第 17 页；Wen—Shun Chi, Ideological Conflicts in Modern China, Democracy and Authoritarianism (Transaction Books, 1986) p. 121；胡适：《介绍我自己的思想》，《胡适文存》，台湾，1953，第 160—162 页。

并且以幸福欲求为目标的"利用厚生"之物质文明的同时，也是可以充分满足人类之心灵需要的"理想主义的（Idealistic），精神的（Spiritual）文明"①。他又说，中国人对西洋，不但要承认在物质与机械方面不如，并在政治制度、道德、知识、文学、音乐、艺术以及身体方面也不如，有了这种的认定之后，要拼命的学习西洋才可②。胡适相信，传统的中国文人因受病极深不能靠自己的力量得到医治，所以只有采纳西洋文明才能救中国。

另外，胡适也主张，中国文明之渐进性、有机性的吸收现代，西洋文明说，即中国文化的科学化是借中国本色文化有机性的吸收、同化现代西洋文明中最好的部分来达成③。而且他又说，"新文化（西洋文化）的采纳、吸收会使老文化（中国文化）更加增光彩"，这就说明，其与过去全面的攻击中国传统文化的态度，取了不同立场④。

有关胡适对西洋近代文化的态度，另有一点是必须提起的，就是胡适对梁漱溟之新传统主义者的主张与王新命等十人主张之"中国本位的文化建设"，都表示反对。他对前者指骂是煽动中国青年的妄自夸大狂（夸大宣传中国旧文化、旧道德的狂人）。并且指评他们是一些不曾出国门的愚人，对他们呼喊"往东走！往东走！西方的这一套把戏是行不通的了"，胡适斥责不已⑤。胡适说后者只不过是过去在洋务运动与变法改革期之中体西用论之另一表现而已。"中国本位的文化建设"派忧虑外来文化过度被采纳，会丧失中国

---

① 胡适：《我们对西洋近代文明的态度》，《胡适与中西文明》，第55—56页。
② 前揭《介绍我自己的思想》，《胡适文存》卷4，第168页；在这里，在西洋近代文明中，胡适认为科学是近代文明最具精神的阶段，另外个人主义与社会主义的理想法国大革命等市民革命的自由、平等、博爱精神产生近代共和政的人权，思想、言论、出版、信仰的自由，女性解放，一般教育的实施等。并说西洋近代文明不但是物质的也具固有的精神文明。
③ Hu Shih, The Development of the Logical Method in Ancient China (Shanghai, 1922), p. 7; 胡适：《先秦名学史》，1922年，第7、9页。
④ 《中国传统与将来》，第257页。
⑤ 《介绍我自己的思想》，《胡适文存》4卷，第167页。

文化的特征（或是主体性）①，但是也深知，当不同文化在接触时，会顺着文化变动的法则，以自己国家本位文化为基础，会取舍选择，也莫须太忧虑。即因中国文化的惰性很大，不会完全地丧失其特性。

因此，他认为，若中国虚心地接受科学与技术的世界文明及其背后的精神，进而使悠久的中国文化与世界文化自由的切磋琢磨的话，中国文化，不但可以生存，并可以成为更发达，更加光辉的文化②。

那么，正如前面所述，胡适在初期赞同全盘性反传统主义，而以后又承认，传统中有肯定的层面。这样，主张全盘西化的同时，又说有机地吸收西洋文化，像这样前后矛盾而暧昧的观点其真意到底是什么呢？

首先，胡适自己说，自己不是"反儒家主义者"，而他自己的主张亦一直是不变的③。在学者之间，也有人说胡适不像其他新文化运动家一样，是偶像破坏主义的反传统主义者，或是全盘西化论者④。对胡适晚年，他自己缓和他的反传统主义与全盘西化主张，并表明缩小范围作解释等，有些学者批评为，不是全面来修改自己的理论，而是为了缓和自己初期的理论少受压力，仅作修辞上的修正而已⑤。至于笔者的意见，觉得前面两种主张都有肯定的一面。但胡适自己之主张持一贯性说法的意思是指他以文化民族主义者⑥自居，而以他潜在的盼望观点来看这也不错。即他的大目标是中国

---

① 有关文化建设派，参考拙稿《中国近现代史初期保守主义与进步主义》，马芳若编：《中国文化建设讨论集》，经纬书局 1935 年版，第 1—6 页。

② 《试评所谓"中国文化本位文化建设"》，《胡适与中西文化》，第 137 页。

③ Hu Shih, "On Hu Shih's Personal Reminiscences," interviewed, Compiled and edited by Te-Keng Tong, with Dr. Hu's correction in his own hand writings, Typescript, 1958（Dept. of Special Collections Buter Lib, Columbia Univ.），p. 263.

④ Wan-Shun Chi, op. cit, p. 115；徐高阮，前揭，《胡适之与全盘西化》，第 12 页。

⑤ 前揭拙译《中国意识的危机》，第 130 页。

⑥ 文化的民族主义是指，胡适对传统文化之批判问题先搁置一方。而整体来看，把中国文化的复兴看作为中国生存与发展的重要途径，并且为此而努力而言。

文化之复兴与真正的发展，所以他对中国传统的攻击与肯定，都是以这个角度来做的，因此可说是没有矛盾。但是在另一层面来看，虽然他在晚年，对西欧化的问题，把"西欧文化"这名词，改换成"现代世界文明"，但实质内容，却是近代西欧文明①。所以，从基本上讲，他是西化主义者。

　　总的来说，胡适把文化的再生与新发展视作为救国之至上课题②，在方法上，他相信清除衰残而有病的传统文化，并以近代西洋文化来替代为唯一的手段。而胡适的这种思想，主要受杜威之实用主义哲学及达尔文的进化论影响。所以，他改革文化的方法，也是渐进式的（一点一滴的进化）。也就因为胡适主张文化、思想至上论及全盘西化，政治上推崇自由主义者之个人主义及西洋式（特别是美国式）民主制，以及主张渐进式改革等原因，以政治、社会革命为先的中共方面给予的批判与反对是相当激烈的③。另外，也被一些民族主义者认为，他的思想对中国民族的自信心与自豪心有所损伤④。

　　以上的批判都有其肯定之一面，但是，以整体来看胡适之文化理念时，他不是全然地否定传统文化，也不是盲目地趋向西化。他的一切主张，是以实用主义与进化论为基础，并渴望中国借急速的现代化，飞翔到世界文明里面的文化民族主义的一种表现。

---

　　①　劳幹：《追悼胡适之先生并论全盘西化问题》，前揭，《胡适与中西文化》，第265—269页。

　　②　他认为解决中国之政治问题以前，先借思想与文学来提供一些非政治的基础。胡适：《我的歧路》，《胡适文存》第二选集，第3卷，第96、108页。

　　③　有关中共对胡适的批判参考闵斗基《中共之胡适思想批判运动（1954—1955）》，《现代中国与中国近代史》，汉城，知识产业社1981年版，第35—67页。

　　④　Wan-Shun Chi, op. cit, p. 128；李剑华；《试评胡适之》，《试评所谓中国本位文化建设》，前揭，《中国文化建设讨论集》中编，第80页；徐北辰：《主张西化的又一群》，《中国文化建设讨论集》中编，附录，第45—48页。

四　结语

1910—1930 年间，在中国思想界里产生的一些文化理念的分歧，乃是因西洋文明的冲击带给旧中国全体之解体所产生的危机意识，以及辛亥革命以后，对政治现象产生失望、挫折感等复杂的因素所生发的。同时，这也是当时中国社会之政治、社会诸问题与风潮的反映。更是以后所开展之政治方向与有待解决之文化诸问题的预表。因此，也就以这种意义来看，当时中国社会之文化理念之分歧问题，以现今的角度去翻究，也有相当的价值。

综合来讲，当时的文化理念，不论是保守或进步，都具有防御的倾向与民族主义的特征。防御的意思是说，无论是积极或是消极，都指向近代西洋文化；民族主义的意思是说，这些都以中国之生存与繁荣（现代化）为目的而言。而这些特征使各个理念，在长久的传统与急需现代化之必要性之间，却流落到一边，并急速的又流入理想中，这就是他们所特有的缺点。虽然有这些限制，在现今的时刻并以综合的观点来看，笔者认为，当时的各个文化理念，对建立健全的中国近代文化有不少贡献与价值。

具体来说，学衡派与梁漱溟的文化理念是重视传统，并主张现代的应用，进而以实践去证明建立与西洋文化不同的"中国式文化"。所以他们都是具保守主义的理念。但是，这两种文化理念与先前之顽固排外保守主义的国粹学派、执着儒教国教化和立宪君主制之落后的康有为派有所不同。

学衡派以人文主义的立场，重视中国传统并无论是古今传统及东西文化，都有彻底地研究与严格地批判并选择，融合各个之精髓，来建立一中国的、世界的人文主义文化为其目标。他们却把新文化运动家之全盘西化主张看作丧失民族主体性，而毫无分别地盲从西洋文化的举动。在批评的事上与以后的中国本位文化建设派一脉相连，而在立场上却与晚年的胡适之以中国文化来有机性吸收西洋近代文化论相似。除此之外，在 1917 年毛泽东也支持清除中国的旧思想与道德，并对东方的旧文化与西洋的文化都以批判地采纳才可①。所以，学衡派的文化理论不能以单纯的"反动复古理念"来规划它。对儒家与文言文的价值认定，对自由主义、实用主义、功利主义、大众主义等的否定态度，是以对当时新文化运动之急进全盘性反传统主义与全盘西化主张的警诫与反动之性格存在的。虽然也有不少弱点，他们对文化传统之连续性观念及对外来文化的批判性接纳论，在讨论一文化之健全的发展时却是必须深省之事。

梁漱溟的中国文化理念也以"复古的""封建的"或"理想的（非实际的）"为特征，因而深受自由主义知识分子、左派知识分子、国民党、共产党的批判②。但是梁氏的理论却针对全盘西化论，强调了以传统为主的中国社会的特殊性，并且也摸索一适合解决中国社会、文化问题的途径。另外，他也承认在民主制度、科学、技术上中国落伍于西洋，所以采纳西洋近代教育理论与经济组织方法（例如合作社）来应用在中国。因此，对梁氏之文化思想仅以复古、封建、跟不上时代等来规定的话，实在是一不公正的评价。梁氏没有轻视或否定近代西洋所走的现代化（Modernization）之路，而他觉得救中国的方法，不是以奴隶式的模仿、盲从占优势的西洋，而需要保全以孔子为中心的诸圣贤的宝贵遗产，即中国文化的精华——人文主义（以仁与理性为基础的人际关系）为手段来实现

---

① 毛泽东在 1917 年 8 月 23 日给黎锦熙的信简中说："新文化者若弃旧书而不读，守旧文化者弃新书而不读，当多读新书，而旧书亦有所必究"。肖效钦：《五四运动前后毛泽东同志的思想发展》，《纪念五四运动六十周年学术讨论会论文选》（二），中国社会科学院近代史研究所编，北京，1980 年，第 60 页。

② 有关梁漱溟的文化、乡建理论的批判可见拙稿《中国乡村建设运动之管见》，《梨大史苑》（梨大史学会，1988，11）第 22、23 合辑，第 327—329 页；Guys. Alitto, op. cit, pp. 269—273、324—330。

这样就可以获得与西洋相似的物质幸福与防御本身所需要之富与
强①。梁氏认为中国文化与西洋文化有不同，是相异类型之文化。
而他的文化理论却成为"中国式发展途程"追寻的理论基础。并且
在乡建运动中，他所提出来的主张与改革方法，即中国重建之唯一
途径（乡村重建）的紧迫性乃是借都市知识分子下乡而进入基层农
民大众，使得农民大众的生活得到改善，力量得到启发，进而成为
社会改造的力量。在启发方法上强调自动、自发、自力，乃是在当
时之中国状况中，对中国问题的核心看得比较准确的事②。

　　陈独秀与胡适二人，他们各自受进化论与文化整体观念以及实
用主义的影响后，为中国现代化急需之迫切性所逼，没有分辨③就
否定全部的中国传统文化，主张全盘西化，并以文化民族主义的立
场对同样的问题前后表现出暧昧的态度，也就因此而成为别人批判
的理由。但是，在新文化运动中二人强调的民主、科学采纳问题，
则成为中国现代化的关键性的问题。民主与科学，是现今不管什么
理念、社会，在追求人生来的愿望，自由的权利并以物质的富饶为
基础的重质的高贵人生幸福中，都是不可缺的因素。陈与胡所主张
的民主与科学，虽有人认为是属资产阶级式，是近代西洋资本主义
而给予低贱之评价，但在"四人帮"被黜以后，中国学术界也觉
得。为了实现四个现代化，五四时期所主倡的民主与科学也是需要
拿来考究的④。

---

　　①　Guy A1itto，"The Conservative as Sage：Liang Shu‐ming，"前揭，The Limits of Change，
pp. 238—239；Tu wei‐ming，"Hsiung Shih‐li's Quest for，Au thentic Existence"，The Limits of
Change，p. 248.

　　②　虽有方法（革命对改革，政治优先对文化优先，阶级斗争的认定与否定）与最终之目
标（社会主义建设对中国传统伦理为基础的社会建设）之差异，梁与毛都认为解决中国问题的
核心关键乃在农村之重要性，知识分子下乡，与大众联合等有关毛与梁的相似点可看上书，第
234—238 页。

　　③　有关接纳西洋思想的玉石不分而整个接纳之心理之倾向可看 Lin Yu‐shon，"Redical
lconoclasm in the May Forth Period and The Furture of Chinese Liberalism"，Reflections on the May Forth
Movement，A Symposium，Benjamin I. Schwartz（ed）（Harvard Univ. Press，1973 p. 56）。

　　④　侯外庐：《五四时期的民主与科学思潮》，《纪念五四运动六十周年学术讨论会论文选》
（一），中国社会科学出版社 1979 年版，第 332 页。

　　爱逊舒德（S. N. Eisenstadt）教授曾提出在现代化中对传统的创造性利用的重要性理论[1]。在中国，1910—1930 年间所议论的传统之问题，在现今实现现代化的历程里，仍然是一个重要的问题。

---

　　[1]　S. N. Eisenstadt，Modernization：Protst and Change（Prenttice Hall Inc. 1966）.

对李炳柱论文的评议

中国人民大学历史系　教授　王汝丰

以 1840 年第一次鸦片战争为开端的中国近代史，是一部帝国主义侵略中国和中国人民反抗帝国主义侵略的历史。曾经在世界文明发展史上作出过巨大贡献的中国，由于西方的侵略和中国封建主义的压迫，到近代落后了。当西方侵略者用鸦片和大炮轰开清朝封建统治者紧闭起来的国门时，古老的中国似乎一下子失去了它的光辉。面对西方的侵略以及伴随这种侵略而来的西方文化，中国知识分子不能不在剧烈的痛苦之中去重新认识自己国家的命运和认识外部世界，中西关系，包括中西文化关系，成为近代中国面临的不容回避的大课题。人们不断地思索，不断地探寻中国的出路，当然也包括中国固有文化的出路。不同的阶级和阶层，在不同的历史阶段作出了不同的回答，提出了各种各样的见解和主张，各种思潮在近代中国一个世纪多的历史长河中嬗递浮沉，经历着历史的现实的检验。对 20 世纪初期中国知识分子的理念之分歧与实践问题的深入研究，无疑是很有意义和很有学术价值的工作。

20 世纪初期中国知识分子的理念之分歧与实践问题，就思想文化角度而言，集中表现为五四新文化运动前后 20 年间的中西文化论争。如何对待中国传统文化和西方文化是这一论争的主题之一。正如李炳柱先生所说，"主要是传统与西洋思想，并一些西洋之间之不同理念之间的问题"。李先生的论文对此作了系统的深入研究，特别是以陈独秀、胡适、梁漱溟以及以梅光迪等的学衡派的思想为代表，作了细致的比较研究，提出了许多显见功力的独到见解，予人以启发和教益，是很难得的。

如何对待中国传统文化和西方文化的问题，当然不是 20 世纪初期才提出来的。这是在中国沦为半殖民地半封建社会以及中西文化冲突的历史条件和文化背景之下早就提出来了的。20 世纪初期的中西文化论争，是以往历次论争的继续，既有延续性又有其历史阶段不同的特点。李炳柱先生说，这"乃是因西洋文明的冲突带给旧中国全体之解体所产生之危机意识与辛亥革命以后，对政治现象产生失望、挫折感等复杂的因素所发生的。同时这也是当时中国社会之政治、社会诸问题与风潮的反映"。同样表明了这层意思。

1911 年的辛亥革命推翻了清王朝的统治，埋葬了两千多年来的封建帝制，建立了民国。这一伟大胜利曾展示了中国的希望和光明。然而转眼之间，以袁世凯为代表的封建军阀窃取了革命果实，中国又陷入黑暗之中。袁世凯为复辟帝制，恢复"尊孔读经""祭天祭孔"，在思想文化领域掀起一股封建复古的反动逆流。袁氏"宪法草案"竟然规定"国民教育以孔子之道为修身大本"，袁政府制定的"教育纲要"也规定"各学校均应崇奉古圣贤，以为师法，宜尊孔尚孟"。在这股逆流中，"孔教会""尊孔会""孔道会"等纷纷出台，重弹弘扬封建主义的纲常名教，诋毁谩骂民主共和、自由平等。封建迷信，鬼神邪说在此期间也甚嚣尘上。曾经领导变法，锐意维新的康有为，宣称必须倡孔教以为立国之本才能救中国，还说"灭国不足计"，而灭孔教则"是与灭种同其惨祸"，并且身躬力行，担任"孔教会"会长，揭起封建复古的大旗。尊孔复古思潮伴随着帝制复辟的紧锣密鼓而来。辛亥革命后曾经在中国大地一度飘溢的清新空气，一下子变得污浊不堪。以陈独秀及其主编的《新青年》创刊为标志的新文化运动迎着这股逆流兴起，它举起科学、民主两面大旗，从政治思想、伦理道德、科学、教育、文学艺术等各个方面，对封建主义进行了前所未有的猛烈抨击，给康有为、林纾等尊孔复古者以有力打击。事实上，康、林等当时除了重复尊孔复古的老调外，并没有提出什么新的东西，理论武器很是陈旧，很快便败了阵。"五四"前新文化运动以磅礴的气势给封建主义、封建伦理道德、封建迷信以沉重打击，促进了人民的觉醒，其巨大的启蒙作用，对五四爱国运动的推动，为马克思主义在中国的传播创造了条件，具有不可低估的重大意义，其功绩是应该肯定的。在五四新文化运动对旧文化的批判中，曾经有几次关于东西方文化的论争。在"五四"以前，有前述对康有为、林纾为代表的封建复古主义的论争，同时又有与杜亚泉为代表的东方文化派的论争。"五四"以后，又有与梁启超、梁漱溟为代表的东西文化之争，与梅光迪等为代表的学衡派之争和与章士钊为代表的甲寅派复古主义之争。此外还有"科学与人生观"之争（即"科学与玄学"之争），虽然其论争焦点是关于由科学还是玄学解决人生观问题，主要是哲学问题之争，但也可视作东西文化论争的继续。因为，科学派强调效法西方，而玄学派则力尊孔孟，并声称要复活宋、明理学。详细论述这些论争，在本文有限的篇幅中是不可能的。这里将要谈到的是关于陈独秀、梁漱溟等在东西文化论争中的有关问题。

陈独秀是五四新文化运动的主将之一。他在五四新文化运动中的功绩是肯定的。在东西文化的论争中，他属于西方文化一派。早期的陈独秀还是急进的民主主义者，特别在新文化运动前期，他所持的思想武器主要还是资产阶级的民主主义和进化论。虽然他对尊孔复古的封建主义旧文化进行了有力的抨击和批判，但又存在着形式主义的弱点和局限。例如，把中西文化截然对立起来的观点和方法，他曾说："无论政治，学术，道德，文章、西洋的法子和中国的法子绝对是两样，断断不可调和牵就的"①。又说："吾人倘以新输入之欧化为是，则不得不以旧有之孔教为非。倘以旧有之孔教为是，则不得不以新输入之欧化为非。新旧之间，绝无调和两存之余

① 陈独秀：《今日中国之政治问题》，《新青年》1918 年 5 卷 1 号，第 7 页。

地，吾人只得任取其一"①。这种将两种不同文化截然对立的形式主义观点，带来了简单化的好就是绝对的好，一切都好；坏就是绝对的坏，一切皆坏。由此又导致了对西方文化不加分析的推崇赞美。

形式主义的弱点和局限是五四新文化运动中许多进步思想家都程度不同地存在的问题。这种弱点也正好是持复古主义的东方文化派用以攻击和否定新文化运动的口实。但是，只要是历史地看问题，就不难看出这些弱点和局限，在当时历史条件下是不难理解的，而且是新文化运动的支流而非主流。

陈独秀所存在的形式主义的观点，被当时以及后来的一些论者视为全盘西化或全盘否定中国传统文化。李炳柱先生认为"虽然陈氏并不是主张'全盘西化'的人，但他也是一个强力的赞同者"。赞同者和主张者，虽有不同，但区别不大。另一方面，李先生又认为陈氏是"全盘性反传统主义"，既然如此，也可理解为陈独秀是全盘西化论者。

陈独秀是否是全盘西化论者或全盘否定中国传统文化，在中国学者的研究中也有不同见解。林茂生先生认为把五四时期的陈独秀简单说成全盘西化主张者或彻底否定中国传统文化"实在是一种误解"②。我认为，陈独秀确实有过一些类似全盘西化的话，例如"欧化"，他曾说"吾人倘以新输入之欧化为是，则不得不以旧有之孔教为非"③，还说过"若是决计革新，一切都应该采用西洋的新法子"，等等。但是陈独秀也曾明确讲过："吾人不满于古之文明，乃以其不足支配今之社会耳。不能谓其在古代无相当之价值，更不能谓古代本无其事"④。应该说这是对传统文化的历史分析的态度，类似的话还可以举出一些。可见陈独秀类似全盘西化的话，只

---

① 陈独秀：《通讯》，《新青年》1917 年第 3 卷 1 号，第 3 页。
② 林茂生：《早期马克思主义者的中西文化观》，见中国人民大学出版社出版之《传统文化与现代化》一书，1987 年，第 359—367 页。
③ 陈独秀：《通讯》，《新青年》1917 年 3 卷 1 号，第 3 页。
④ 陈独秀：《再质问〈东方杂志〉记者》，《新青年》1912 年第 6 卷 2 号，第 2 页。

能视为具有全盘西化的倾向，而非全盘西化，也并非全盘否定中国传统文化。因为，"欧化"并不完全等于西化，否定孔教也并不等于否定孔学或是全盘否定中国传统文化。何况陈氏还说过"非谓孔教一无可取"的话①。

梁漱溟是五四新文化运动中东西文化论争中西方文化派的主要对手之一。1920年，梁氏发表的《东西文化及其哲学》的讲演，通过对东西文化的比较，对中国传统文化，特别是其中的儒家文化作了深入的分析。他把东西文化区分为三种不同的文化路向之后，认为"世界未来文化就是中国文化的复兴"，所谓中国文化的复兴，主要是指儒家文化的复兴。他说"中国的路，孔子的路"②，提出了"伦理本位"的主张。实际上不加分析地全盘肯定了儒家文化。

一定的文化是一定社会的政治和经济的反映，同时又对一定社会的政治和经济给予影响和作用。五四新文化运动前后20年间东西文化的论争，既是文化问题的论争，又是政治问题的论争。正如李炳柱先生论文所指出的："当时在政治与思想所呈现的现象里，可知二者有辩证的、活泼的相关关系。也就是说，20世纪初期在中国社会产生的多歧之理念与其间之斗争，是当时对政治现象的反映与结果"。梁漱溟在20年代提出的东西文化比较观，如果单单从文化观念的角度去看还有其一定的积极意义的话，那么梁氏以其东西文化比较观为基础提出的乡村建设理论及实践则是不可取的，也可以说是错误的。

梁漱溟的乡村建设理论是在当时中国国内阶级斗争异常尖锐的时候提出的，其理论基础是所谓"伦理本位"说，根本出发点是为了阻挡汹涌澎湃的革命运动，"挡住共祸的扩大，防止共祸的产生"③。他声称其《乡治计划》"乃是想解决中国的整个问题，非是

---

① 陈独秀：《答佩剑青年》，《新青年》1917年第3卷1号，第3页。
② 梁漱溟：《东西文化及其哲学》，商务出版社1935年版。
③ 梁漱溟：《乡村建设提纲》。

仅止于乡村问题而已"①，正如李炳柱先生指出的那样，梁漱溟之所以提出乡村建设是因为他认为解决中国问题的方法"不应依靠西洋，西洋的方法也不适合中国。在过去的八十年代之间，……洋务运动、变法运动、辛亥革命、五四运动、国民革命，以及诸如此类的各项运动均遭失败"，"是行不通的"。可见，梁氏的乡建理论有明显的政治目的。他否认中国社会存在阶级和阶级的对立斗争，因此要以儒家的"调和""持中"来改造中国社会，建设乡村。只要翻阅其乡村建设理论的论著，其封建性和反共性是极为明显的。全面论述梁氏的乡村建设理论及其实践不是本文的任务。由于梁氏的乡村建设理论是从其东西文化比较观提出来的，所以有必要从学术研究的角度就其理论的荒谬作如上简单的说明。

以梅光迪为代表的学衡派的东西文化观和梁漱溟的东西文化观不完全一样。学衡派提出"阐扬旧学，灌输新知"的口号，如李炳柱先生所说，反映了"他们愿意继承衰落之传统旧学并普及近代西洋之新知的立场"。就此而言，应该说是有一定积极意义的。另一方面，如果历史地加以考察，他们提出的"阐扬旧学"或"倡明国粹"更多的是提倡尊孔复古。《学衡》第 23 期中就曾说："中国最大之病根"，"实在于不行孔子之教"，鼓吹中国之学术文化在复古而不在维新。就对待（中国）旧学和（西方）新知的关系上，实际上也没有脱出"中体西用"的窠臼。

李炳柱先生论文中说："二十世纪初期，在中国历史中，借1919 年的五四事件，文化问题被政治问题渐渐取代，政治问题成了主要问题，而文化问题成了次要问题，但文化问题却成了包含政治问题之更广阔的问题，而且又与中国现代化问题牵连在一起有待解决"。这里说的是政治与文化的关系问题，亦即近年来中国学者讨论的救亡与启蒙的关系问题。在近代中国，由于帝国主义的侵略所造成的不断加深的民族危机的存在，救亡成为中华民族能否生存的

---

① 梁漱溟：《自述》，《乡村建设运动概况》，第 24 页。

首要问题，挽救民族危亡，需要民族的觉醒，需要启蒙，启蒙又促进救亡。100 年来的中国近代史上，无数仁人志士历尽艰辛向西方寻求救国的真理，探索中国的出路，他们为振兴中华，建立独立富强的中国所作出的奋斗和牺牲是可歌可泣的。中国近代史上，几乎每一次重大的政治变革，都伴随着一场思想文化的论争。这些论争又都不可避免地要涉及东西文化的问题。也就是如何对待中国传统文化和如何对待外来文化的问题，五四新文化运动前后 20 年间的中西文化的论争说明，不论对待中国传统文化还是西方文化，都不能采取简单的全盘肯定或全盘否定的形式主义的态度和方法。事实上，每一种民族文化中，都有两种民族文化。也就是说，任何一个国家、民族的文化，都具有二重性，都有精华、糟粕之分。外来文化如此，本土文化也如此。因此，在对待东西文化时，有一个选择吸收和批判继承的问题。对西方文化不加选择地盲目照抄照搬是不对的，所谓全盘西化则更是错误的。同样，盲目自大，拒绝一切优秀的外来文化，故步自封，抱残守缺，是错误的，而对传统文化全盘否定，采取民族虚无主义的态度更是错误的。正确的态度和方法都只能是取其精华，弃其糟粕。这是讨论东西文化问题得到的启发和认识。

附录一

东洋史学会第十届研讨会
暨国际学术讨论会代表名单

全海宗	西江大学	教授
卓用国	庆熙大学	教授
朴宗烈	春川教育大学	教授
咸洪根	梨花女子大学	教授
黄元九	延世大学	教授
闵斗基	汉城大学	教授
金　烨	庆北大学	教授
李炳柱	岭南大学	教授
尹世哲	汉城大学	教授
曹永禄	东国大学	教授
李忠熹	仁荷大学	教授
申龙澈	庆熙大学	教授
金汉植	庆北大学	教授
金稔子	梨花女子大学	教授
崔韶子	梨花女子大学	教授
辛胜夏	高丽大学	教授
金善昱	忠南大学	教授
吴金成	汉城大学	教授
李洪吉	全南大学	教授

任桂淳	汉阳大学	教授
朴元熇	高丽大学	教授
朴汉济	汉城大学	助教授
李成珪	汉城大学	教授
曹秉汉	东义大学	副教授
河政植	韩南大学	副教授
李玠奭	庆北大学	助教授
徐正钦	安东大学	副教授
金翰奎	西江大学	副教授
俞春根	关东大学	副教授
罗弦洙	江原大学	助教授
李范鹤	国民大学	助教授
李润和	安东大学	副教授
郑夏贤	公州大学	副教授
全容万	西江大学	博士研究生（马山大学　讲师）
姜明喜	汉城大学	博士研究生（外国语大学　兼任讲师）
金永真	延世大学	博士研究生（汉城市立大学　兼任讲师）
任仲爀	高丽大学	博士研究生（淑明女子大学　兼任讲师）
金诚赞	汉城大学	博士研究生（檀国大学　兼任讲师）
崔震奎	高丽大学	博士研究生（高丽大学　兼任讲师）
金世昊	汉城大学	博士研究生（公州大学　兼任讲师）
卢基植	高丽大学	博士研究生（高丽大学　兼任讲师）
金衡钟	汉城大学	博士研究生（汉城大学　兼任讲师）
郑炳喆	汉城大学	博士研究生（汉城大学　助教）
辛圣坤	汉城大学	博士研究生（同德女子大学　兼任讲师）
河元洙	汉城大学	博士研究生（汉城大学　助教）
朴根七	汉城大学	博士研究生（外国语大学　兼任讲师）
金秉骏	汉城大学	博士研究生（韩南大学　助教）
李载贞	高丽大学	博士研究生（高丽大学　兼任讲师）

钱东炫　梨花女子大学　博士研究生（梨花女子大学　助教）

榷仁溶　高丽大学　　　博士研究生（高丽大学　助教）

邓广铭　北京大学历史系　教授

周一良　北京大学历史系　教授

马克垚　北京大学历史系　教授

吴荣曾　北京大学历史系　教授

张传玺　北京大学历史系　教授

祝总斌　北京大学历史系　教授

许大龄　北京大学历史系　教授

吴宗国　北京大学历史系　教授

成汉昌　北京大学历史系　副教授

王天有　北京大学历史系　副教授

王晓秋　北京大学历史系　副教授

徐万民　北京大学历史系　副教授

阎步克　北京大学历史系　讲师

邓小南　北京大学历史系　讲师

徐　凯　北京大学历史系　讲师

张秀成　北京大学历史系　讲师

丁一川　北京大学历史系　讲师

彭湘兰　北京大学历史系　讲师

裘锡圭　北京大学中文系　教授

李　零　北京大学中文系　副教授

金　勋　北京大学东语系　讲师　　翻译

朴红心　北京大学历史系　研究生　翻译

金学哲　北京大学经济学院翻译

林甘泉　中国社会科学院历史研究所　研究员　教授

黄　烈　中国社会科学院历史研究所　研究员　教授

刘重日　中国社会科学院历史研究所　研究员　教授

王戎笙　中国社会科学院历史研究所　研究员　教授

王其榘   中国社会科学院近代史研究所   研究员   教授
耿云志   中国社会科学院近代史研究所   研究员   教授
陈铁健   中国社会科学院近代史研究所   研究员   教授
王学庄   中国社会科学院近代史研究所   研究员   教授
夏良才   中国社会科学院近代史研究所   研究员   教授
张小林   中国社会科学院近代史研究所   助研   讲师
戴　逸   中国人民大学清史研究所   教授
韦庆远   中国人民大学档案学院   教授
王汝丰   中国人民大学历史系   教授
宁　可   北京师范学院历史系   教授
杨生民   北京师范学院历史系   教授
刘振中   北京师范学院历史系   副教授
宁　欣   北京师范大学历史系   讲师

真水康树   日本中央大学
比　洛   匈牙利经济大学
罗永生   香港树仁学院

附 录 二

东洋史研究讨论会历次会议简表

届次	时 间	地 点	经办大学	主 题	发表刊物
1	1981	水安堡	汉城大学	东洋史的研究动向	《东洋史学研究》16 辑
2	1983	大 邱	岭南大学	东洋史的研究动向	《东洋史学研究》18 辑
3	1984	温 阳	梨花女大	中国史的时代区分	《东洋史学研究》19 辑
4	1985	内藏山	庆熙大学	中国史上的土地制度	《东洋史学研究》21 辑
5	1986	釜 谷	庆北大学 安东大学	儒学思想的诸问题	《东洋史学研究》23 辑
6	1987	道 高	檀国大学	北方游牧民族史研究的诸问题	《东洋史学研究》25 辑
7	1988	海云台	釜山产业大学	中国史上的民众运动	《东洋史学研究》27 辑
8	1989	儒 城	中央大学	中国史上的支配阶层	《东洋史学研究》30 辑
9	1990	春 川	翰林大学	东亚的君主权	待出
10	1991	北 京	高丽大学 北京大学	韩国中国史研究的成果与展望	《中国史研究的成果与展望》中国社会科学出版社 1991.6

后　记

　　为纪念"东洋史学会第十届研讨会暨国际学术讨论会"在中国北京的圆满举办，东洋史学会特意改变了以往年会的论文发表方式，决定将此次会议的学术成果委托北京大学历史系汇编成册，并交请中国社会科学出版社出版。

　　本书共收录韩、中两国学者向大会提交的 8 篇论文及 8 篇书面评议。应当指出，这里刊载的远非会议讨论的全部内容。限于篇幅，与会学者特别是中国同人就会议议题所作的即席精彩发言均未能收入，在此我们仅向先后给予我们良多指教的林甘泉、李零、祝总斌、宁可、刘振中、阎步克、王其榘、韦庆远、王天有、王学庄、夏良才、耿云志、陈铁健等先生表示由衷的感谢并致以歉意。

　　我们还由衷感谢郑文林、栾贵明、冯广裕、李钊祥、陈刚诸位先生。在本书的整理出版过程中，他们曾给予了我们大力帮助并付出了大量劳动。

　　本书的具体编辑工作由朴元熇、成汉昌、丁一川承担。

　　由于时间及水平所限，这部论文集仍存有种种缺憾。特别是由于语言转译过程中许多难以克服的障碍，或许给读者带来某些不便，但为尊重原文，我们除对个别文字作了必要的技术处理外，学术观点及文字均保持了原貌。对此，我们也希望得到读者的谅解。

编　者

1991 年 5 月